人物叢書

新装版

緒方洪庵《おがたこうあん》

梅溪　昇

日本歴史学会編集

吉川弘文館

緒方洪庵肖像（部分，大阪大学適塾記念センター所蔵）

現存する洪庵の肖像画４点のうちで，最も若い40歳のとき（嘉永３年〈1850〉）のものである．手にとった蘭書に右手の人差し指を当てて読書している．画像上には大坂の儒者・書家で詩文にも優れた篠崎弼《たすく》（小竹）70歳のときの賛があり，落款より南譲の画と知られるが，詳らかでない（本書128頁参照）．

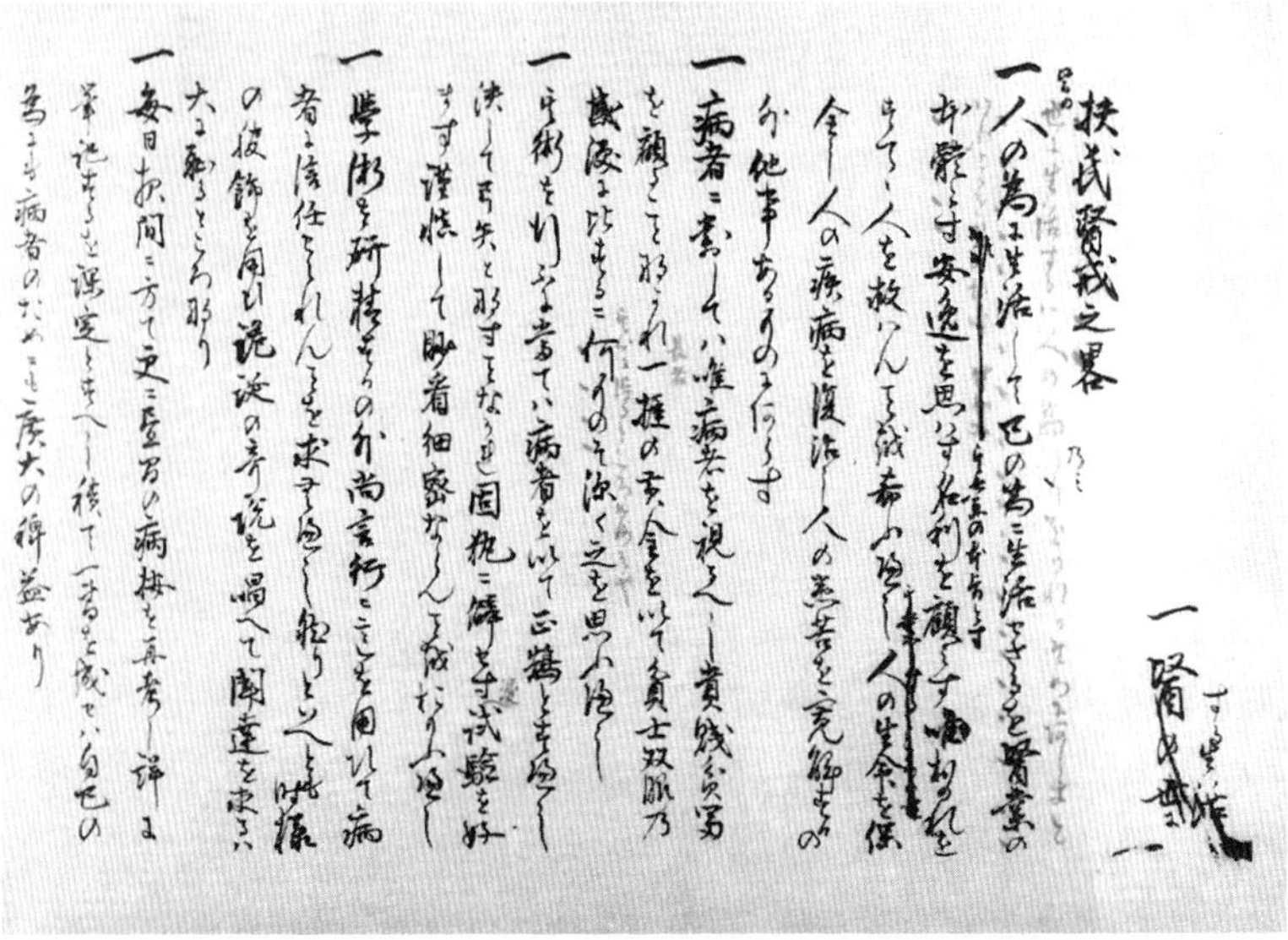

扶氏醫戒之略

一 人の為に生活して己の為に生活せざるを醫業の本體とす 安逸を思はず名利を顧ず 唯おのれを捨て人を救はんことを希ふべし 人の生命を保全し人の疾病を復治し人の患苦を寛解するの外他事あるものにあらず

一 病者に對しては唯病者を視るべし 貴賤貧富を顧ることなかれ 一握の黄金を以て貧士双眼の感涙に比するに何ものぞ 深く之を思ふべし

一 其術を行ふに当ては病者を以て正鵠とすべし 決して弓矢となすことなかれ 固執に僻せず 試験を好まず 謹慎して眇看細密ならんことを思ふべし

一 学術を研精するの外 尚言行に意を用ひて病者に信任せられんことを求むべし 然りといへども時様の服飾を用ひ 詭誕の奇説を唱へて聞達を求むるは大に恥るところなり

一 毎日夜間に方て更に昼間の病按を再考し 詳に筆記せんことを課定とすべし 積て一書を成せば 自己の為にも病者のためにも広大の裨益あり

「扶氏医戒之略」（個人蔵）

扶氏とはベルリン大学教授フーフェランドのことで，彼の著書 *Enchiridion Medicum* の蘭訳本をさらに緒方洪庵が和訳したのが『扶氏経験遺訓《ふしけいけんいくん》』（全30巻）である．その末尾にあった長文の医者に対する戒めを，洪庵が12ヵ条に要約して門人たちへの教えとしたのが「扶氏医戒之略《ふしいかいのりやく》」である（本書182頁参照）．

はしがき

今から二十五年以上も前ではあるが、大阪書籍の昭和六十四年（平成元年）度用の『小学国語』五年下に、「洪庵のたいまつ」と題した司馬遼太郎氏の文章が載せられた。「世のためにつくした人の一生ほど、美しいものはない。ここでは、特に美しい生がいを送った人について語りたい。緒方洪庵《おがたこうあん》のことである」に始まり、洪庵の生涯を追いながら、「洪庵は、自分の恩師たちから引きついだたいまつの火を、よりいっそう大きくした人であった。かれの偉大さは、自分の火を弟子たちの一人一人に移し続けたことである。弟子たちのたいまつの火は、後にそれぞれの分野であかあかとかがやいた。やがてはその火の群れが、日本の近代を照らす大きな明かりになったのである。後世のわたしたちは、洪庵に感謝しなければならない」と結ばれている。

十八世紀末から十九世紀の半ばにかけての日本の、いわゆる幕末期には、徳川体制が各方面で行き詰まってきていた。そこへ欧米先進諸国から強い外圧が加えられてきたのに対応して、国内に日本の近代化の動きが生じ、やがて明治維新の変革に至った。この幕末期の日本近代化の途上には、幾人かの顕著な先駆者の活動があったが、本書の主人公である緒方洪庵もそのひとりであったことは間違いない。

　緒方洪庵は、今から二〇〇年あまり前の文化《ぶんか》七年（一八一〇）に、当時備中足守《びっちゅうあしもり》（岡山市北区足守）という小さな陣屋町に、領知高二万五〇〇〇石の小藩、足守藩の下級藩士の三男（末子）として生まれた（長兄は幼没）。侍の子に生まれながら、家を継ぐべき立場にはなかった境遇と、ちょうど洪庵の勉学開始時期に、彼の父が藩財政上への理財の才を買われて大坂足守藩蔵屋敷の留守居役となり、大坂町人との取引・交際が始まったことが、洪庵が蘭医学研究の第一歩を大坂で踏み出す契機になった。

　洪庵は人びとの病苦を救済することを志し、これをみずからの使命として生涯を貫いた。洪庵の人生は、文久《ぶんきゅう》三年（一八六三）に終わる五十四年の間であったが、当時は政治・経済・思想・文化・生活など、あらゆる面において身分制による規制と束縛の時代であった。その時代を強く生き抜いて、かつまた時代に先駆けて、蘭医学者として、当時西洋の最新医学の受容・研究に努め、同時に医師として種痘《しゅとう》の普及、コレラの治療法に画期的な業績をあげた。とくに、洪庵の大坂を中心とした除痘《じょとう》事業の組織的拡大への活動に、大坂町人の絶大な援助・協力を招来した意義は大きい。

また、洪庵は適塾《てきじゅく》を主宰して、教育者として、新しい日本の建設に携わる医学のみならず、多方面にわたる英才の育成に努めた。

琵琶湖から流れでる唯一の河川、淀川は、天満橋あたりから大阪の町中へ入る。江戸時代、人びとは親しみをこめてこれを大川とよんだ。大川はやがて中之島によって堂島川と土佐堀川とに分かれる。堂島・中之島を中心に諸藩の蔵屋敷がたくさん建ち並んでいた。幕末に慶応義塾を創設し、明治期の啓蒙思想家として活躍した福澤諭吉は、父が藩の元締役として勤番していた堂島玉江橋北詰にある豊前（大分県）中津藩の大坂蔵屋敷門長屋《もんながや》で生まれたことはよく知られている。

天保《てんぽう》五年（一八三五）に五人兄弟の末子に生まれた福澤は、安政《あんせい》元年（一八五四）、兄の勧めにより蘭学を志して長崎に行き、砲術家山本物次郎の食客となった。働きながらオランダ通詞《つうじ》や蘭方医などについてオランダ語の手ほどきを受けたが、翌二年に長崎を去り、大坂の緒方洪庵の適塾に入門し、安政四年に塾長となった。福澤は洪庵が育成した英才の代表格であろう。また、『福翁自伝』の「大阪修業」「緒方の塾風」は洪庵が主宰した適塾の実態をよく活写したもので、本書の主人公の緒方洪庵の唯一無二の伝記史料といえる。

私の恩師である西田直二郎先生は「史跡は沈黙せる歴史物語である。声こそたてないが、人間に感興の深い物語をする」とよく言われた。幕末の有名な蘭学塾は、江戸のほか各地にあったが、唯一ほぼ完全な形で現存するのは大阪にある洪庵の適塾（国の史跡・重要文化財）のみである。

大正九年（一九二〇）、大阪府によって「緒方洪庵適塾阯」の碑が建てられるが、大正末年までは洪庵の六男である収《しゅう》二郎《じろう》が住宅として使用し、その後は華陽堂病院へ貸与された。昭和十五年（一九四〇）に大阪府より史跡に指定され、翌十六年には、文部省告示第八六〇号をもって「史蹟緒方洪庵旧宅及び塾」として指定を受けた。これを機に緒方収二郎と洪庵の孫銈次郎《けいじろう》は保存の途を探り、華陽堂病院から返却をうけて、昭和十七年（一九四二）に大阪帝国大学に寄付することにした。これは、大阪帝国大学医学部・同附属病院の前身である明治二年（一八六九）設立の大阪府立の仮病院・医学校（大福寺にあった）の病院長を、洪庵の嫡男惟準《これよし》（洪哉《こうさい》）がつとめた縁によるものであった。昭和二十年（一九四五）に入り、大阪市は八回もの米軍の空襲をうけたが、適塾は幸いにして戦災を免れた。

このような経緯を経て今に至るが、福澤諭吉ほか六三〇余人の英才を全国にわたり活躍させた適塾を、一人でも多く実地に参観されて、そこに交わされていた師弟相互間の物語を聴き取っていただき、何らかの感銘を得てほしいと思う。

二〇一三年は洪庵没後一五〇周年、適塾開設一七五周年にあたる記念すべき年であった。私自身、長く大阪大学適塾記念会〈昭和二十七年〈一九五二〉設立〉の理事をつとめた。実をいうと、冒頭に掲げた「たいまつの火」は、大阪書籍の旧知の編集者から、洪庵のことを『小学国語』の教科書に載せたいので考えてほしいという話に、面識もなかった司馬遼太郎氏を私が推薦したという事情がある〈その後、毎日新聞大阪本社の学芸部長だった薄田桂〈詩人薄田泣菫の子息〉に司馬氏を紹介いただき、後年、氏には適塾記念会理事にもなっていただいた〉。また、「たいまつの火」とあわせて読んでほしいのが、適塾記念会で作成した「こども版　緒方洪庵と適塾」という冊子である。なお、二〇一一年四月に大阪大学適塾記念センターが設立され、適塾記念会はこのセンター内に置かれ、所蔵史料もそちらに移管されている。

私の洪庵研究においては、ラテン語については岩倉具忠氏、漢詩文については故岩城秀夫氏、薬剤・薬方について米田該典氏から多くのご教示を得てきた。また、日蘭学会にもお世話になった。洪庵をめぐって長いつきあいとなった中田雅博・佳子夫妻には、齢九四の私を助け、原稿段階で詳細に確認いただくなど、格別のご尽力をいただいた。なお、故緒方富雄氏より私が受けた洪庵に関わる史料情報や、私が収集した洪庵関係史料は、一般財団法人・緒方洪庵記念財団に管理していただくことになった。私のためにさまざま尽力してくださった方々に、深甚の謝意を表したい。

本書に引用した史料は、原則として漢文は読み下し、カタカナは平仮名に改め、現代仮名遣いで表記している。また、出典については頻出するものを巻末の参考文献に掲げ、そうでないものは、本文中にカッコ内に表記することをお断りしておく。

二〇一五年十二月

梅溪　昇

目次

口絵

挿図

挿　表

第一　幼少時代

一　出生と家系

誕生

緒方洪庵《おがたこうあん》は、文化《ぶんか》七年（一八一〇）七月十四日卯《う》上刻、すなわち今の午前五時過ぎ、備中《びっちゅう》国《のくに》吉備郡《きびぐん》足守《あしもり》（岡山市北区足守）という陣屋町に生まれた。両親は、足守藩士佐伯《さえき》瀬左衛門惟因《これより》と妻きょう。一人の姉、二人の兄（長兄は幼没）の後に生まれた末子である。洪庵は佐伯家に生まれたが、幼名は「田上騂之助《たがみせいのすけ》」と名づけられた（後述）。

父惟因が「騂之助」と名づけたのは、『論語』の「雍也篇《ようや》」に、「犁牛《りぎゅう》の子、騂《あか》くして且《か》つ角《かく》ならば、用うること勿《な》からんと欲すと雖《いえど》も、山川其《そ》れ諸《こ》れを舎《す》てんや」（普通の農耕用の牛が産んだ仔牛でも、赤色の毛並みをしていて、立派な角《つの》を持っていれば、たとい人が抜擢しようと思わなくても、山川の神々がこれを捨てることがあろうか、才能あるものは必ず認められる）とあるのを念頭において命名したのだろう。我が子への将来の願望を込めた父の思いやりと思われる。

生家

その生家の跡は、足守の町並みの東北端、足守川にかかる葵橋の東、裏山は鍛冶山の

名

洪庵緒方先生碑

碑文には「先生ノ臍緒《へそのお》産毛《うぶげ》及ヒ元服ノ遺髪ヲ碑下ニ埋メシム」と刻まれているが，昭和48年（1973）に岡山県都窪《つくぼ》郡《ぐん》清音《きよね》村《むら》三因《みより》の旧家の土蔵から，洪庵の実兄佐伯閑鷗《さえきかんおう》（佐伯馬之助惟正《これまさ》）の書軸などとともに，洪庵のへそ緒と産髪，元服の時の前髪，その覚書が発見された（10月８日付『山陽新聞』夕刊「蘭学者・緒方洪庵の“へそ緒”見つかる」）．覚書の内容は，洪庵の父惟因と兄馬之助の「書記」とまったく同じで，覚書自体閑鷗の自筆であった．建碑計画で決定して碑文に刻されていても，その通りには実施されなかったことがうかがえる．

続きで、前に足守川に平行の小川が流れる、約三三〇平方メートルの平地であり、岡山県の指定史跡となっている。そこには、昭和三年（一九二八）五月建立の「洪庵緒方先生碑」と、平成二年（一九九〇）七月建立の洪庵のブロンズ座像とがあり、西北隅には産湯の井戸が残っている。

洪庵は成長すると、文政《ぶんせい》八年（一八二五）に十六歳（以降年齢は数え年）で元服し、「田上騂之助惟彰《これあきら》」と名乗った。佐伯家では、代々「惟」の名をつけているのを踏襲したのである。翌文政九年、大坂で医学修業中に「緒方」姓を名乗り、名を「三平」、次いで「刪平《さんぺい》」（三平）、さらに「判平《はんぺい》」と改めた。和歌・短冊・書などには、先の「彰」の一字をとって名とし、その字画を省略して「章《あきら》」の名を用いている。その後、天保《てんぽう》七年（一八三六）二十七歳、長崎修業に行くときから「緒方洪庵」と改めている（惟因および馬之助の「書記」）。

洪庵と三つの姓

洪庵は字《あざな》を「公裁《こうさい》」といい、「適適斎《てきてきさい》」また「華陰《かいん》」と号した。書に用いた落款《らっかん》には、「公裁」「緒方章印」「浪華橋陰草医生」という印文があり、この三つの印章が東京の緒方家に残っている。

前述のように、洪庵は佐伯姓の家に生まれながら、田上・緒方の姓を名乗ったが、これら三姓が家系上、密接なつながりがあることについては、すでに緒方富雄が大正十四年（一九二五）に記した『緒方系譜考』にくわしい（後述）。だが、ここでは未紹介の、父惟因が筆写し、洪庵も見たかもしれない「佐伯家系別伝　佐伯瀬左衛門惟因誌」（以下「別伝」）に従う。なお、緒方富雄氏が『緒方系譜考』を著わした時には、この「別伝」の存在は明らかになっておらず、当然ながら記述内容には相違が見られる。「別伝」の記載は、（一）豊後国《ぶんご》（大分県）における緒方氏と佐伯氏から、（二）安芸国《あき》（広島県）における佐伯氏へ、さらに（三）備中国（岡山県）足守における佐伯氏の順となっている。

豊後の緒方氏

まず、（一）について、豊後緒方氏は、遠祖彦五瀬命《ひこいつせのみこと》（豊後国鎮座の姥嶽《うばがだけ》大明神）に始まり、その流れを汲む大神惟基《おおがこれもと》があり、その後、数代を経て緒方三郎惟義《これよし》に至る。この惟義について「此人大蛇の末を継て身に蛇尾の形と鱗形あり、故に尾形三郎と云う、後、緒方と改む」と註して、緒方姓の始祖としている。彦五瀬命以下、大神惟基までが伝承上の記述であるのに対して、緒方三郎惟義は、寿永《じゅえい》二年（一一八三）、寿永の乱に九州豊後の豪族として雄を振るい、源氏に与《くみ》して平家を鎮西《ちんぜい》に入れず、その功績が大で『吾妻鏡』や『国史略』にその名をとどめている歴史上の人物である。「別伝」は、

（惟義は）鎌倉に対して逆意あり、故に上野国《こうづけのくに》（群馬県）沼田《ぬまた》に配流せらる、其後……免許有て豊後国に帰り、海部《あまべ》郡佐伯《さえき》に住す、仍《よ》て氏とす（『西国太平記』）

と惟義を註記して、豊後国における佐伯姓の起こりとしている。このようにして、緒方姓から佐伯姓に変わり、これが洪庵の生まれた佐伯家の先祖であった。海部郡佐伯庄は、今の大分県佐伯市域にあたり、豊肥本線の大分駅から西方約五〇キロに緒方駅がある。惟義から数代後の初代佐伯惟信のときから、豊後大友氏に仕えた。

安芸の佐伯氏

次に（二）の安芸国における佐伯氏についてだが、その後、文禄《ぶんろく》二年（一五九三）、大友氏が没落したので、佐伯一族は佐伯の地から離散し、そのうち佐伯惟致・惟昌が安芸国へ移り、毛利元就《もうりもとなり》に仕え、安芸国の佐伯氏の始祖となった。

備中足守の佐伯氏

さらに、(三) の備中国足守における佐伯氏についてだが、惟昌の子、惟覚は元就の嫡孫毛利輝元に仕えて、備中国賀陽《かよう》郡に采地を貰ったが、多病のため固辞して受けず、足守の宮地山の麓、足守川のあたりに住み、寛永《かんえい》二年(一六二五)に亡くなった。この惟覚が足守佐伯氏の初代とされている。惟覚の弟・惟直は、父の家系が「田氏」であったため、「上」の字を加え、初めて「田上《たがみ》氏」を名のり、「田上弾正《だんじょう》」と称した。弾正は森懸氏神八幡宮総堂宮の神主となり、田上神社と田上寺とを建てたと註記がある。

やがて惟覚を相続した二代の惟隆が寛永年中に、再興された足守藩の三代藩主木下利《とし》貞《さだ》に初めて仕え、それより惟房・惟継・義継と継承したところで「別伝」は終わっている。この惟隆より以降の足守藩主に仕えた足守佐伯氏の系譜は、父惟因が文化十年(一八一三)に書いた「勤向覚書」には次のように記されている。

初代惟隆＝二代惟房＝三代惟継＝四代昌継＝五代義継＝六代義勝の後を承《う》けて私儀(惟因)に至る

以上のように、洪庵が父より名づけられた田上姓は、江戸時代の初めに足守佐伯家の先祖が称した姓であり、のちに称した緒方姓は、古代の豊後で活躍し、歴史にその名を留めた遠祖が名乗っていたものを佐伯家の季子(末子)として再興したものである。佐伯・田上・緒方の三姓は、系譜の上では密接な関係にあった。

家紋

家紋については、足守乗典寺《じょうてんじ》にある洪庵の両親の位牌には「陰蔦《かげづた》」、洪庵の位牌には「中陰三ツ割蔦《ちゅうかげみつわりづた》」が用いられている。もっとも、弘化《こうか》二年（一八四五）の『医家名鑑』では、「緒方耕菴（洪庵）」は「陰蔦」である（後掲一七五頁の図版『医家名鑑』より参照）。

二　家族と縁戚

父惟因

父の惟因《これより》は、明和《めいわ》四年（一七六七）に足守藩士野上弥左衛門の次男に生まれたが、佐伯家の先代、源左衛門義勝に男子がいなかったので、安永《あんえい》八年（一七七九）、十三歳のとき養子に迎えられた。天明《てんめい》元年（一七八一）、十五歳で御蔵方筆算見習《おくらかたひっさんみならい》として第八代藩主利忠《としただ》に初出仕した（以下藩主の代数については『岡山県史』第六巻〈近世Ⅰ〉一九八四年、に従う）。以来、利彪《としとら》・利《とし》徽《よし》・利徳《としのり》・利愛《としちか》に至る五代の藩主に仕え、天保十三年（一八四二）、隠居するまで前後六十年に及んだ。その間、惟因は歴代藩主の御内用を勤め、かつ主として藩の財政・会計面の諸役を歴任、たびたび大坂・京都・江戸に赴き、藩財政の窮乏に伴う銀談や訴訟の解決に精励して功績を挙げた能吏《のうり》であった。

一方で、惟因筆の「文化九申年八月十六日出立浪華《なにわ》に登る記」（『緒方洪庵伝史料』第二輯）や足守藩士で詩歌を楽しむ尚歯会《しょうしかい》に参加するなど、教養豊かな文化人でもあった。隠居後は「快翁」と称して余生を楽しんだが、弘化四年（一八四七）九月二十七日、八十一歳で亡くなった（緒方富雄『緒方洪庵伝』）。乗典寺の位牌に記された惟因の戒名は「大乗院快翁日典居士」である。

母きょう

母のきょう（自署は「きやう」）は、賀陽郡大崎村（岡山市北区大崎）の大庄屋石原理兵衛（のち万右衛門光詮）の三女で、没年齢からすると安永四年（一七七五）生まれで、寛政《かんせい》四年（一七九二）正月十日に結婚したときは、惟因二十七歳、きょう十八歳であったことになる。きょうは、洪庵死後七ヵ月の元治《げんじ》元年（一八六四）正月二十八日、老衰にて九十歳で亡くなった。戒名は「蓮乗院妙法日喜大姉」である。

父母への孝養

洪庵は父母に対し、強い孝養の思いを持っていたことが自身の手紙や日記、和歌などから知られる。今日残っている父惟因の手紙によって、洪庵が筆まめに近況を足守の両親に報じて安心させ、喜ばせていたことがわかる。天保十三年（一八四二）八月、洪庵は父の病が重いとの知らせを受け、急ぎ帰郷して看病し、少しよくなったのを喜んで、「嬉しくも見る月影は故郷の古《ふ》りにし昔にかはらざりけり」と詠んでいる。惟因ときょうの面影は、天保十四年（一八四三）六月、両親と姉のキチ（吉・於吉・喜知・喜智子）が来坂したおり、洪庵が瓦町《かわらまち》の家で、父の喜寿を祝って描かせた双幅に偲ぶことができる。それに賛を書いたのは洪庵の師・坪井信道《しんどう》の兄で、当時清荒神清澄寺《きよしこうじんせいちょうじ》（兵庫県宝塚市）住職の露庵《ろあん》（浄界）である。露庵の賛は、惟因について「長年藩に仕えて世俗を脱して私服を肥やすことなく忠勤を励む。山のような不動の精神は安らかな容姿に良く現われている」とあり、きょうについては「克《よ》く家風を守り夫婦仲睦まじく良き子女を育て上げ、夫君と共に長寿幸福である」との趣意である。これも洪庵の両親への報恩感謝のあらわれである。二人の墓は、佐伯家菩提寺の乗典寺（法華宗）にある。

兄　姉

洪庵が三男として生まれたとき、長男の慶之丞は九年前の享和《きょうわ》元年（一八〇一）に夭折し、長女キチは寛政七年（一七九五）十月二十八日生まれで十六歳、次男の馬之助（はじめ熊之助）は文化元年（一八〇四）八月八日生まれで七歳であった。

兄馬之助（惟正）

兄馬之助は文政元年（一八一八）十二月、十五歳で元服した。同五年正月、御殿において「御的初射《はつい》上《あ》げ」の儀式があり「矢一手拝領」の褒美を受けた。同十年、二十四歳のとき、種田流槍術初段、北越流軍法、萩野流砲術無尺の各免許を受け、士分の嫡子にふさわしい武術を身につけている。翌十一年、父惟因が「御家中諸士騒動」（騒動の詳細は不明）により謹慎・隠居を命じられたので、その跡目として「御隠居様（第十代藩主利徹）御附」（御徒士《おかち》二十五俵三人扶持）となる。間もなく父の謹慎が赦されて、馬之助は親元へ差返しとなるところ、特に前藩主利徹《としよし》の頼みにより「是迄《これまで》通り」とされた。同十三年、二十七歳のとき、御附御納戸《おなんど》役（御中小姓本格三人扶持）となり、その後も御内用を勤めた。天保三年（一八三二）二十

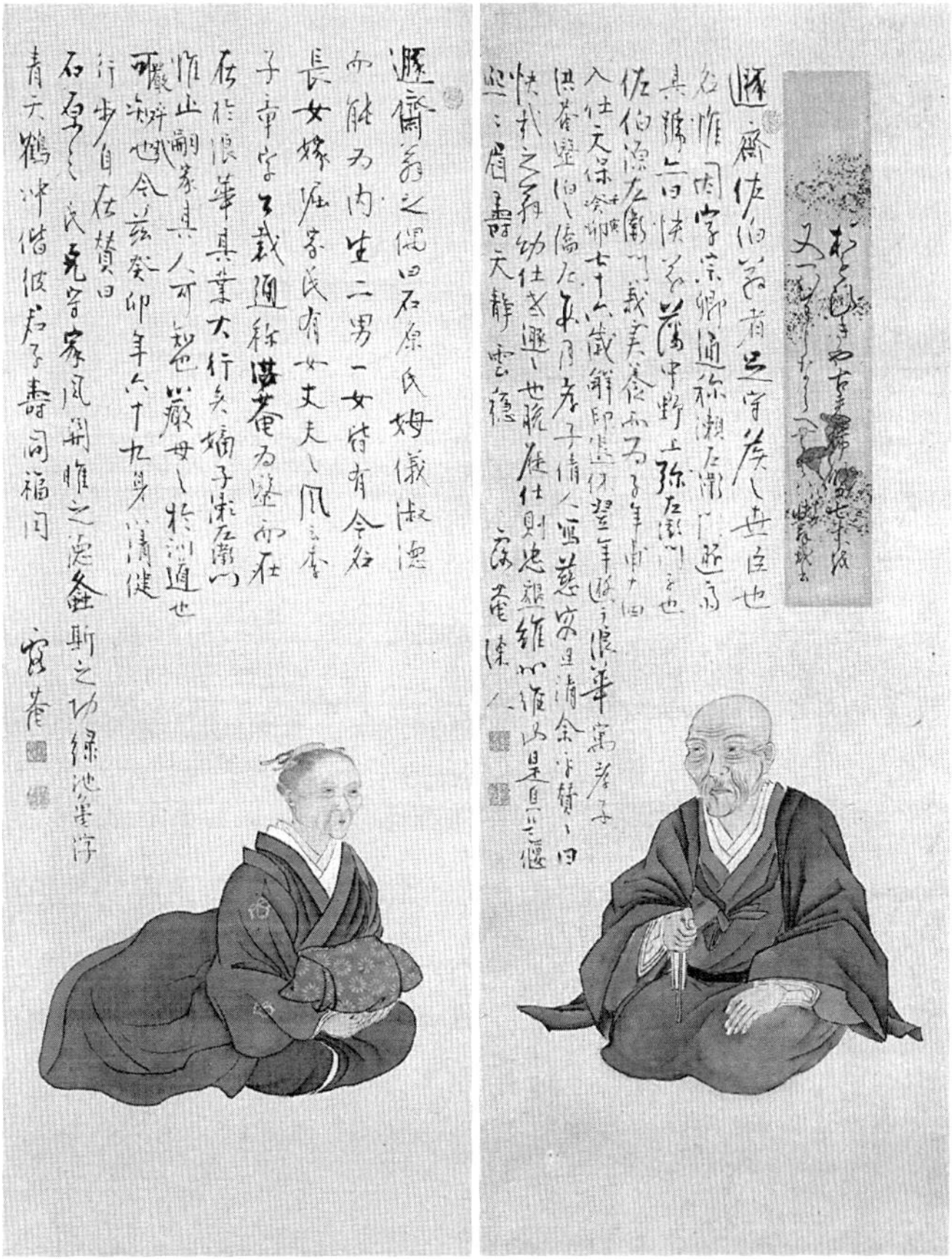

父惟因（右，佐伯快翁）と母きょう（左）
（ともに大阪大学適塾記念センター所蔵）

九歳のとき、藩主の御子様方の読書・手習いの指南役を命じられていて、藩内で馬之助が学問・教養面でも評価されていたことがわかる（馬之助「書記」）。天保十三年、父惟因の隠居後、その名を瀬左衛門惟正《これまさ》と改め、佐伯家を継いだ。明治維新後、隠居して閑鷗《かんおう》と号して、近隣の子弟に漢学を教えた。やがて、母の実家のある大崎村に移り農業をしたが、その後、後妻（都窪郡三輪《みわ》村大庄屋神々弥兵衛の女）の実家、三輪村（倉敷市三輪）の神々和太郎（弥兵衛の長男、妻は惟正の長女）家で余生を送り、明治二十四年（一八九一）一月三十日、八十八歳で亡くなった。

姉キチ

姉キチは、聡明・貞淑な人柄で、『吉備国歌集』や『科野《しなの》名所集』『鰒玉集《ふくぎょくしゅう》』などに多くの和歌が載っており（吉備津神社編『藤井高雅　附歌集』）、教養も豊かであった。おのずから洪庵もその影響を受けているであろう。文化十一年（一八一四）二十歳のときに賀陽郡宮内《みやうち》村（岡山市北区吉備津）の堀家《ほりけ》式部徳政《のりまさ》（二十九歳）と結婚した。堀家氏は、三備の一宮として著名な吉備津宮《きびつのみや》の社司《しゃし》・社家頭《しゃけがしら》の職を世襲する家柄であった。

姉の結婚

キチが吉備津宮の社家へ嫁ぐようになった経緯はよくわからない。父惟因は「書記」に「婚姻整《ととの》」うと記しているだけである。しかし、この縁組みが整う以前、文化八年七月に惟因は、八代藩主利忠《としただ》の末女「於八重《おやえ》様安藤主計様御縁組御用掛」を勤め、藩主や於八重様より恩賞を受け、また同十年二月以降、京都の仏光寺門跡・有栖川宮《ありすがわのみや》へ十二代藩主利愛《としちか》の御用人格として三度にわたって足守藩の旧領安堵を内願に参殿している。このように藩主から厚い信任を受けている惟因夫婦やキチの風聞が、堀家氏とともに吉備津宮の社司・社家頭の職を世襲する家柄であった藤井高尚《たかなお》の耳に入ったのであろうか。

藤井高尚

藤井高尚（一七六四〜一八四〇）は本居宣長《もとおりのりなが》に学び、神職・学者として国学・歌道の普及につとめ、その活動は京阪にもおよんでいた。当時、高尚は胸を病んで診療のため上京し、仮住まいで文会を開き『伊勢物語』や『源氏物語』を講義していた。また、血縁の堀家広政に嗣子がいないのを憂い、養子の徳政に嫁をさがしていたため、佐伯家のキチとの縁組に強く動いたのではないかと推察できる。後述するように、高尚が独子の高豊を文政八年（一八二五）の冬に失い、すぐに徳政・キチの子、七歳の高雅《たかつね》を養孫とし、高豊の遺子松野に配することにしたことも思い合わせてのことである。

堀家式部徳政

キチの夫の徳政は、天明六年（一七八六）に宮内村大庄屋中田重遠の二男に生まれた。徳政の祖父中田重朝の妻は藤井高尚の父高久の姉、すなわち高尚の伯母にあたり、高尚と血族関係にある。そのため徳政は早くから国典（日本の典籍）を高尚に学んだ。また、歌人として『吉備国歌集』に多くの詠歌を遺しているが、文政六年（一八二三）に三十八歳で病没した。キチは早くに夫を亡くした後も二人の子供を育てあげ、明治七年（一八七四）八月三十一日、八十歳で亡くなった。

堀家式部輔政

キチの二人の子、輔政《すけまさ》（通称右兵衛）と高雅（幼名光治郎）は、洪庵よりそれぞれ六歳と九歳年下の甥である。輔政は天保二年（一八三一）、十六歳で祖父広政の没後、家職を継いだ。若い時から高尚について国学を修め、詠歌も多く、一方で漢学も修め、備中の儒者山田方谷《ほうこく》とも交際した。維新後、家塾を開いて近隣の子弟に国書・漢学を教えたが、明治二十二年（一八八九）に七十四歳で病没した。

藤井高雅

高雅（幼名光治郎）は、文政二年（一八一九）三月十九日に生まれたが、同六年、五歳のときに父徳政を失い、同八年の冬に、わずか七歳で藤井高尚の養孫に定められた。これは堀家と同じ吉備津宮社司・社家頭藤井高尚が文化十一年（一八一四）に五十一歳で隠居し、社務および家督を子高豊に譲ったが、高豊が文政八年、嗣子無くして亡くなったからである。当時、吉備津宮の社司・社家頭の職は藤井（三家）・堀家（二家）の五家の世襲で、実子がなく養子の場合はその一代の間、社家頭の職務は行なえるが、神務はこれを遠慮する内規があった。ただし、吉備津宮の譜代の社家の子を養子とする場合は、実子同様にみなされたので、高尚は血族の堀家の子高雅（光治郎）を藤井家の家督相続人と定めたのである。高雅は、藤井家に入ってから高尚らの指導により和漢の学や歌道にいそしみ、天保十一年（一八四〇）に高尚が没すると、高尚の国学振興の後継者として活動するとともに、吉備津宮の社司・社家頭を継いだ。

弘化・嘉永《かえい》・安政《あんせい》と時代が下るに従って増大する外圧に憂憤した高雅は、神職や国学者の文壇活動の枠内にとどまっていることができず、安政元年（一八五四）に「夜々の寝覚」と題した時勢論・海防策を説き、叔父の洪庵や知人に送り届けている。文久《ぶんきゅう》元年（一八六一）、職を子の紀一郎に譲ったのち、京坂地方の富豪から資金を募り、京都・大坂湾の防衛策を考えるなど国事に奔走した。そのため激派の疑いをうけ、洪庵の死去直後の文久三年七月二十五日、京都の仮住まい（室町二条下町）で暗殺された。享年四十五。

縁戚と和歌

洪庵は蘭医学者である一面、和歌のたのしみをもち、多くの和歌を詠み、短冊をのこしている。これは、洪庵の姉キチが吉備津神社の堀家に嫁ぎ、よく和歌を詠み、高雅が国学者藤井高尚の養孫となるなど、国学・和歌に親しむ環境で成人したせいであろう。また、洪庵と高雅とは互いに叔父・甥の関係ながら、年の差は十歳にも足らず、その交情は兄弟のようであった。後述するが、洪庵は高雅の政治活動を危ぶみ、気遣っていた。その意見には聞くべきことがあり、高雅も洪庵から海外事情について得るところがあり、相互に緊密な関係にあった。なお、高雅は二十代から晩年に至るまで（弘化〜文久）、洪庵が和歌の師としていた萩原広道《はぎわらひろみち》とも終始変わりなく文通していた。

三　幼少のころ

洪庵の幼少のころの記録や伝聞は乏しいが、父惟因《これより》や兄馬之助が書き残している記事からできるだけ明らかにしたい。

田上姓について

まず、佐伯家に生まれた洪庵に、惟因がなぜ田上姓を名乗らせたのか。緒方富雄は『緒方系譜考』のなかで、惟因がまだ佐伯源兵衛義実と名乗っていたころに書いた「田上神社之評」の中に、「従来から言われている田上神社祭神は蛇体であるという説に後人は心惑うことなく、只々《ただただ》足守佐伯氏の先祖が勧請した神として仰ぐべきで、自分は当家を継いでからは、毎年六月、九月、十月の各十三日の三回の祭に参詣している」（要旨）と記しているところから、惟因の厚い氏神信仰に発したものとしている。また、惟因が寛政九年（一七九七）に、佐伯や田上と名乗る人びとともに、田上社の屋根葺替えに出金したり、文化十年（一八一三）に有栖川宮家へ参殿したときに、御用人格の態をして田上弥左衛門と変名したりしたことを挙げている。なお、洪庵の墓の碑文原稿の一つ、乾々斎書屋所蔵「緒方洪庵先生行実」中にある「季《き（すえ）》は即ち先生始て旧姓に復す」の文に、「（島村）鼎甫《ていほ》曰《いわく》、先生季を以て旧姓に復す。無故《ゆえなき》にあらず、記せざるべけんや」と

足守地図

註している。父惟因も、洪庵が季子（末子）ゆえに旧姓に復する慣習に従ったのか、識者の教示をえたい。

洪庵は文化十四年（一八一七）三月、八歳のとき、兄の馬之助（十四歳）とともに疱瘡《ほうそう》に罹《か》かった。前月の二月に姉の長子（堀家作之丞）一二歳が、実家で疱瘡を済ませている。惟因はいずれにも「疱瘡相済《あいすみ》」と記すのみでくわしい症状など不明だが、軽症で済んだ。後年の弘化三年（一八四六）、惟因は洪庵に宛てて、兄の娘、お花の疱瘡の様子を、

お花……熱強く御座《ごさ》候《そうろう》処《ところ》、追々冷め、疱瘡見懸けの趣《おもむき》、最《も》早《はや》起《き》脹《ちょう》にて豆め（ママ）まきと申す位に御座候。先ず先ず軽症にて皆々大慶罷《まか》り在り候（緒方富雄「蘭学者の生活素描—緒方洪庵伝補遺—」七）

と書き送っているが、洪庵のときも同様であったであろう。当時は疱瘡が流行すると、為《な》す術《すべ》もなく多くの幼い命が失われたので、洪庵一家が幸運を喜んだのは当然であった。

幼少期の学習

さて、八歳前後の洪庵がどんな学習をしていたかを知る史料も伝承もない。足守藩では寛政四年（一七九二）、古学を好んだ九代藩主利彪《としとら》が藩校追琢《ついたく》舎を開き、近村の秋山彦朔を教授として八歳以上の諸士の二、三男に至るまで文武両道の講習を奨励し、勉学に努め、学力優等な者には、二、三男でも別に一家を与えると布達している。そのため学問が盛んになったが、文政期（一八一八～一八三〇）には衰微して廃舎となり、その後は読書場という童子の小さな教場ができたという（文部省総務局編刊『日本教育史資料』二、六〇四頁～六〇七頁、一八九〇年）。

家人に習う

この不振は藩財政の窮乏によるもので、文政元年（一八一八）、洪庵が九歳のころには、藩校教育はなきに等しかったようである。また、洪庵が近くの私塾に通った伝承もなく、おそらく藩士のすべてが、数割引の俸禄しか受給できないところでは、私塾は成り立たなかったであろう。兄も洪庵も漢学の素読などは家人から教わったにちがいない。それを証明するのが、後年安政元年（一八五四）正月に、四十五歳の洪庵が妻八重の実家の当主億川信哉《おくがわしんさい》（翁介《おうすけ》、翁助、八重の弟）に宛てた年賀状である。

漢籍を学ぶ

文面には、賀詞に続いて、当時子沢山のため十一歳の次男平三（のち惟準《これよし》）と二歳の五男十郎（のち惟直《これなお》）とを預かってもらっている礼を述べたあと、「最近平三から読書も追々上達し、すでに『詩経《しきょう》』も『蒙求《もうぎゅう》』も読み終わり、『文選《もんぜん》』を読みたいと言ってきたので、早々送ってやりたい。しかし、『文選』は長く、小児では早く飽きがくるものだから、『易経《えききょう》』『書経《しょきょう》』『礼記《らいき》』などを読み終えてから読ませては、と思うのでお考え下さるように御願いする」と書いている（億川摂三「緒方洪庵の新年状」『医事公論』第一一七一号、一九三五年）。洪庵が平三に漢学を学ばせていたことや、洪庵みずからも少年のころ、家でこれらの漢籍を学び、『文選』の内容もよく承知していたことがわかる。惟因は役目柄、銀談などで他行もしばしばであったが、在邑《ざいゆう》のときは帰宅すれば、昼夜を問わず洪庵の読書を教導し、兄も助勢したのであろう。この洪庵の新年状が紹介されたころは、洪庵がこののちに平三へ送った『文選』十二冊は億川家に現存していた。

境遇

洪庵は小藩の足守藩の身分高くない武士の家に生まれたが、その境遇に触れておく。

文化・文政から幕末にかけて、どこの藩でも多かれ少なかれ藩財政は窮乏していたが、足守藩は第九代藩主利彪《としとら》のとき、参勤途上の供頭《ともがしら》切腹事件により、寛政十一年（一七九九）から備中賀陽《かよう》・上房《じょうぼう》二郡のうちで、内高三万余石の七〇％にあたる二万二千石を生産力の低い陸奥国伊達《だて》・信夫《しのぶ》両郡（福島県）へ村替えを命じられ、収納高七千石余を減じ、実質所領半減の処分を受けた。このため藩財政は深刻となり、倹約は家臣の禄・扶持に

表1　惟因の家格・役職と禄・扶持高

年号（西暦）	年齢	家格・役職	禄・扶持高
天明元（1781）	15	御蔵方筆算見習	—
天明2（1782）	16	御蔵手代本役	10俵2人扶持
寛政4（1792）	26	御徒士格	18俵2人扶持
寛政6（1794）	28	御蔵帳元役御勝手方 手元兼帯	18俵3人扶持
寛政10（1798）	32	御徒士本格	25俵3人扶持
寛政11（1799）	33	御中小姓格	30俵3人扶持
享和3（1803）	37	御中小姓本格	33俵4人扶持
文化7（1810）	44	御元方懸り，兼吟味役	40俵4人扶持
文化10（1813）	47	御給人並	45俵4人扶持
文政8（1825）	59	御給人格，大阪御留守居役	45俵4人扶持 役扶持2人扶持 人置料8俵

（注）惟因自筆の「御奉公記録」「御奉公覚書」「書記」による．

向けられ、文政五年（一八二二）十一月には「家老初め諸士格まで身分引下げ徒役相勤る」（兄馬之助「書記」）ようになった。

父惟因の家格、役職と禄、扶持高は表1のとおりである。表2は『岡山県史』第九巻〈近世Ⅳ〉（一九八九年）の「足守藩の禄・扶持支給高（幕末）」の一部を引用したもので、藩が明治初年に大蔵省へ提出した元治元年（一八六四）から明治元年（一八六八）にいたる史料による。したがって、その割引率を惟因の文化・文政時代にあてはめるのには問題があるが、幕末期と大差がなかったとみなすと、洪庵誕生の文化七年（一八一〇）、惟因四十四歳のとき、「四十俵

表２　足守藩の禄・扶持支給高（幕末）

	禄・扶持高	割引率	支給高	格	人数	備	
	石	割分	石　合　勺				
1	400.000	6.3	52.840.	禄	1		
2	350.000	6.0	49.700.	禄	1		
3	300.000	6.0	42.600.	禄	1		
4	250.000	5.2	42.100.	禄	1		
5	200.000	5.5	31.700.	禄	1		
6	180.000	5.4	29.124.	禄	1		
7	170.000	5.4	27.506.	禄	1		石斗合勺
8	150.000	5.2	25.260.	禄	10	10人分	252.6
9	130.000	5.2	21.892.	禄	4	4人分	87.568.
10	100.000	5.2	16.840.	禄	7	7人分	117.880.
11	90.000	5.0	15.750.	禄	2	22人分	31.500.
12	80.000	5.0	14.000.	禄	13	13人分	182.000.
13	70.000	4.9	12.481.	禄	1		
14	26人扶持	5.2	22.089.6	扶持	1		
15	17人扶持	5.2	14.443.2	扶持	1		升
16	15人扶持	5.0	13.275.0	扶持	22	22人分	292.05
17	13人扶持	4.9	11.735.1	扶持	9	9人分	105.615.9
18	12人扶持	4.7	11.257.2	扶持	5	5人分	56.286.
19	10人扶持	4.3	10.089.0	扶持	2	2人分	20.178.
20	45俵4人扶持	4.7	11.622.9	扶持	4	44人分	46.491.6
21	40俵4人扶持	4.5	11.154.	扶持	19	19人分	211.926.
22	33俵4人扶持	4.3	10.242.9	扶持	30	30人分	307.287. ※
23	30俵4人扶持	4.0	10.188.	扶持	3	6人分	30.564.
24	30俵3人扶持	4.0	9.126.	扶持	34	34人分	310.284.
25	28俵3人扶持	3.9	8.875.5	扶持	6	6人分	53.253.
26	26俵3人扶持	3.7	8.750.7	扶持	1		
27	25俵3人扶持	3.7	8.542.8	扶持	36	36人分	307.548.
28	18俵3人扶持	3.3	7.537.5	扶持	16	16人分	120.600.
29	18俵2人扶持	3.1	6.541.2	扶持	27	27人分	176.612.4
30	16俵2人扶持	3.0	6.174.0	扶持	5	5人分	30.870.
31	15俵2人扶持	3.0	5.943.0	扶持	82	82人分	487.326.
32	15俵2人扶持	3.0	5.943.0	準卒	70	70人分	416.010.
33	1人扶持		1.770.0	農兵	76	76人分	134.520.
34	2人扶持		3.540.0	小者	113	113人分	400.020.
計					606		4,512.310. ※

（注）※の数値はそのまま記入した.
大蔵省財政史資料室所蔵「藩士・準卒人員幷従前之禄・扶持遣居候高取調帳」より作成.
岡山県史編纂委員会編『岡山県史』第九巻〈近世Ⅳ〉岡山県，1989年より一部引用.

四人扶持」で、本来二十石二八〇合であるのに、四割五分の割引率により、十一石一五四合の受給。文化十年（一八一三）より文政七年（一八二四）まで、洪庵が四歳より十五歳までの間、父は「四十五俵四人扶持」で、本来二十二石五〇合であるのに、四割七分の割引率により十一石六二二合九勺の受給で、月に一石を割り、節倹・省略の生活は限界にきていたであろう。このように、洪庵は経済的に恵まれない暮らしの中にあったといえる。

四　医学を志す

兄の元服

兄の馬之助は、文政元年（一八一八）十二月朔日、前髪を剃り、伯父野上新右衛門を烏帽子親《えぼしおや》として元服式をあげ、足守藩家中《かちゅう》の仲間入りをした。そのときに洪庵は九歳で、この式に立ち会ったと思われる。兄は先にも触れたが、元服後四年、十九歳になった文政五年（一八二二）正月五日には、御殿において「御的初射上《はついあ》げ」を行ない、「矢一手拝領」の褒美をうけた。そのほか槍術や軍法、砲術などにも励み、武人らしい資質にめぐまれていた。このとき洪庵は十三歳。兄と違って病弱で武術などに向かなかったことから、元服が近づくにつれて、自分の将来について思いをめぐらしたことであろう。実質上、次男の立場であって、身分制社会の拘束から比較的のがれやすい事情にあったことが、洪庵の学者としての生涯に重要な意味をもったであろう。

父惟因《これより》も養子であったから、洪庵の身の上について心配りをしていたにちがいないが、知る由もない。しかし、惟因は小藩の下級武士とはいえ、能吏にして京・大坂はもちろん、江戸出府も寛政四年（一七九二）の二十六歳のときに始まり、文化年間には三年、五年、六年と三度におよんでいる。

時代の波

十八世紀末から十九世紀初頭にかけて、日本を取り巻く国際的環境の反映により、幕藩体制の政治・経済・思想・文化など各方面に変化が起きていた。惟因は、道中の各藩・各地のさまざまな見聞を通じて、時勢の変化・推移に鋭敏な感慨を抱いたと思われる。帰藩した惟因からこれらの土産話を聞かされて、洪庵は備中の片田舎に居ながら、漢学からは得られない藩外の世情や国情、文化の新しい動きを少しずつ感受していたことであろう。しかし、突如として国外から未曾有の大きな時代の波が二つ押し寄せ、洪庵の生涯に大きな影響を与えることになった。

コレラの侵入

一つ目は、文政五年（一八二二）、日本へコレラがはじめて侵入し、第一次流行となったことである。ガンジス川のデルタ地帯が根源地とみられるコレラは、一八一七年以降に国外へ出て、一八一九年ベンガル地方からビルマ（現ミャンマー）・タイへと東漸し、中国の広東《カントン》に伝わって寧波《ニンポー》・南京《ナンキン》・北京《ペキン》に進み、中国全土に波及した。これが山海関から遼《リヤオ》東《ドン》半島沿いに東南下し、鴨緑江《アムノクカン》を渡り朝鮮半島へ侵入した。平壌《ピョンヤン》・漢城《ハンソン》に流入後、九月には南下して慶尚道《キョンサンド》に達して越冬。一八二二年、再び漢城で大流行して半島全道に広まった。このような伝播経路を辿り、日本へは朝鮮半島から対馬を経て馬関《ばかん》（下関《しものせき》）に入ってきた。山陽道を東へ大坂・京都に大流行し、さらに伊勢路から東海道は沼津あたりまで達したが、箱根はこえなかったという（宗田一『図説・日本医療文化史』思文閣出版、一九八九年）。

コレラの被害

このとき大坂の斎藤方策《ほうさく》は、大槻玄沢《おおつきげんたく》の芝蘭堂《しらんどう》同門の旧友・仙台藩医の佐々木仲沢《ちゆうたく》（一七九〇～一八四六）に書を送り「コレラの死者は、大坂は人口が多いけれども、一ヵ月を通して数えれば、おおむね数千人を下らない」（佐々木仲沢「壬午天行病説」序）と書き、「尚朝鮮は凡《およ》そ四万人死《しに》たりと云う。長州萩にてさえ八月十四日より二十五日までの内、死する者五百八十三人と申しきたり候。泉州岸和田城下九月十三日十四日両日に百三十四人死たりと承る。私四隣にも四日の内に五人死に申し候。右に付肝魂も消え失せ慄《おのの》い居申し候処、天幸にて先ず私方は免れ候様存ぜられ候。此状認《したため》候ても明日の存生覚束《おぼつか》なく、実に石火矢の先へ立つ候心持ちに御座候」（中野操「大阪の蘭学」『大阪の学問と教育』）と、人心恟々《じんしんきょうきょう》たる有様を報じている。

コレラの脅威にふれる

このように九月には大坂を中心に大流行して、人びとが「三日コロリ」と俗称したように多数の人命がうばわれた。備前・備中あたりの流行を示す史料はこれまで発掘されていないが、下関から中国地方を席巻して大坂に至ったのだから、その疫禍を免れたとは考えられない。父惟因はこの年の九月中旬、コレラ流行のさなか、神戸へ銀談に赴いており、無事に帰宅できたことを家族中で喜びながらも、洪庵は大坂の惨状を耳にしたであろう。

シーボルトの来日

二つ目は、翌文政六年（一八二三）七月のシーボルト来日の波動である。十九世紀に入って西洋の自然科学は一段と発展し、ドイツでも近代医学が勃興する時期で、その中からシーボルトが長崎へやってきて、西洋学術を紹介し、日本人の知識の開発に貢献した。全国各地から俊才が彼の許《もと》に集まり、今の岡山県地方からも北部美作《みまさか》の石井宗謙《そうけん》・石坂桑亀《そうき》、南東部備前の児玉順蔵らが訪れた。

これら三人のうち、最初に従学したのは児玉で、文政五年に長崎に出て、のちシーボルトに学んで、帰郷後は備中矢田村（倉敷市真備町）に開業した。石坂桑亀は文政六年に長崎へ出てシーボルトに学び、のち福渡村《ふくわたり》（岡山市北区建部町福渡）に開業。その後、足守藩主から招かれて、勝手《かって》廻方《まわりかた》兼侍医《じい》物頭席《ものがしらせき》となり、洪庵とは同僚となる。桑亀がいつ藩に出仕したのかわからないが、父惟因も同藩の勝手方御用を経て御内所重役を務めていたから、桑亀のことをよく知っていたであろう。石井宗謙もシーボルトの来日を知り、時期はわからないが長崎に出た。このように、足守の周辺からシーボルト来日とともに、西洋医学を修めようとする人びとが出たことを、洪庵もシーボルトの評判とともに、惟因から聞いたと思われる。

医を学ぶ決意

右の二大事件に象徴される時勢に臨んで洪庵は、吹き始めた新しい時代の風や、江戸幕府の政治・体制に行き詰まりを感じ、その鋭敏な天性から、すでに元服前にみずからの将来について医を学ぶことに決めたことは、三年後の文政九年（一八二六）大坂修業前にしたためた「出郷《しゅっきょう》の書」に明らかである。

五　「出郷の書」

元服

洪庵は十六歳の文政八年（一八二五）二月五日、前髪を剃って元服し、田上騂之助惟彰《これあきら》と名乗って成人となった。兄のときの烏帽子親《えぼしおや》、叔父の野上新右衛門はすでに亡くなり、誰が烏帽子親であったのかなど、詳しいことはわからない。

初めての上坂

その三ヵ月後の同年五月十八日、父惟因《これより》は、大坂の薩摩堀中筋町（大阪市西区立売堀《いたちぼり》上通）にある大津屋吉兵衛の掛屋敷を藩が買入れて蔵屋敷を開設する用務のため、若党らを従えて足守を発つにあたって、洪庵を召し連れて上坂した。洪庵が藩外へ出た最初であり、洪庵に見聞を広めさせようと考えてのことであろう。この用事は二ヵ月半ほどで済み、両人はいったん足守に帰ったが、九月二日、惟因は足守藩大坂蔵屋敷留守居の役を命じられ、十月五日に足守を出立、再び洪庵は惟因に従って上坂し、同月十一日、蔵屋敷に入った（惟因「書記」）。洪庵が蔵屋敷にきてからの動静は、

章（洪庵）成童、家君に従い大坂の邸に於いて文を学び武を習う。多病にして勉強する能《あた》わず（『病学通論』自序、原漢文）

と、みずから記すだけでよくわからないが、そのまま翌九年七月に中天游《なかてんゆう》塾に入ったとされてきた。しかし、洪庵は文政八年中か、翌九年三月以前に、大坂から再び足守へ帰っていた。「藩日記」文政九年三月五日条の記述（「文政九丙戌日記三月分　御用番二階堂郷八」）から、当時大坂蔵屋敷在勤中で足守を留守にしていた父瀬左衛門（惟因）が、取次の浦上新左衛門に依頼して、次男騂之助（洪庵）の大坂表《おもて》への出立願書を藩に届け出ていること、そして洪庵が文政九年三月六日に足守を発足したことがわかる（惟因「書記」）。

これまで、医への志望を理解してくれない父へ固い決意を知らせるために、洪庵が「置き手紙」を残して、惟因より先に大坂へ出発したとされてきた（浦上五六『適塾の人々』）が、それは右のような「藩日記」が知られなかったことによるもので、洪庵の大坂修業への足守出発は父子合意の上で行なわれたものである。

「置き手紙」

「出郷の書」

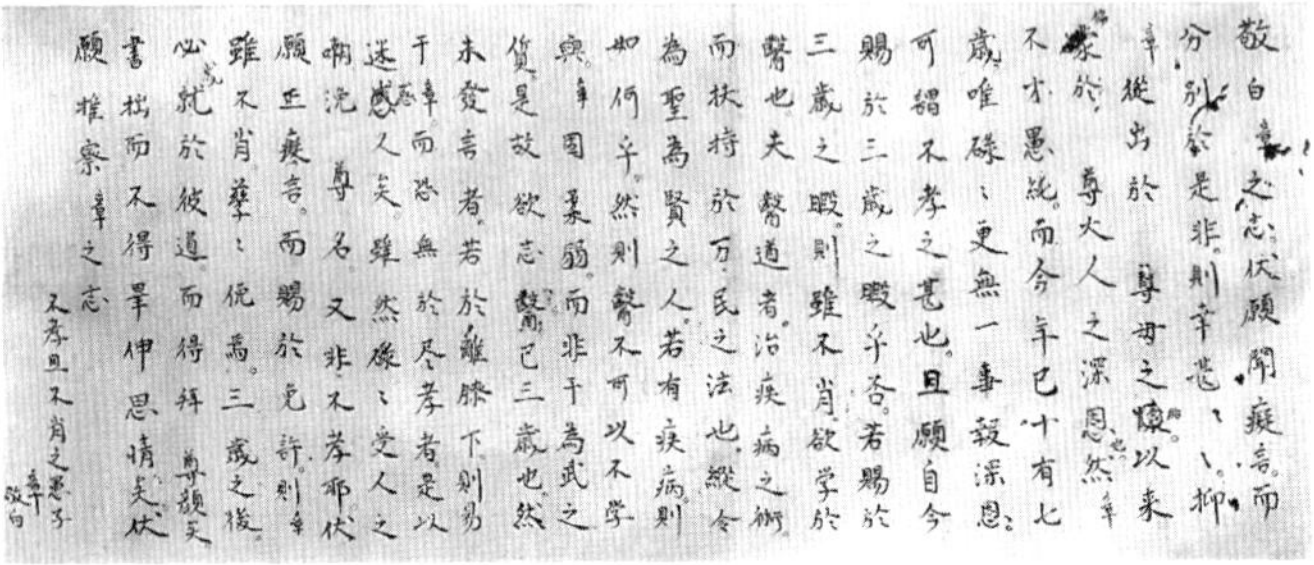
敬白章之志伏願聞癡言而
分別於是非則章悲々々抑
章従出於尊母之懐以来
蒙於尊大人之深恩然章
不才愚鈍而今年已十有七
歳唯碌々更無一事報深恩
可謂不孝之甚也且願自今
賜於三歳之暇乎否若賜於
三歳之暇則雖不肖欲学於
医也夫医道者治疾病之術
而扶持於万民之法也縦令
為聖為賢之人若有疾病則
如何乎然則医不可以不学
矣章固柔弱而非干為武之
質是故欲志医已三歳也然
未発言者若於離膝下則易
干章而恐無於尽孝者是以
迷惑人矣雖然碌々受人之
嘲洗尊名又非不孝耶伏
願匹癡言而賜於免許則章
雖不肖孳々俛焉三歳之後
必就於彼道而得拝尊顔矣
書拙而不得畢伸思情矣伏
願推察章之志
不孝且不肖之愚子 章 敬白

「出郷の書」（緒方洪庵記念財団管理）

さて、その洪庵のいわゆる「置き手紙」といわれてきたものの文意は、「自分は生まれつき弱く、武士に適していないため三年以前より医者を志していたが、それを不孝と考えて申しあげなかった。しかし、無為に過ごして人の嘲りを受けることもまた不孝と思うので、あえて三年の暇《いとま》を賜り、志すところに進むことを許していただきたい、医は疾病を治し、万人を救う法であるため学ばねばならぬものである」とある。

昭和初年に初めてこの「置き手紙」を紹介した緒方銈次郎（洪庵の孫）は、これは奉書巻紙に一行十一字詰二十五行に楷書で書かれ、漢文としては章句の推敲に未熟な点が少なくなく、所々に誤字があると指摘しつつも、この書面の文意は、単に医学修業の志願を述べたもので、別に惟因の意に反して家出の決心をしたようには思われないとしている（緒方銈次郎『緒方洪庵と足守』）。この書面は、洪庵が惟因に無断で家出をした意味の「置き手紙」ではなく、医学修業を志したいという熱心な決意を表した「出郷の書」というべきものである。なお、この「出郷の書」は、洪庵の兄の馬之助惟正が生涯大切に所蔵し、今に伝わるものである。

第二　大坂と江戸での修業時代

一　大坂の中天游塾

中天游塾入門

前述のように、洪庵は文政九年（一八二六）三月六日の朝、家郷足守《あしもり》を発ち、おそらく三月十日前後には、父惟因《これより》のいる大坂薩摩堀中筋町の足守藩蔵屋敷に着いた。しばらくして洪庵は、この蔵屋敷から程近い坂本町（西区）の中天游《なかてんゆう》（中環《なかたまき》）の塾に十七歳で入門する。天游は医者であるとともに、天文窮理学《てんもんきゅうりがく》も修めていた。洪庵は修業中、緒方三平と名乗っていた（馬之助「書記」）。もっとも、惟因が取次の浦上新左衛門を頼んで「私次男騂之助《せいのすけ》儀、学問修行のため、此度《このたび》大坂京町堀中環方へ、一両年の間差し遣《つかわ》し置たく存じ奉り候」と、家老木下頼母ら重役に宛てて藩へ正式に届け出たのは、二年後の文政十一年（一八二八）七月二十二日のことであった（惟因「書記」）。

父惟因の謹慎

文政十一年正月から、足守藩に何か取り込みごとがあって、二月二十五日、洪庵は惟因と大坂を発ち、二十九日には足守に帰った。三月五日、惟因もこれに関係して三ヵ月の謹慎を命じられたが、六月三十日には許され、大坂留守居役・御蔵奉行兼帯と、これまで通りとなった（「緒方洪庵年譜」緒方富雄『緒方洪庵伝』第二版増補版所収）。

中天游

中天游（一七八三～一八三五）は、名は環または環中《かんちゅう》と言い、号は思々斎、雅号は環を訓して玉樹《たまき》と称した。父は丹波の人で上田河陽といったが、母の中教戒《なかきょうかい》（教海）の入り婿となり、中氏を名乗った。両親が京都に移ったので、天游は京都で育った。成人して儒医であった父から与えられた『解体新書』を見て発奮し、文化二年（一八〇五）二十三歳のとき、江戸の大槻玄沢《おおつきげんたく》（一七五七～一八二七）の芝蘭堂《しらんどう》に入門した。しかし、わずか一年ほどで京都へ戻り、さらに蘭学を学ぼうとして長崎に遊学したが、唐通事《とうつうじ》とオランダ通詞《つうじ》との仲が悪く、得るところもなく帰洛し、文化六年の二十七歳のとき、京都で医学・蘭学を教えていた稲村三伯《いなむらさんぱく》（のち海上随鷗《うながみずいおう》、一七五九～一八一一）に入門した。

稲村三伯

三伯は、鳥取の町医者、松井如水の三男だが、藩医であった稲村三杏《さんきょう》の養子となり、稲村姓を名乗った。三伯は、大槻玄沢の『蘭学楷梯《らんがくかいてい》』（天明八年刊）を読んで感奮し、寛政四年（一七九二）三十四歳のとき、江戸へ出て玄沢の芝蘭堂に入門した。三伯は玄沢のもとで蘭和対訳字書を自作しようとした。玄沢はフランソワ＝ハルマの蘭仏字書を貸し与え、元オランダ通詞の馬田清吉（当時、松平定信の家臣石井恒右衛門）の援助を図った。さらに三伯は、宇田川玄随《うだがわげんずい》に漢学を、大槻玄沢に蘭学を学んだ宇田川玄真《うだがわげんしん》（元は安岡氏、号榛斎《しんさい》、一七六九〜一八三四）の編集協力も得て、寛政八年、日本初の蘭日字書『ハルマ和解《わげ》』（通称『江戸ハルマ』）を刊行した。三伯のハルマ和解に貢献した玄真は、三伯より一回りほど若かったので、三伯と玄真とは義兄弟の誼《よしみ》を結んだ。のちに洪庵は、この玄真に師事することになる。

この三伯と玄真との関係により、その後、寛政九年（一七九七）十二月に宇田川玄随が病没したとき、玄随には嗣子がなく、津山藩医の家を立てるには養子を必要としていたので、三伯の仲立ちで玄真を玄随の養子と届け出て、寛政十年に玄真は宇田川家を相続することとなった（森納「稲村三伯と宇田川玄真」『因伯洋学史話』富士書店、一九九三年）。三伯は、その後、おそらく文化二年（一八〇五）の後半までには、京都へ入り医学・蘭学を教えたとされている（中野操『大坂蘭学史話』）。

中天游の開業

中天游は、三伯のもとで誠実に勉学に努めたため、三伯は天游に嘱目《しょくもく》し、娘のさだを妻帯してくれるように頼んだ。このため文化八年正月、三伯が亡くなったあと、天游は恩師の遺志を守り、さだを妻とした。さだは医術の心得もあり、文化十四年に夫婦は大坂へ移り、靫《うつぼ》（西区）で医業を開業した。その後、二、三年して江戸堀に移り、さらに二、三年して坂本町に居を定めた。ここで天游は思々斎塾を開き、「既往は追うべからず。将来期すべからず。丈夫、終身の業、必ず現今に決す」を座右の銘とし、自分の

中天游塾を選んだ理由

研究と蘭学教授に専念した。

洪庵が天游に入門したのは、彼が蘭方医学者であるかたわら、国学、とりわけ神道学に関心をもち、吉備津神社社家で国学者として名声高かった藤井高尚《たかなお》の門人として、高尚の大坂での学問所「小柴屋《こしばのや》」の創設・維持にあたっており、さらには洪庵の姉キチが、堀家《ほりけ》徳政に嫁いで生まれた子光治郎（のちの高雅《たかつね》）が、文政八年冬に藤井高尚の養孫に決まっていた関係も働いているであろう（吉備津神社編『藤井高雅　附歌集』）。しかし洪庵が天游に師事した動機は、そうした縁故を越えるものがあった。洪庵はこの間の事情を、最初の著書『病学通論』の自序に「中天游を師に選んだのは、人体の構造、疾病の性質なる西洋医学への、天游の知識に対して感嘆したから」だと記している。そのころすでに天游には、同じ大槻玄沢の江戸芝蘭堂塾での先輩である斎藤方策《さいとうほうさく》（一七七一～一八四九）との共訳『把爾《パル》（把而とも）翕湮《ヘイン》解剖図譜』（上下二編、文政五年〈一八二二〉）が世に出ていて世評も高く、洪庵はこれを実見して西洋医学研究への精進を堅く心に秘めたと思われる。洪庵が漢方医、あるいは儒学者の子に生まれず、また、武士一般の儒教的な学問思考の拘束をあまり受けなかったのが幸いしたといえるであろう。

ちなみに、中天游はこの『解剖図譜』下編付言で「原本和蘭《オランダ》人玉函《ヨハン》把爾《パル》翕湮《ヘイン》著、千七百十九年刻、後二十四年在禮田《ライデン》再刻」と記しているが、パルフェイン（Jan Palfijn）はオランダ人ではなくベルギーのコルトリィク（Kortrijk）生まれの解剖・外科医である。またドイツの医学者伝記辞典では、この書のライデン初版は一七一八年、再版は一七三三年であり、天游の記載と合わない。

洪庵は中天游塾時代を回顧し、前出の『病学通論』自序の続きに、次のように記す。

先生、章の駑鈍《どどん》を愍《あわれ》み、教導すること究《きわま》り渥《あつ》く、慈愛特に深し。居ること四年。当時の訳書は渉猟《しょうりょう》し殆んど尽く。頗《すこぶ》る西学の大略を闚《うかが》うを得たり

洪庵の熱心な勉強ぶりと、それに対する師中天游の格別な教導ぶりがうかがえる。そして在塾四年（文政九〜天保元年）の間に当時の訳書をほとんど読みつくしたというが、オランダ語医学関係の翻訳書の大略（『新撰洋学年表』〈大槻如電著〉や「和蘭医書を主とした西洋書翻訳に関する大約の年譜」〈『明治前本邦内科史』〉）などを参照すると、『西説内科撰要』（宇田川玄随訳）・『蘭畹摘芳』（大槻玄沢訳）・『和蘭内景医範提綱』（宇田川玄真訳）・『泰西《たいせい》熱病論』（吉田長淑訳）・『和蘭局方』（宇田川玄真訳）・『眼科新書』（杉田立卿訳）・『蘭方枢機』（小森玄良訳）・『和蘭薬性辨』（藤林泰助訳）・『和蘭内外要方』（吉雄俊蔵訳）・『和蘭薬鏡』（宇田川玄真訳）・『重訂内科選要』（宇田川玄随訳・玄真増訂）・『遠西医方名物考』（宇田川玄真撰）・『解剖図譜』（斎藤方策・中環同訳）などが刊行されている。中天游塾には、少なくとも宇田川関係のものはすべて所蔵されていて、洪庵が読破したであろう訳書を推察できる。

学風形成の淵源

洪庵は「西学の大略」を把握したとのちに記しているが、それは『把爾翕湮《パルヘイン》解剖図譜』の下編の附言にある「西洋の建学の精神は必ず色々の実徴を取り、少しも憶測を容れないものでとくに医事においては重大である」ということに他ならなかったであろう。天游は、西洋医学の本質と同時に、解剖学の重要性を正確に認識していた。そして文政七年（一八二四）六月には大坂賀川《かがわ》家二代目の秀哲・斎藤方策らとともに、当時刑場の葭島《よしじま》（浪花区木津川二丁目付近にあった月正島《げっしょうしま》）において、女刑の屍で解剖を実践した。そのときの「賀川・斎藤・中氏文政七年解剖図」一巻（杏雨《きょうう》書屋所蔵）が現存しており、文政十二年の医師番付表にも「解剖　中環　京町堀」と広く知られていた。この点からも、中天游を大坂における西洋医学の開祖と称しても過言ではない。洪庵が医学を志すにあたり、何よりも最初に良き師にめぐり合えたことは生涯の幸運といえるであろう。洪庵が研究・教育の上で、終始一貫して右のような師中天游の医学観を継承して「親試実験《しんしじつけん》」の実証主義に徹し、解剖を重んじたのは、ここに淵源《えんげん》する。

中天游の広い識見

また、洪庵の学風形成の上で、のちに洪庵が師事し影響をうける坪井信道《しんどう》（一七九五〜一八四八）・宇田川玄真とは違い、天游が医学のほかに数学・物理学・天文学・光学などの理学方面に強い関心と造詣を持ち、優れた業績を有していたのを看過できない（吉田忠「中天游の蘭学」『日本文化研究所研究報告』第十二集〈東北大学文学部附属日本文化研究施設〉、一九七六

年、中野操「中天游」『大坂蘭学史話』）。

天游は、大坂の西洋学の開祖とされる橋本宗吉《そうきち》（一七六三〜一八三六）の絲漢堂塾《しかんどう》（中央区南船場三丁目）に出入りしてその教えを受けた。そしてニュートンの弟子ジョン・ケイル（John Keill）の引力論（ラテン語本）を、オランダのルロフスが蘭訳した「物理学および天文学入門」（一七四一年）の一部を長崎の志筑忠雄《しづきただお》が訳した「求力法論」を、師の随鷗（稲村三伯）に命じられ改訳した「引律」（文政七年）、光の直進から始まる初歩的な目の幾何学を説明した「視学一歩」（文政七年）、「天学一歩」、「算学一歩」（文政十一年）などの物理・天文・数学など、他にその比を見ない業績があった。はじめの「引律」は、志筑忠雄における「求力」を「引力」と訳しているように、自己の見解を「引律提耳」という別著にまとめており、この内容は中天游の識見が並々ならぬものであったことを示す。

講義と出会い

さて、中天游塾で注目されるのは、前述のケイルの蘭訳本による志筑の記述著書「暦象新書」（一七九八〜一八〇二年）をテキストとして天游が講義し、洪庵は同窓で佐賀出身の大庭雪斎《おおばせっさい》（一八〇五〜一八七三）とともに受講していることである（安政四年刊行の雪斎刪定『暦象新書』には中野柳圃《りゅうほ》〈志筑忠雄〉の寛政十年自序あり）。天游の講義の内容は、適塾に展示されている大西宗節旧蔵の「暦象新書幷提耳」からも知ることができる（吉田忠「中天游の『暦象新書』研究」『適塾』第三七号）。

学問的基礎の形成

このように洪庵は若いころ、医学のみに終始せず、理学方面についても天游から親しく教えられ、みずからも深く感銘をうけていた。のちに東遊した際、「暦象新書」を携行して窮乏を凌いだ話も伝わっている（大阪龍海寺洪庵墓碑）。これらは、洪庵が江戸修業中に、医学とともに、関連して自然科学や薬学におよぶ勉学を進め、当時の医学者よりも学問的基礎の広がりや豊かさを有するに至った素因といえよう。

やがて中天游は、勉学中の洪庵に「現在の西洋学問は日進月歩で訳書も多いが、それでも全部がそろっているとはいえず、はがゆく、もどかしいところがある。自分はもう老いてできないから、お前は原典について学ぶがよい」（『病学通論』自序）と勧めた。

江戸修業へ

先に触れたように、天游の義父である稲村三伯（海上随鷗）と宇田川玄真（榛斎）とは義兄弟であり、その玄真門下には坪井信道がいた。天游はおそらく玄真との文通によって、江戸における蘭医学研究の進展状況を把握していたため、洪庵の西洋医学を学ぼうという目的を達成させるには、医学よりも理学を得意とする自分のもとより、江戸の蘭学者について修業するのがよいと思い、坪井信道塾への入門を勧め、あらかじめ紹介の労をとっていたものと思われる。これにより文政十三年（天保元年〈一八三〇〉）四月、洪庵は江戸へ修業に出ることにした。洪庵二十一歳、天游四十八歳であった。ここに洪庵の生涯の第二の転期がおとずれた。

二　江戸での修業時代

1　江戸入り前の木更津逗留

木更津への逗留

洪庵は文政十三年四月（天保元年〈一八三〇〉）に大坂を発ったが、江戸へ直行せず、遠まわりして房州に逗留し、翌二年二月に江戸へ入った。そのことを記した手紙を、江戸から帰藩する石原団之進（御給人並）に託している。さらに同年四月二十三日付で、二月より宇田川玄真門下の坪井信道の塾に入門し、その様子を報じた書状を禰屋・林の両藩士にそれぞれ託し、家郷の両親・家族を安心させている（馬之助「書記」）。

逗留の理由

洪庵が、江戸へ落ち着く前に、房州に一年近く逗留していた実情については、次に掲げる大阪の龍海寺にある墓碑（慶応三年〈一八六七〉丁卯之秋建立、撰は草場韡敬《いけい》〈佩川《はいせん》〉）にくわしい。

江戸に赴き師を求めんと欲し兎脱して東《ひがし》す。衣を売り刀を鬻《ひさ》ぎ落魄《らくはく》已《すで》に甚《はなは》だしく都門に入るをえず、上総《かずさ》を迂路《うろ》し某僧院に投ず。院主其の冬に當り単衣《ひとえ》、唯一書嚢《のう》を負うを見て之《これ》を憫《あわ》れみ一宿を許す。談話其の学ぶ所に及ぶ。因《よ》りて嚢中《のうちゅう》より西洋暦象《れきしょう》新書を出《い》だし、演説流れるが如し。僧之《これ》を奇とし、近隣医流を集め、共に其

の説を聴かんが為に、留止すること数日、謝金を獲《と》り以って衣物を辦《(買入れ)》じて江戸に入る（原漢文）

ここには、洪庵は身を寄せていた上総の僧院の庵主の世話で、近隣の医者に西洋暦象新書を講義し、その謝金のおかげで江戸に入った、と記されている。洪庵は江戸遊学を始めるにあたり、一年近く前からこのような苦学の生活をしなければならなかった。格別の援助を受けた書生でないかぎり、当時の普通の書生にはあたりまえのことではあったが、この状態は洪庵の江戸修業の間も続いたようである。

逗留時の様子

緒方家では、先の墓碑の記事をうけて、洪庵贈位祝賀記念として編纂した『洪庵先生略伝』（明治四十二年〈一九〇九〉六月）に、「遠く東都に上《のぼ》り、先ず上総木更津に在る旧友某の門を叩き、其食客となり、傍《かたわ》ら村閭《(村里)》の子弟に数学及《および》理学の教授をなし、辛うじて学資を蓄うるの途《みち》を開」いたとしている。この記述は、おそらく緒方銈次郎であると思われる。さらにそれをうけて、緒方富雄『緒方洪庵伝』第二版増補版（一九七七年）にも「洪庵の父の家に残された記録によると、洪庵は江戸へおちつくまえに、上総国の木更津へ友人をたずねていき、しばらくその地にとどまって、村の少年たちに理学などを教えて、学費を得たということである」と記している。しかし、その「残された記録」については不明である。

伊東寿英（立節）

この、洪庵の上総における逸話の出所は、坪井塾で洪庵と同門の、のちに洪庵の義弟となる大戸郁蔵《おおどいくぞう》（緒方郁蔵）とも考えられるが、郁蔵は坪井塾に入る前、江戸に出て昌谷《さかや》精谿《せいけい》（一七九二〜一八五八、津山藩儒、阪谷朗廬《さかたにろうろ》の伯父）に漢学を学んでいるから「木更津の友人」には当たらないであろう。私は、この「友人」とは、洪庵が江戸修業を終え、父惟因と同道して帰国するとき（後述）、惟因が自分の家来の体にして道中一緒に連れ帰った、備中笠岡の伊東（伊藤）寿英ではなかったかと推察している（惟因「書記」）。

この伊東寿英は、大戸郁蔵・山鳴《やまなり》剛三（弘斎）らとともに、洪庵とは備中出の坪井塾同門として竹馬の友であった。寿英は、師の信道が蘭書の写本一冊を借用していたほどの人物で、後年に神戸で開業、伊東立節《りゅうせつ》と改名した。洪庵は晩年まで親交を重ね、のちに洪庵が奥医師として江戸に行く直前の中国四国旅行の際、文久二年（一八六二）四月十一日に神戸で面会している。立節はその年十一月に没した。もっともこの伊東寿英が、洪庵東上のころにすでに房州にいた証左は見出せない。洪庵伝のうえで今後の調査に期待する。

次に、洪庵が立ち寄った「木更津の僧院・院主」に関して、緒方富雄が生前に、木更津市医師会長の末吉弥吉と昵懇《じっこん》であった医史学者の山崎佐《たすく》に、長い間調査を依頼していたが、何ら手がかりは摑めなかったという（河田陽「緒方洪庵の木更津時代」『房総展望』一一

―二、一九五七年）。

謎の多い木更津逗留

なお、『木更津市史』（一九七二年）では、洪庵がここに滞在したきっかけは、かつて千葉郡稲毛村在住の稲村三伯の縁を頼り、中天游の妻の添書を持って木更津の医師遠山家にわらじを脱ぎ、隣接した能満寺にて子供たちを教えたのではないかと紹介している。だが、そもそも添書があったのかも不明であり、この推定には疑問が残る。また、遠山家の菩提寺である證誠寺《しょうじょうじ》には、洪庵が若いころ当地に来て遠山孝庵に弟子入りし、また塾を開いて子弟を教えたと伝えられているが、同寺にある墓碑によると、遠山孝庵は古医方《こいほう》（漢方）を学び、すでに文化十一年（一八一四）に六十五歳で没していて、洪庵との接触はありえない。

このように、木更津時代の洪庵のことは、残念ながら明らかでない。

2　江戸での修業と坪井信道塾入門

坪井信道塾入門

洪庵は天保二年（一八三一）二月、房州からはじめて江戸表に入り、大坂の師中天游の周旋どおりに坪井信道《しんどう》塾に入門した。信道三十七歳、洪庵二十二歳であった。信道は文政十二年（一八二九）、師の宇田川玄真（榛斎）の勧めにより、師より五両の借金をして深川木場《きば》の三好町（江東区平野三丁目）に安懐堂《あんかいどう》を開いていた。洪庵が入門したのは、この安懐堂で、開業三年目のことであった。その翌年の天保三年に、信道は三好町に程近い冬木町（江東区冬木）に、さらに日習堂《にっしゅうどう》を新築開塾し、双方並存して名声が高かった。

坪井塾の束脩

江戸時代には、師のもとに入門するときには、束脩《そくしゅう》といって、贈呈する金銭・礼物が要《い》った。坪井塾の入門式は、束脩金五〇疋、扇子料金五〇疋、奥方へ金五〇疋、塾頭へ金五〇疋、塾監へ二人、各人に半紙二帖、他の同僚諸子へ半紙一帖ずつ、僕一人銭二〇〇文で、その他に中元と歳暮に塾生一人ごとに黒豆一升ずつを呈出するとされていた。これらは、数年後にできた伊東玄朴《いとうげんぼく》塾における束脩金二〇〇疋、奥方へ金一〇〇疋に比べると非常に廉《やす》かった（青木一郎『年譜で見る坪井信道の生涯―付美濃蘭学者の動静―』）。

信道と洪庵

洪庵が苦学して貯金し、やっとこの束脩金を納めて入門した次第が、洪庵の没後四年に建てられた東京高林寺の墓碑（撰は古賀謹一郎〈茶渓《さけい》〉）に書かれている（後述）。おおまかに紹介すると、「洪庵は二十二歳で江戸に上り、坪井信道に入門したが、貧窮のため、まず他人に書物を一年ばかり教え、その謝金を集めて束脩にあて、やっと門人になることができた。やがてまた学資がなくなり、修学中も義眼作りをして自給していた。ある冬の日に、洪庵が破れた単衣を着ているのを、師の信道が見かねて自分の着物を脱いで与えた。ところが師は背が低く、洪庵は高かったため、着物は短く膝が出るありさまで、それを人々は嘲笑したが、洪庵はなんら意に介せず、刻苦勉励して塾長になった」とある。この逸話こそ、信道の洪庵への深い慈愛のもと、洪庵が師に心服して大いに学力をつけたことを示している。

また、大阪龍海寺の墓碑には、「洪庵の刻苦勉励振りは全塾生の誰も及ばないところで、極めてめずらしいと認めたため、これにより信道が、洪庵に衣食を与えて玄関番とし、来客に対する教導懇切な応接・送迎にあたらせていた」とある。信道自身も、幼少時から悲惨な逆境の暮らしを経験してきた人であるため、洪庵の人柄・心情にうたれたのであろう。このような師弟間の精神的結びつきを形成させた素因は、両者が共に純真無垢の旺盛な学問探求心の持ち主であったからだろう。

さて、洪庵の坪井塾における勉学の歴史的意義を考えるとき、坪井信道が他塾には見られない斬新な学習法をとっていたことは看過できない。当時、日本における蘭学入門書は、大槻玄沢の『蘭学階梯』（天明八年〈一七八八〉）で、その翻訳法は宇田川玄真（榛斎）に伝えられ、さらに弟子の坪井信道に受け継がれていた。その後、信道は、安懐堂の学課に初めて『ウェランド小文典』（P. Weiland *"Beginselen der Nederduitsche Spraakkunst"*）という、オランダ語の文法書を使用した。その原書は、シーボルトによって初めて日本に齎《もたら》されたものといわれる。この文法書による本格的な蘭学修業開始によって、塾生の学力進歩は一段と速度を増した。この文典使用は信道の卓見であった（青木一郎『年譜で見る坪井信道の

生涯—付美濃蘭学者の動静—』八二頁）。のちに洪庵が坪井塾での勉学について、

先生（坪井信道）の恩諭、衆に超え、薫陶冶鎔《くんとうやよう》、原書数十巻を読み、始めて面上一膜を脱し、而して指爪痒処《しそうようしょ》に達するが如く覚え得たり（『病学通論』自序）

と記しているように、ことのほか洪庵に目をかけた信道の指導のもとに勉強して原書数十巻を読んだ結果、なんとなく顔にかかった膜がとれて、かゆいところへ爪が届くような気がするようになり、ようやく学力を身につけることができたと述懐している。

多くの訳業

洪庵は、坪井塾に入門して二年に満たない天保三年十二月に、蘭書訳出の「人身窮理学小解」を訳了している。その勉学ぶりもさることながら、語学者としても優れていたことがわかる。他にも洪庵は、医学・理学・語学にわたって豊富なオランダの原書を所蔵する坪井塾においてかなりの訳業を果たし（松田清「坪井家旧蔵洋学資料」『洋学の書誌的研究』）、蘭医学者として大成する素地を作りあげた。これらの江戸修業中の訳業については後述する。

宇田川玄真への入門

また、注目しなければならないのは、洪庵が坪井塾での修業中に、師の信道からその旧師宇田川玄真（榛斎）にもつくように勧められ、天保四年（一八三三）二十四歳で入門したことである。玄真は『和蘭薬鏡』（文政二年〈一八一九〉）・『遠西《えんせい》医方名物考』（文政五年）・『医範提綱』（文化二年〈一八〇五〉）などの刊行で著名な学者であった。玄真は、西洋医学を学ぶ道

筋は、人身の内景を明らかにする解剖が最初で、次が「原生原病」の学（生理・病理学）、その後に薬剤治方が従うべきものであるのに、日本の西洋医学の研究状況では肝心の原生原病の学という柱がいまだに確立できていないことをよく承知していた。坪井塾の有為の人材である洪庵や青木周弼《しゅうすけ》に嘱目して、数冊の原病書を訳させ、それらを折衷して簡明な「原病書」を作ろうというかねてからの玄真の願いがあったので、信道は洪庵を適任として推薦したという事情が伏在していたのであろう（坪井信道「病学通論序」参照）。

玄真の学恩

洪庵は、師の玄真の学恩について、「自分が玄真先生に入門し、ちょっとしたことについて質問しても、先生が、すっかり奥底まで掲げ示して下さったので、学ぶことがますます広がったのだ」という。このようにして洪庵は、宇田川玄真門下としても教導を受け、学問を深めるとともに、師より病理学書著述の遺命を負託される身となった。

二つの遺命

玄真は天保五年（一八三四）十二月、六十六歳で病没したが、洪庵の学力を愛し、仕事をさせていたらしく、亡くなる前月の十一月に洪庵を病床に呼んで、二事を託した。

一つめは、近着の外国書には新しい度量の改革が掲載されて新旧の差異ができているので、再度計算の上、旧著を補いたいと玄真は思っていたが、果たせなかったので、数学にすぐれている洪庵に、諸書を考証して新旧度量の算定を果たし、補充してほしいということであった（洪庵識語『遠西医方名物考補遺』凡例）。

二つめは、先にも触れたが、玄真はかねてより、坪井信道の紹介で出入りしていた周防国（山口県）大島郡出身の青木周弼と洪庵の二人に深く嘱目して、これまでこの国になかった病理学書の翻訳を完成させようと考えていた。周弼にはフーフェランドの、洪庵にはコンスブルックおよびコンラジの、いずれもドイツ人医学者の病理学書を訳させて、これらの学説を折衷して簡明な病理学書一冊を作ろうと計画していたが、その仕事があまり進まないうちに病に罹った。洪庵のほうがいくぶん進行していたと見え、玄真はその死に際に、みずから果たしえなかった著述の完成を洪庵に任せた（洪庵『病学通論』題言）。

青木周弼

青木周弼は、享和三年（一八〇三）医家の生まれで洪庵より七歳年上、坪井塾への入門は確定する史料がないが、洪庵入門と同じ天保二年かその前後であろうとされている。洪庵と周弼の親交は終生変わらなかった。

玄真遺命の実現

右の第一の遺命については、天保五年（一八三四）の仲夏《ちゅうか》（陰暦五月）新鐫《せん》の宇田川榛斎（玄真）訳述・宇田川榕庵《ようあん》校補『遠西医方名物考補遺』巻一の凡例の中には、『ホルクス・メートキュンデ』『ネーデルドイッセ・アポテーキ』などの書によって洪庵が執筆した度量衡の換算、液料・乾料容器の秤量、新旧薬品秤量などが詳細に掲載されている。この著作には「備中緒方三平章謹識」とあり、完成は天保六年一月で、洪庵の名をつけて刊行された最初のものであった。なお、『ホルクス・メートキュンデ』については後述する。

第二の遺命は、十七年後の嘉永二年（一八四九）初夏刊行の、洪庵の最初の主著『病学通論』に至る学問的形成の出発点であったわけで、洪庵の蘭医学者としての学風・真価を決定づける上で、洪庵と宇田川玄真との出会いは運命的なものであったといえるだろう。

二人の恩師

以上のように洪庵は、三十代後半から四十代初めの学識円熟な坪井信道と、すでに晩年期とはいえ当代きっての学者である宇田川玄真の薫陶を受けながら、坪井塾が豊富に所蔵する著名な西洋の医学書（蘭書）の研究に没頭できたのである。やがてこれらは洪庵の主著に結晶する。洪庵の江戸修業は、彼の生涯において、最も有意義な時期であった。

師を介して出会った人びと

さて、洪庵が信道・玄真両師を介して、箕作阮甫《みつくりげんぽ》・堀内素堂《ほりのうちそどう》・小関三英《こせきさんえい》・高野長英《たかのちょうえい》らと、交際にまで至らずとも、その著作活動に影響を受けたかどうか検討しておく。

箕作阮甫

まず、蘭学の大家の箕作阮甫（一七九九〜一八六三）は、洪庵より十一歳年上で、津山藩出身で洪庵の坪井塾入門とほとんど同時の天保二年（一八三一）三月、藩から江戸詰十ヵ年を命じられて、江戸に移り住んだ。洪庵が坪井塾を去るのが天保六年二月で、その間の両人の関係を示すものはない。しかし、阮甫は文政五年（一八二二）、江戸へ来て宇田川玄真の門に入っていて、文政十年ごろには阮甫と信道とは玄真門下の双璧と言われた。阮甫は玄真門下では洪庵の先輩であり、洪庵の学力に注目していたと思われる。

阮甫が編集した、日本初の医学雑誌とされる天保七年十月刊行の『泰西名医彙講《たいせいめいいいこう》』の第一輯に、洪庵の訳文が初掲載され、これを機に第二輯にも訳文の掲載がみられる。掲載されたのは洪庵が江戸を離れた後のことで、これらの訳稿が江戸でなされたのか、長崎でのものかわからないが、少なくとも江戸修業中に、洪庵と阮甫との間に何らかの親交があったと考えてよかろう。洪庵の大坂時代にはいっそう親密な交際があった。専門の医学はもとより、地理・歴史・数学など各種外国学問の訳書・論文を有し、豊富な情報を持つ阮甫を通して、洪庵は医学にかぎらず広く内外の情報を享受できるようになり、多方面での学問形成に大きな意義があった。さらにそうした関係は、阮甫の養子の箕作《み つくり》秋坪《しゅうへい》へと受け継がれていった。

堀内素堂

次に堀内素堂（名は忠寛、一八〇一～一八五四）は、坪井信道より六歳下、洪庵より九歳上であるが、米沢藩前藩主の上杉鷹山《ようざん》に認められて文政三年（一八二〇）、二十歳のときに江戸詰めとなり、蘭医学を杉田立卿《りゅうけい》（一七八六～一八四五）・青地林宗《あおちりんそう》（一七七五～一八三三）に学んだ。素堂がいつごろから坪井信道と知り合いになったのかはわからないが、天保二年（一八三一）に、信道（三十七歳）が林宗の長女粂《くめ》（二十二歳）と結婚してから一層親密度が加わったようで、素堂は信道の親友であった。

『幼幼精義』

素堂の著書には、ベルリン大学のフーフェランドの原著をサクセ（J. A. Saxe）が蘭語訳して出版（一八〇二年）したものを、さらに和訳した小児科医書の『幼幼精義《ようようせいぎ》』初編三巻・第二編四巻がある。初編は小児が成人と異なる生理や病理を持っていることを記述したもので、弘化二年（一八四五）に刊行され、二編はすべて痘瘡の症状・治則に関したもので、嘉永元年（一八四八）刊行である。

前者には「天保己亥《つちのとい》（天保十年）冬月　堀内寛誌於江戸桜田邸舎」とあり、少なくとも訳稿は、洪庵の江戸修業中の晩期、天保五年（一八三四）前後には始められていたと考えられる。この堀内素堂の動静は、師の信道から洪庵の耳に達していたのではないか。信道自身も、かねてからフーフェランドの原著のいくつかの蘭訳書に関心をもち、洪庵入門の三年目の天保四年には、一種の悪性伝染病について翻訳した「扶歇蘭士《フーフエランド》神経熱論」（写本五冊）を完成していた。このような江戸の研究状況の中にいた若き日の洪庵が刺激をうけ、フーフェランドの医学・思想に傾倒しはじめていたと考えられる。

高野長英

水沢藩（岩手県水沢）の医家に育った高野長英（一八〇四～一八五〇）は、坪井信道より九歳下、洪庵より六歳上で、文政三年（一八二〇）に十七歳で江戸へ来て勉学し、同八年には長崎に遊学してシーボルトの鳴滝校舎に入り、蘭学・医学を学んで伊東玄朴らとも交わった。天保元年（一八三〇）、二十七歳のときに江戸に帰り、診療・講義・訳述に従事するかたわら、同三年十一月には、デラハイエ（G. de la faye）、ブリュメンバッハ（J. F. Blumenbach）、ローゼ（T. G. A. Roose）がそれぞれに著した人身解剖窮理についての書を、十五年かけ『医原枢要』として書き上げた。もと十二巻あったとされるが、現存するのは内編の五巻分のみである。

一方の洪庵も、これより一ヵ月後の同年十二月には、先に見たように、ローゼの原書でエイプマによる蘭訳本を「人身窮理学小解」と題して訳了していて、長英と洪庵の両人が、ほぼ同時期にドイツ人ローゼの生理学に取り組んでいたことがわかる。

京都大学の富士川文庫には、洪庵と同じローゼ原著の蘭訳本による高野長英の「人身活理」と題する訳本（写本）があり、洪庵の「人身窮理学小解」と対比できる。洪庵の「人身窮理学小解」が全訳三二五章であるのに対して、長英の「人身活理」は洪庵訳の四分の一にすぎない。おそらく長英は、坪井信道からでも洪庵の訳業が進行しているのを知って、途中から「人身活理」を中断して『医原枢要内編』の完了を図ったのではあるまいか。

小関三英

小関三英（一七八七〜一八三九）は、庄内藩《しょうない》（山形県鶴岡）の足軽の家に生まれたが、文化年間に江戸へ出て蘭医学を修め、文政六年（一八二三）十月より仙台藩医学校で活躍していた。しかし文政十年、再び江戸に出て、蘭書の訳述にあたり、天保三年（一八三二）九月には、蘭医コンスブルック（G. W. Consbruch）の内科書を「泰西内科集成」や「西医原病略」として訳了した。そのころから三英は、相識になった渡辺崋山《かざん》や高野長英らと蘭学講習会を持ち、西洋事情を研究していたが、天保四年の全国的飢饉以降は「尚歯会」と名づけて経済対策を討論し、幕政を批判するようになっていた。やがて天保十年には「蛮社の獄」が起こり、崋山・長英は入獄、三英は自殺と、時代は推移した。

尚歯会と洪庵

洪庵の江戸修業の後半は、ちょうどこの尚歯会の活動期で、そこに参加していた長英や崋山、天保四年に幕府天文台訳局より蘭書翻訳の嘱託を受けて「輿地誌《よちし》」を訳した三英（松尾耕三「小関三英」『近世名医伝』香草園、一八八六年）の動向なども耳にしていたことであろうが、洪庵はこれらのグループとは無縁に、蘭医学の研究・訳述に専念し、業績を蓄えていた。しかし、この時期に、洪庵が天文台に出入りしていたこと、またそれを幕府側が内偵していて、後年まで洪庵を長英と同類視していたことは看過できない事実である（後述）。この当時の学問研究が、いかに困難な状況下にあったかを示している。

惟因の心配

洪庵が天文台に出入りしていた事実は、のちの弘化二年（一八四五）十月、天保改革の中心にあった水野忠邦の失脚とともに、彼の新政を補佐した渋川六蔵（天保二年に十七歳で天文方見習、同十三年に書物奉行となり和漢洋の学に通じた）が「不届の儀」によって処分された際、洪庵の父惟因《これより》が洪庵に宛てた弘化二年霜月（十一月）十日付の文面に、貴様、先年在江戸の節、天文台へ通《かよ》い居られ候。知る人にてはこれ無き哉、若し外国へ懸り合候事これ無き哉と、入《いら》ざる事ながら考中候。尚後音《こうおん》を期《き》し候

（緒方富雄「蘭学者の生活素描―緒方洪庵伝補遺―」七）

と書いているのに明らかである。惟因は、洪庵の坪井塾入門より一年後の天保三年二月、大坂の留守居役から江戸留守居詰を命じられ、三月二十三日に足守を出立、四月十一日に江戸に入り、麻布広尾（港区南麻布五丁目）にあった足守藩の「広尾屋敷」に着き、同六年二月、父子同道で帰国するまで在勤した。したがって、惟因は江戸入りの二年目より、洪庵の動静はよく承知していて、渋川六蔵との接触を耳にしていたのかもしれない。

天文台と洪庵

当時、幕府天文台は、浅草の新堀（浅草片町裏、台東区浅草橋三丁目）にあり、文化八年（一八一一）に翻訳局（書替御役所）が置かれ、蛮書和解方《ばんしょわげ》といわれて蘭書の翻訳がなされていた。訳局員には、文化十年より天保五年に至る間には、宇田川玄真、杉田立卿、宇田川榕庵、湊《みなとちょうあん》長安、小関三英らが就任していた（原平三『幕末洋学史の研究』新人物往来社、一九九二年）。正確なことはわからないが、洪庵は、宇田川玄真の格別の配慮により、本所深川の坪井塾からそう遠くない浅草新堀まで、天文台秘蔵のヅーフ・ハルマ辞書や蘭書の閲覧に通い、また、訳局員や長崎から来ている天文台詰オランダ通詞の名村三次郎や名村貞四郎らとも交際ができ（片桐一男『阿蘭陀通詞の研究』吉川弘文館、一九八五年）、内外の見聞を広める

ことができたことであろう。

このころ、洪庵と長英とは、同じローゼ原著の蘭訳本を翻訳しているが、これが天文台蔵本かどうかはわからない。現在する江戸幕府旧蔵蘭書の中にローゼ原著の蘭訳本があるが、それは弘化三年（一八四六）版であり、年代的に見て二人の重訳には関係がない。

長英と洪庵

このように、江戸修業中の洪庵と長英との関係はよくわからないが、弘化元年六月晦日、長英が脱獄・潜行した際、幕府側は長英を全国手配するとともに、すでに大坂開業中の洪庵を大坂奉行所に呼び出している。

長英来るときあらば直に申出べし。隠し置くときは厳科たるべし。同流のことに付、預《あらかじ》め之を報すと達せられたり

と記されているところをみると（武谷祐之《たけやすけゆき》「南柯一夢」）、幕府側がかねて江戸在住中の洪庵と長英との関係を内偵していたことが明らかである。

中天游からの手紙

ところで、洪庵は江戸修業の晩期、天保五年（一八三四）残暑の候に、大坂の師である中天游から一通の手紙を受け取っている（八月九日付）。手紙からは、そのころ洪庵が肝臓を病んでいて、それを知った天游が見舞い方々その養生を願っており、その温情がうかがえる。天游の手紙には、このような洪庵の江戸での近状を、横地吉左衛門殿がお城入りの前夜に訪問を受けて詳しく承知した、とある。

後年、信道は洪庵宛ての書簡（弘化三年八月二日付）で、この吉左衛門のことを、かねてから昵懇《じっこん》にしている幕臣で、当年大番として上坂するので滞坂中に病気の節にはよろしく、と記している（青木一郎『坪井信道詩文及書翰集』第二部、二五二頁）。天保五年時に吉左衛門が大番として上坂するにあたり、信道が洪庵の様子を天游に伝えるべく書面を託し、かつ面会を頼んでいたものと思われる。坪井信道と中天游との関係は、このように親密であり、手紙の末文にある、「信道君より横地へ御託し下され候御書、此度は得《え》報答仕らず候。宜敷《よろしく》御致声下され候」との天游の書きぶりにも、二人の深い交情を察知できる。

なお文中には、当時、洪庵が天游から相当大部な書物—残念ながら書名はわからない—の写本を頼まれており、その諸入用の支払をめぐり、洪庵が諸入用金を心ならずも師に催促せざるをえない困窮の書生生活にあることを訴えている。これに対し、中天游みずからも困窮の暮らしぶりを門下生に赤裸々にさらけ出し、支払いの猶予と今後の工面を約束している。真摯な人柄が偲ばれ、師弟の間に強い精神的結びつきがあったことがわかる。また、このような困難な暮らし向きにあっても、師弟共に学問のためには「金子不自由大倹約」をいとわなかった蘭医学者の気概がうかがえる。さらにこの手紙からは、当時の洪庵が抱いていた帰坂の心づもりと、天游が江戸での洪庵の蘭医学者としての成長ぶりを知って、自分の息子や二、三の門弟を洪庵について勉強させるべく、洪庵の帰坂をいかに望んでいたかがわかる。

延びた帰坂

天游は、洪庵が天保五年夏に帰坂するのを望んでいたのに、洪庵の父の帰藩が秋にのびたので、やむなく秋になるのを待っているが、吉左衛門の話ではさらに来年になるかもしれないということで、大層待ち遠しく残念至極であるので、よく考えてほしいと訴えている。この師の手紙に、洪庵は返書をしたためていると思われるが、残っていない。当初おそらく洪庵は、夏ごろに父の勤務替えがあると取り沙汰されていたので、年老いた六十八歳の父に同道して帰国しようと考えていたが、次第にのびのびになり、結局翌天保六年（一八三五）二月十三日に、父惟因に「御在所表え休息」の命が下った。惟因は同月二十日に江戸を発足するにあたり、同道人として、洪庵・岡村桃寿（岡村好淳嫡子）・伊東寿英（備中笠岡）の三人を召連れて、三月十二日に足守に帰着したと、みずから書き残している（「書記」）。

改名

洪庵は、江戸入り当時は三平と称し、坪井塾へ入門していたが、翌年七月二十四日、藩主に若殿の三之丞が出生したため、三の字をはばかって刪平と改め、さらに判平と改めていた。岡村桃寿の父好淳と惟因とは、同じ足守藩士の詩歌同好の尚歯会メンバーで、桃寿は近年江戸へ学問修業に出ていた。伊東寿英について、惟因は、

　是は判平（洪庵）同門（坪井塾）の人、此度帰国に付、瀬左衛門家来の体にて道中召連帰る

中天游夫妻墓碑（大阪・龍海寺）

と記しているが、これは洪庵の友人の寿英のために、格別に道中の配慮をしたもので、時勢の動きを懸念した結果であろう。

中天游の逝去

　このようにして洪庵は足守に帰郷したが、その十二日後の三月二十四日、師の中天游が五十三歳で亡くなっている（緒方富雄『蘭学のころ』五三七頁）。この時日関係から見て、洪庵はおそらく帰郷の途中、大坂で病床の天游を見舞っているのではないかと考えるが、天游の葬儀前後の洪庵の動静については、全くわからない。

長崎修業へ

　洪庵は中天游の死後、かねての師よりの帰国嘱望に報いるべく、同月二十七日、再びもとの中天游塾への修業を藩に出願して四月二日に許され、同日大坂へ発足し、同年末まで塾で蘭学の教授にあたり、また天游の遺子耕介の医業を補佐するなど、遺族を誠実に扶助し、同年十二月晦日、足守へ帰った（惟因「書記」）。そして、いよいよ翌天保七年（一八三六）、長崎へ遊学することになった。これが洪庵の第三の転期である。

第三　長崎での修業時代

一　長崎での研究生活

洪庵が家族に暇乞いをして、長崎遊学のために足守を発って大坂へ向かったのは、天保七年（一八三六）正月五日のことで、すでに古希を迎えた父や母の無事を祈ったことであろう。洪庵は、先師の子、中耕介《なかこうすけ》をともなって、二月十日に大坂を出立して長崎へ下り、そのときより緒方洪庵と変名した（惟因「書記」）。二十七歳であった。

学資の用意

洪庵は今度の長崎修業にあたり、先の江戸修業と違って学資が用意されていた。それは、のちに洪庵の妻となる八重の父、億川百記《おくがわひやくき》（のち百翁。名塩村医師）が、自分の姻戚・親交関係にあった木村新右衛門と、そのほかに藤田源太・源二郎らの援助を得てつくった頼母子講《たのもしこう》の講金で、これが洪庵に贈られたのであった（長濃《ながの》丈夫『緒方洪庵・福澤諭吉と名塩の地―緒方八重夫人を通じて―』）。

婚約

この学資の拠出は、洪庵夫妻の婚姻話と関係がある。以前から中天游《なかてんゆう》塾に学んでいた百記が、かねてから同門の洪庵を愛娘の婿に迎えたいと意中に置き、それを師の中天游に伝えていた。洪庵が近く江戸修業から帰ってくることを知った百記は、病中の天游にその斡旋を頼んだ。おそらく百記は、病気見舞いか看病にでも来ていたのであろう。そこへ江戸から国元へ帰る途中の洪庵が、見舞いのため立ち寄った。そこで天游からこの話が切り出され、婚約がまとまったものではないかといわれている。なお、洪庵自身は、長崎到着後は、修業のかたわら、医師として開業し、費用をまかなう心づもりでいた。

洪庵が中耕介を連れて、どのようにして長崎へ下ったかは明らかではない。が、しかし、後年（嘉永二年〈一八四九〉）杉亭二《すぎこうじ》が適塾を退塾して大村へ帰るとき、大坂と下関との間を通う阿弥陀寺船を用いているから（河合利安編『杉亭二自叙伝』）、洪庵らもおそらく瀬戸内を舟行していき、三月初めごろに長崎に着いたかと思われる。

高畠耕斎

さて、洪庵が長崎表にて開業することを知り、従学したのが阿波藩医の家系の高畠《たかばたけ》耕斎《こうさい》（一八一三〜一八五九）である。耕斎は京都での勉学を終えて天保六年（一八三五）八月に下坂し、中天游塾に仮住まい中の洪庵に師事していた。そして、洪庵より一ヵ月遅れの同年四月朔日朝に大坂を出帆し、四月十日に長崎の西築町《にしつきまち》平井氏の家へ着き、大音寺《だいおんじ》籠《かご》町《まち》に開業した洪庵の家に寄宿した（高畠勇家蔵「高畠家系図」梅溪昇『洪庵・適塾の研究』）。耕斎は、長崎でも洪庵に師事し、洪庵帰坂後に帰国、やがて嘉永五年（一八五二）に阿波藩医、安政五年（一八五八）には医師学問所の洋学教授となった。

薬師寺冬堂

そのほかに、長崎で洪庵に入門した者に、天保七年入門の筑後国三潴郡《みずまぐん》宮本村（福岡県久留米市）出身の薬師寺冬堂《やくしじとうどう》（一八一六〜一八八二）がいる。彼は洪庵の帰坂にも随行して前後四年修業し、さらに徳島の高畠耕斎に従学、のちに久留米藩医学館肝煎《きもいり》になっている（薬師寺宏達氏所蔵「冬堂自筆履歴書」「歴代系図」）。

若山健海

また翌天保八年八月には、若山健海《わかやまけんかい》（一八二五〜一八八七）が入門している。健海は文政八年（一八二五）、武州入間郡（埼玉）所沢村の農家に生まれ、少年のころから江戸・筑前で漢学を修めたが、医学を学ぶため天保四年三月、長崎に遊学中の越前丸岡藩医の竹内玄同《たけのうちげんどう》についていた。しかし玄同が帰省したため、さらに洪庵のもとで蘭学と内科医学の修業を続け、天保十三年に日向延岡の坪谷（日向市東郷村）で開業した。健海は、明治・大正時代の歌人若山牧水《ぼくすい》の祖父である（宮崎県医師会『宮崎県医師会創立百年記念誌』宮崎県医師会、一九八八年）。

開業した場所

さて、洪庵が開業した大音寺籠《かご》町は、『長崎町尽くし』のなかの「今籠町」の説明によると、新籠町が正保年間（一六四四〜一六四七）に今籠町と改称されたもので、大音寺門前にあったため、本籠町（十善寺籠町）に対して、わかりやすく大音寺籠町と俗称したとある。昭和四十一年（一九六六）に現鍛冶屋町のうちに編入され、今日に到っている。このあたりは、中国寺の崇福寺《そうふくじ》（通称赤寺）をはじめ、大光寺や大音寺などが並び、さらに寺町へと続く閑静な場所であり、大音寺より出島蘭館までは、直線距離で八五〇《メートル》ほどの近距離である。残念ながら洪庵居住の場所は、大音寺門前近くであったとわかるだけで特定できない。

唯一確実な事蹟

こうして洪庵は開業しながら修業を進めたが、洪庵の長崎修業中の唯一確実な事蹟として従来より知られているのは、洪庵、青木周弼《しゅうすけ》、伊東南洋《いとうなんよう》（もと岡海蔵、一七九九〜一八八四）の三人で、オランダ人プラッヘ（M.W. Plagge）が一八二九年に著した西洋の薬剤・処方の書を訳して、「袖珍内外方叢《しゅうちんないげほうそう》」と名づけたことである。この「袖珍内外方叢」を、天保十五年（一八四四）になって伊東南洋が訂正版を一五部作成し、そのうちの写本一部を南洋の長崎遊学時の友人である沢井鶴汀《さわいかくてい》（一八一二〜一八六二）に渡している。

伊東南洋と沢井鶴汀

南洋は伊予国大洲《いよのくにおおず》（愛媛県大洲市）に生まれ、鶴汀は遠江国榛原郡金谷宿《とおとうみのくにはいばらぐんかなやしゅく》（静岡県島田市）に生まれて、ともに長崎に遊学していた。青木周弼が自分の「漫游中生計手録」に大光寺行きを記しているのは、「父母の菩提を弔いに行ったもの」ではないかとする伝記もあるが、右の鶴汀写本の末尾に書き込まれた記事から、南洋が大光寺に身を寄せていたので、そこを訪れていたことがわかる。そして、プラッへの著書を、当時最新にして最精確なものと尊重し、洪庵ら三人が協力してその翻訳に努力していた。その勉強部屋は、この大光寺の南洋の部屋であったと見て誤りない。この「袖珍内外方叢」は刊行されなかったが、実用的な本であったので重宝され、多く写本されて広まった。

相互に往来

また、沢井鶴汀は洪庵を訪問して西洋医学について質問しているが、おそらく伊東南洋から、洪庵が開業しながら西洋医学の研究に没頭しているのを聞いて、教えを乞うたのであろう。周弼は、筑後町《ちくごまち》で勉強のあいだに患者を診察し、投薬したと思われている（青木周弼先生顕彰会編『青木周弼』）。そうであれば、洪庵・南洋らの住む長崎の東南の寺町とは正反対の、北の寺町の方角にいたことになるが、鶴汀を交えてともに相互に往来していたのであろう。

長崎修業の目的

洪庵の長崎修業の主目的は、江戸修業のところでも触れたように、師の宇田川玄真《うだがわげんしん》（榛斎《しんさい》）の遺志を継いで、日本最初の医学研究の柱ともいうべき「原生」（生理学）と「原病」（病理学）書を仕上げるための研究を進めることであった。しかし、そのあたりの事情はわかっていない。緒方富雄も、洪庵が長崎で誰に医学を学んだか、よくわからない。ニーマン（Johann Erdewin, Niemann）に学んだと伝えられているが、当時の商館長である。医学を修めたというが、別に本職のある人である。蘭館日誌によると、その頃これというオランダ人の医師は来ていなかったようである、ということを記している（緒方富雄『緒方洪庵伝』）。その後、酒井シヅの経歴調査によって、このニーマンという人物は、医師でないことが明らかになった（酒井シヅ「蘭館長ニーマンと長崎留学生」『日本医史学雑誌』二一―一、一九七五年）。

長崎での様子

洪庵が師である玄真の遺命を果たすために努力した過程を最も熟知している、もう一人の師、坪井信道《つぼいしんどう》がみずから筆をとった、洪庵の『病学通論』（嘉永二年出版）の序文には次のように記されている。

幾《いくばく》もなくして、先生（宇田川玄真・榛斎）、館《かん》を捐《す》つ。公裁（洪庵）に遺命してその志を継がしむ。公裁すなわち長崎に遊び、親しく蘭客に接し、反覆質疑、再び原書を取りて、これを鑽研《さんけん》し、また諸書を参考して、苦心焦思、十たび裘褐《きゅうかつ》を換え、稿を更《あらた》めるは七、八。今春始めてよく編をなす（原漢文）

この序が書かれたのは、『病学通論』ができあがった弘化四年（一八四七）から、信道が亡くなる翌嘉永元年（一八四八）十一月以前のことで、洪庵の長崎生活に関する最も早い史料である。洪庵は、玄真が死して十年の月日を経て遺命に応えた。この史料からは、洪庵が長崎での自分の勉学・動静について、江戸にいる信道に滞在中になんらかを報じていたことが推察できる。このように考えると、後年（慶応三年〈一八六七〉）、洪庵没後に、しかも洪庵と面識もなかった古賀茶溪《こがさけい》（謹一郎）が作った江戸の高林寺の洪庵墓碑や、同年に洪庵の義弟・義子らの委嘱を受けた草場佩川《はいせん》が撰した大阪の龍海寺の洪庵墓碑より、はるかに史料的価値は高い。
　洪庵みずからは、長崎遊学についての思いを何ひとつ残していないが、先の信道の序は、洪庵が江戸遊学中から宇田川玄真（榛斎）のもとで始めていた数々の病学書のほか、必要な舎密《せいみ》術（化学）、窮理学（物理）、内外科の書などの研究を深めて病理学書を完成しようと、並々ならぬ決意で長崎に赴き精進したことを、如実に書き記している。

オランダ人との接触

　なお、信道の序のほかにも、洪庵がオランダ人と接触したと思われる記事がある。洪庵が長崎から帰坂して六年目の天保十四年（一八四三）に適塾へ入門し、適塾退去後も蘭書の購入などをめぐって洪庵と親交が深かった、筑前（福岡県）の武谷祐之《たけやすけゆき》が自伝中に、

　先生《（洪庵）》は……、長崎に遊び在館の和蘭医と討問談論あり。周防の青木周輔《（青木周弼）》、加賀黒川良庵《（黒川良安）》等長崎にて交友たり（「南柯一夢」）

と記しており、看過できない史料である。これは明治二十三年から三年ほどで書きあげたものであるが、武谷祐之の父の元立《げんりゅう》は、近傍の有志と一緒に長崎へ出てシーボルトについて研学し、出入り厳禁の蘭館（オランダ商館）へも大通詞の吉雄権之介《よしおごんのすけ》の奴僕《どぼく》となって入館したことがあり、また、長崎帰りの高野長英を自宅へ招いて数ヵ月のあいだ講義をうけた筑前蘭学医の先駆者である。

和蘭医

　この武谷祐之の記した「在館の和蘭医」についてだが、シーボルト事件直後の天保元

年から弘化三年（一八三〇〜一八四六）までは医者の名前が蘭館日誌（オランダ商館日記）に見られないのは、従来、和蘭医が来ていなかったのだろうとされているが、洪庵在留の天保七〜九年（一八三六〜一八三八）を含む一八三四年から四五年は蘭館日誌が欠けているので、その間に医者がまったく来ていなかったとは断定できない。

一例として、柴田方庵《しばたほうあん》の長崎日記である「西征日記」（武田薬品杏雨書屋所蔵）には、天保三年八月二日「蘭人と病談す」、五日「盧氏眼病の為に蘭医と病談す」、六日「蘭医に製薬法を受け宮氏の為に製す」とあり、蘭医が蘭館から市中へ出て方庵に会っている。また、商館長ニーマンの江戸参府の際の渡辺崋山の『駃舌或問《げきぜつわくもん》』からも、商館に蘭人医師の居たことは間違いないことである（『大日本思想全集』第十三巻、一九三二年）。一方、市中から留学生などが蘭館に出入りすることは極めて難しいこととされていた。表向きはそうであったであろう。しかし、方庵の「西征日記」をみると、しかるべき通詞の紹介ないし依頼状があれば入館でき、蘭館側でも出島組頭・通詞が立合の上で、方庵のような好ましい人物であれば、商館長みずから歓待していることがわかる。

これらを勘案すれば、洪庵が長崎まで来てオランダ人と接触しなかったとは考えられず、右のような方策をとって入館し、これまでに抱いた問題点や疑問を解くために、専門の医学者でなくとも、母国の医学・医療の近状を知る知識人として商館長ニーマンや商館付医師に会って質疑を試みたと思われる。語学ではオランダ語のほか、多少はラテン語を心得ていたと思われるので、通詞が立合ったかもしれないが、オランダ人との筆談・対話には、さしたる支障はなかったであろう。

当時、天保四年（一八三三）完成の、ヅーフ・ハルマ辞書（「長崎ハルマ」）は江戸の天文方と長崎奉行所に各一部あったが、おそらく商館にもあり、洪庵も利用したのではないか。

なお、柴田方庵によれば、束髪剃髪の者は唐館・蘭館に入ることが許されないため、長崎の医師は皆俗体で、自分も俗体であったとしているから（「方庵雑話」）、洪庵も剃髪していなかったであろう。

二　洪庵と交際した人びと

商館長や蘭館付医師については先述したので、ここでは洪庵が長崎遊学時代に交際したオランダ通詞や蘭学者に触れておく。

上野俊之丞

上野《うえの》俊之丞《しゅんのじょう》（一七九〇～一八五一）は蘭学者・技術者で、諱《いみな》は常足、幕末・明治期の写真師として有名な上野彦馬の父である。洪庵が開業した大音寺籠町に近い銀屋町《ぎんやまち》に住み、公儀の時計師で、時計のほかに、寒暖計・晴雨計・測量機械などを作った。さらに、植物・化学・薬物にも関心があり、天保十年（一八三九）以降、蘭方諸薬の製造もした。洪庵に、俊之丞への修学を勧めたのは、俊之丞の学識を知っていた柴田方庵であったかもしれない。洪庵は俊之丞より二十歳年下であったが、俊之丞所蔵の蘭医学書などの閲覧や多方面にわたる自然科学の学識の恩恵にあずかり、かつ知遇を得たようである。

杉亨二

ところで、適塾門下生で後年統計学者として名をなした杉収蔵（のちの亨二《こうじ》）は、文政十一年（一八二八）、長崎本籠町に生まれたが、幼年にして両親を失い、祖父に養われ、やがて俊之丞の学僕として預けられ、さまざまに苦労していた。このころ、洪庵も俊之丞と懇意になってよく来たと記している（河合利安編『杉亨二自叙伝』）。

宮本元鼎と有馬摂蔵

洪庵は、帰坂後の天保十三年（一八四二）四月、師の坪井信道から長崎遊学を望む門下生宮本元鼎《みやもとげんてい》のために長崎表の懇意方へ添書を頼まれ、同年六月に上野俊之丞方への元鼎の滞留をはかっている（青木一郎『坪井信道詩文及書翰集』第二部、二一一頁）。また、のちに義弟となる有馬摂蔵《ありませつぞう》（のち緒方摂蔵）が、弘化二年（一八四五）四月、長崎遊学するにあたり、あらかじめ方庵を介して俊之丞家に、摂蔵のことを頼んでいたようである。摂蔵は長崎入りして、方庵を訪問後、俊之丞家に身を寄せている。摂蔵は翌弘化三年帰坂するあたり、俊之丞より「上野常足」の蔵書印を押したドイツ人医師ゴールドシュミット（H.J. Goldschmidt）のオランダ語訳本 *"Algemeene Beschouwing van de Geschiedenis der Koepokken"*（一八〇二年)を餞別にもらい、その一部を訳して一冊本で嘉永二年(一八四九)年ころ「牛痘新書」を著している(億川摂三「緒方洪庵門下の三蔵に就いて」『医譚』第二号)。また嘉永二年四月、先にも触れた俊之丞の学僕であった杉収蔵が適塾に入門した。このように、上野俊之丞と適塾とは密接な関係であった。

柴田方庵(一八〇〇~一八五六)は、常陸国多賀郡会瀬《おうせ》村(茨城県日立市)生まれで、十四歳のときに江戸へ出て医学・儒学を修め、天保二年(一八三一)に水戸藩の命によって長崎に赴き、シーボルトについて医学を修めるとともに、西洋事情を藩に伝えた。洪庵は、かねてから方庵と親交があった青木周弼より紹介されて、交際を始めたと思われる。柴田方庵は弘化二年(一八四五)十二月十四日の日記に、

緒方洪庵(に)、先年用立金子残高四両弐分(歩)、催促書状、鍵屋重右衛門上坂に付、請取返りくれ候様相頼み遣す(「柴田方庵　日録二」武田薬品杏雨書屋所蔵)

と記している。洪庵が帰坂してから七、八年もたってから返金を催促しているから、洪庵は忘れるともなしに忘れていたのであろう。翌三年三月二十四日、方庵は、重右衛門が大坂から出した書状を受け取っているから、おそらく洪庵は重右衛門に返金したのであろう。洪庵が何のためにこのような借金をしたのか不明だが、蘭書でも購入したのだろうか。

方庵との逸話

なお、弘化四年（一八四七）十月六日に、相撲取りの泰山恵五郎が扇子一本と手拭い一筋を土産として方庵を訪問し、洪庵の書状を差し出している。この書状には「この者は久しく使用していたもので、今相撲取りですが、しかるべくお世話下さい」と記されていた。恵五郎は、十月十四日が小島郷八剣社での相撲初日で、十日間の興行に出場するため来たのであった。方庵は二十三日、角力（相撲）見物に出かけ、恵五郎に花を遣わし、二十八日には恵五郎が暇乞いに方庵を訪れ、方庵は餞別に冠《かんむり》一枚を贈っている。洪庵・方庵の間に通う温情を感受することができる。

後年まで両者の間に文通・贈答を交わした記事がしばしば出ており、洪庵にとって方庵は、貴重な長崎情報の提供者であった。なお、嘉永三年（一八五〇）五月中ごろから六月初旬まで、方庵が江戸よりの帰途、大坂に滞在して、洪庵のもとを毎日のように往来したことについては、のちに触れることにする。

小川慶右衛門

小川慶右衛門《おがわけいえもん》（一七九一～?、一八五四年は存命）は、嘉永六年（一八五三）の洪庵日記「癸丑年中日次之記《きちゅうねんちゅうひなみのき》」の二・三月に、「長崎小川慶右衛門より書状来る」または「書状差出す」と出ているオランダ通詞である。柴田方庵とも、嘉永二年（一八四九）五月に書物のことで訪問するなど親交がある。方庵の日記は精粗がはなはだしいので、いつから方庵が小川慶右衛門と親しく、また長崎遊学中の洪庵に、いつごろ慶右衛門を紹介したかなどもわからず、洪庵と慶右衛門との交渉の始まりもわからない。慶右衛門は、嘉永三年（一八五〇）に商館長の参府に随行する江戸番大通詞、嘉永五年（一八五二）・安政二年（一八五五）には出府大通詞などを歴任しているから、洪庵にとってオランダなどの海外事情をはじめ、長崎・江戸事情の大事な提供者であったであろう。

大槻俊斎

大槻俊斎《おおつきしゅんさい》（一八〇六～一八六二）は、陸前国桃生《ものう》郡赤井（宮城県東松島市）生まれで洪庵より四歳年上であった。文政六年（一八二三）、十八歳のとき江戸へ出て医学を学び、高野長英らと交わり、天保八年（一八三七）、三十二歳のときに長崎に遊学し、洪庵と知己になったとされているが（青木大輔『大槻俊斎』大槻俊斎先生顕彰会、一九六四年）、その典拠は示されていない。

俊斎は天保十一年に江戸へ帰り、下谷《したや》で開業したが、弘化四年（一八四七）以後から長崎の柴田方庵へ蘭薬の購入を頼む手紙を出すなど、親交があったことが方庵の日記でわかる。しかし、長崎時代の洪庵と俊斎との関係は、記事が些少で明らかではない。俊斎は文久元年（一八六一）に西洋医学所初代頭取となったが、翌二年四月に胃硬結症で五十七歳で亡くなり、洪庵が二代目頭取となった。

名村三次郎・貞四郎

また、先に触れたように、洪庵は江戸在学中に天文台詰オランダ通詞として来ていた名村三次郎・名村貞四郎に面識があったとすれば、両人は洪庵が長崎遊学の期間には長崎に戻っているので（天保七・八年風説書の通詞名簿に見える）、洪庵が訪ねれば、長崎での再会は可能であったはずである。はたしてどうであったのだろうか。

楢林栄建・宗建

さて、洪庵の日記の嘉永六年（一八五三）六月朔日条は、これまで「楢林宗建《ならばやしそうけん》・三宅艮斎《ごんさい》長崎より昨夜帰り候由 尋《たずね》来《きた》る」とされてきたが、ここは日記原文の誤読で「栄建《えいけん》」が正しい。「宗建」は佐賀藩医として藩主鍋島直正に仕え、牛痘の輸入者として有名だが、嘉永五年十月六日に没している。楢林栄建（一八〇一～一八七五）・宗建（一八〇二～一八五二）の兄弟は、訳官楢林鉄之助の分家にあたる家筋で、鉄之助を通じてシーボルトに師事した長崎の蘭方医である。その事蹟は、弘化・嘉永以降の牛痘法輸入をめぐっては詳しいが、それ以前の、洪庵が長崎に遊学していた天保七、八年（一八三六～三七）ごろのことは、よくわからない。兄の栄建は、シーボルト事件・高島 秋 帆《しゅうはん》事件の嫌疑を避けてか、天保十三年（一八四二）に長崎を去り、京都に移ったとされている。

三宅艮斎

三宅艮斎（一八一七～一八六八）は、肥前島原北有馬村（長崎県島原市）の医家に生まれ、天保元年（一八三〇）、長崎の栄建の門で蘭学・医学を学ぶこと八年、この間に江戸から来ていた佐藤泰然《さとうたいぜん》・林洞海《どうかい》・伊東南洋らと親しくなり、天保九年三月、佐藤泰然の帰国に従行して江戸へ赴き、やがて両国薬研堀《やげんぼり》（東京都中央区東日本橋周辺）で外科医院を開いたとされている。

以上のような経歴の楢林栄建・三宅艮斎が、相携えて何用で嘉永六年に長崎へ出かけ、また、帰りになぜ洪庵を訪ねたのかわからない。当面の除痘問題があったにせよ、洪庵が日記に記載しているので、長崎遊学中から栄建・艮斎との由縁があったのではないかと想像できる。

黒川良安

黒川良安《りょうあん》（一八一七～一八九〇）は、越中国新川《にいかわ》郡黒川村の出身（富山県中新川郡上市町黒川）の町医の家に生まれ、洪庵より七歳年下である。文政十一年（一八二八）、父が当時としては老境である四十歳ながら、田舎に生涯を埋めるのを嫌い、一家を挙げて長崎に医学修業のために移住した。良安は十二歳で父に従って長崎に行き、通詞の吉雄権之助塾で蘭学を学びながら、来崎中のシーボルトについて医学を修めた。翌年にシーボルトが日本追放となり、天保五年（一八三四）に父が帰郷した後も長崎に留まって蘭学を修め、それは十二年の長きにわたった。良安が長崎を発ち帰国の途についたのは、洪庵より二年後の天保十一年で、途中加賀藩に招かれ、金沢に住んだ。

洪庵は、優れた学力の良安を嘱望《しょくぼう》して坪井信道に紹介し、黒川良安に熱心に入門を勧めたので、良安は翌十二年（一八四一）に江戸へ出て坪井信道塾に入った（洪庵の黒川良安宛て書簡、日付不明、『緒方洪庵のてがみ』その四、一二六頁）。やがてその塾頭となり、また、坪井信道の紹介で佐久間象山《しょうざん》に蘭学を教えた。

良安は弘化二年（一八四五）、両親の強い希望でいったん富山に帰ったが、翌三年から加賀藩医として多方面での活動を展開した（津田進三「黒川良安について」『石川郷土史学会々誌』第七号、一九七四年）。先にも引用したように、武谷祐之の自伝の後半部分に、洪庵「加賀黒川良安長崎にて交友たり」とあるのは、良安に対する洪庵の非常な嘱望ぶりの淵源を物語っているといえよう。

帰郷

以上のように、洪庵が長崎で新しい心友との縁を作りあげたことは、その後の研究活動に有意義なことであった。洪庵は、長崎修業のために故郷を出立した天保七年（一八三六）正月五日より丸二年を経て、二十九歳になった天保九年（一八三八）正月八日、長崎を出立し、同月二十一日に故郷の足守《あしもり》に帰着した。ここに、文政九年（一八二六）三月、十七歳の出郷に始まるほぼ十二年間に及ぶ修業時代を終え、やがて大坂に出るまでの二ヵ月ほど両親・家族と団欒した。父惟因《これより》は、二ヵ月「ゆるゆる逗留」と記している（「書記」）。これは、前後十二年に及ぶ長い修業を終えて、無事帰郷してきたわが子と共にする暮らしに安堵した両親の気持ちをよく表すものといえよう。

中耕介の動静

なお、洪庵に同伴した中天游の実子、中耕介の長崎での動静は明らかでない。洪庵と丸二年同居して勉学し、洪庵帰坂の際に萩の青木周弼に入門、五年にわたり修学ののち、天保十四年（一八四三）に大坂に帰り、西区の旧宅で三代目中環《なかたまき》として、医業を継いだとされる（中野操編『医家名鑑　解説編』六一頁）。

三　修業時代の研究業績

長崎での遊学を終えた洪庵は、やがて大坂へ出て、本格的な活動を始めるが、これまでの修業時代にオランダ語の医学書を読む力を貯えながら勉学したその成果を総括しておくことにする。

「人身窮理学小解」

「人身窮理学小解」（写本）は、ドイツ人ローゼ（T. A. G. Roose, 一七七一〜一八〇三。著名な生理学・法医学者）の人体生理学書（ドイツ語）が原著である。それをオランダ人エイプマ（M. S. Ypma, 一八〇九〜一八一四）が蘭訳し、その蘭訳した書籍 *"Handboek der Natuurkunde van den Mensch"*（一八〇九年）を洪庵が天保三年（一八三二）十二月に全訳した。この蘭文原書は、現在は古典籍洋学文庫（早稲田大学附属図書館蔵）に、勝俣銓吉郎旧蔵本があるのみである。

この書は、人と動物の違い、動物と植物の違いを説き、人の各器官の機能を説明している（内山孝一「明治前日本生理学史」日本学士院日本科学史刊行会編『明治前日本医学史』第二巻、日本学術振興会、一九五五年）。なお、洪庵はエイプマの「注」のほかに、「按《あん》するに」として自分の考えを各所に挿入している。洪庵のこの訳書は、刊行されずに多くの写本が残っている。医学を志す人びとに広く読まれた当時最新の生理学書であったし、また彼の名が早く知られるようになった由縁である。

「医薬品術語集」の増補

坪井信道塾に入って四年目の天保五年（一八三四）、二十五歳のとき、洪庵は医薬品に関するオランダ語・ラテン語の術語を集め、これに日本語の訳語をつけた「医薬品術語集」とでも言うべき辞書の増補を完了し、オランダ語の表題を付している。そのオランダ語の表題からは、「『医薬品術語集』は元来M・S・ケンゾウ（三尾謙造、備前岡山出身）がつくったものを江戸でO・S・サンペイ（緒方三平〈洪庵〉）が改訂増補し、アルファベット順に配列した」ということがわかる。この書は当時、坪井塾で作られていた医薬品辞典の一つである。写本がかなり現存し、重宝されていたことがうかがえる。

なお、「緒方氏集成ト云薬名韻府」および「緒方洪庵氏増補薬事簡語韻（天保五年成）」（ともに写本、究理堂文庫所蔵）も、同じころに洪庵によって和訳されている。

『遠西医方名物考補遺』の度量衡の算定

前述のように、宇田川玄真（榛斎）は天保五年十一月に病気が重くなり、洪庵に二つの仕事を託したが、そのうちの一つが玄真の『遠西《えんせい》医方名物考補遺』の標目に度量衡の算定を加えることであった。洪庵は、同年十二月、玄真が亡くなった直後に、「天保六年乙未孟春（陰暦正月）　備中緒方三平章謹識」としてこの度量衡の算定を仕上げ、『補遺』の標目「西洋新旧度量比較表」として出版された。これが印刷された洪庵の最初の業績であった。洪庵は、度量の算定は『ホルクス・メートキュンデ』『ネーデルドイッセ・アポテーキ』などの書によったと記している。

前者は *"Volks-Meetkunde, of Onderwijs tot Nuttig Gebruik"*（第二版、アムステルダム、一八三七年）のことである。『大衆の幾何学』という表題で内容は主人（De Heer）と庭師（De Tuinman）の問答体である（宮城県立図書館伊達文庫所蔵）。後者を洪庵が一部分、数枚を和訳したものが「和蘭局方《オランダきよくほう》」（自筆本）で、その中には「乙未孟春訳之　公裁誌」と書いたものが残っており（緒方洪庵記念財団管理）、度量衡の算定と同じ時期にこの翻訳をしていたことがわかる。

なお、玄真の『遠西医方名物考補遺』に加えた度量衡の算定をさらに洪庵が推敲した、天保十四年（一八四三）算定の「西洋新旧度量比較表」が現存している（緒方洪庵記念財団管理）。また、「涅垤爾独乙亜波底幾《ネーデルドイツセアポテーキ》薬剤羅甸《ラテン》名」も、先の「和蘭局方」の翻訳に関連して同時期に洪庵が作成したものである。表紙裏には「涅垤爾独乙亜波底幾薬剤名　天保乙未（六年）孟春　公裁誌」と記され、アルファベット順に薬剤のラテン名を編集（横罫十五行、全六十二丁）した自筆本である（緒方洪庵記念財団管理）。

「医学入門物理約説（学）」（写本）は、ドイツ人イスホルジング（J. N. Isfording, 一七七六～一八四一）が著した自然科学教科書が原著で、それをオランダのエペンが蘭訳し（一八二六年

「医学入門物理約説（学）」

刊）、さらにそれを洪庵が全部和訳した、かなり大部のものである。広瀬元恭《げんきょう》の刊本『理学提要』（一八五六年）もその和訳とされるが、完訳ではなく、重要な参考書としているにすぎない。坪井信道塾にはエペンの蘭訳本が所蔵され、多く使用された跡が歴然であるという（松田清『洋学の書誌的研究』）。この「医学入門物理約説（学）」は、このような環境の中で、洪庵が精力的に取り組み、生みだした貴重な業績である。

「視力乏弱病論」

「視力乏弱病論」（写本）は、イギリスのジョン・スチィブンソン（John Stevenson, 一七七八～一八四六?）の原著 *"On the morbid sensibility of the eye, commonly called weakness of sight"*（ロンドン、一八一一年）を、オランダのティスセン（H. F. Thijssen, 一七三八～一八三〇）が訳注した *"Praktikale verhandeling over eene ziekelijke gevoeligheid van het oog, gewoonlijk zwakheid van gezigt genaamd"*（第二版、アムステルダム、一八一六年）を、洪庵が訳したものである。網膜の感覚過敏のために起こる、視力減退の病状・療法などを詳しく述べたものである。洪庵は天保十三年（一八四二）九月ころ、坪井信道より「眼疾が優れないそうだが、失明してはつまらぬから、油断なきように」と諭されており、のち安政六年（一八五九）正月にも眼疾を患い執筆もできないほどであったから、かなり早くから眼病に関する西洋医学書に関心を抱いたのであろう。

「視学升堂」

また、「視学升堂」（写本）は、レンズの光学の説明と眼の作用とを解説したものである。

森紀久男「緒方洪庵視学升堂考」（一九四〇年）や緒方富雄『緒方洪庵伝』によって、かつては洪庵の著作とされていたが、その後、京都大学付属図書館富士川文庫本中に、中環の著述の「視学一歩」にこの「視学升堂」が合綴されているのが発見され、今のところ中環（中天游）の著述なのか、洪庵なのか、定まっていない。

「白内翳方術論」

「白内翳《はくないえい》方術論」（写本）は、オランダの外科医ハン・オンセノールト（A.G. van Onsenoort, 一七八二〜一八四二）が一八一八年に刊行した白内障手術に関するものの翻訳で、「緒方章公裁訳述」とあるのは東大本・京大富士川本である。和訳した年次は記されていない。蘭語原著は、江戸幕府旧蔵蘭書で国会図書館にある。なお、洪庵の訳書と思われる白内障手術書「白内翳《はくないえい》治術集論」（ハン・オンセノールト著とある）は天保四年（一八三三）に成立していることから、「白内翳方術論」の成立の背景を探る手がかりとなろうか（藤野恒三郎「緒方洪庵訳・白内翳《はくないえい》（障）手術書の紹介」『適塾』第一六号）。

「和蘭詞解略説」

「和蘭《オランダ》詞《し》解《かい》略《りやく》説《せつ》」（写本、緒方家本）は、オランダ語の品詞の種類と各特性や文法について洪庵が解説をしたものであるが、現存する唯一の完本も洪庵の自筆本ではない（日蘭学会編『洋学史事典』「和蘭詞解略説」項目〈沼田次郎執筆〉）。

『泰西名医彙講』への寄稿

天保七年（一八三六）、江戸で、蘭学の大家箕作阮甫《みつくりげんぽ》が編集した『泰西名医彙講《たいせいめいいいこう》』の第一輯が刊行された。この『泰西名医彙講』は、西洋で刊行された医学の論説や臨床報告な

「舎密全書」

「袖珍内外方叢」の共訳

どを日本人数人の学者がオランダ語から訳し、注釈などを加えたもので、日本初の医学雑誌であるといわれている。その第一輯の巻之三に、洪庵は「治二義膜喉焮衝一新法略説纂要」と題する訳文と、翌八年出版の第二輯の巻之四に「卵巣水腫紀事」を寄稿している。前者は、喉《のど》に偽膜ができる喉頭ジフテリアの治療法についての記事である。洪庵はのちに『扶氏経験遺訓《ふしけいけんいくん》』本篇末尾の小児病の中で「義膜喉焮衝」のかわりに原名「コロウプ」（Croup）を掲げて解説している。後者は、水のような液体がたまる卵巣嚢腫についての記事である。この二つは、いずれも洪庵の長崎時代に刊行されたが、これらの訳稿を江戸に残したものか、長崎から送ったものかはわからない。

「舎密《せいみ》全書」（宮内庁書陵部蔵本）は、オランダのハン・カッツ・スマルレンビュルフ（F. van Catz Smallenburg）の著書『舎密（化学）教科書』を訳したもので、「備中緒方公裁　未定訳稿」とある。この原本は全三巻から成るが、そのうち第一巻だけを訳したものである（藤野明「未完の訳稿『舎密全書』」『適塾』第一八号）。医学のために、舎密（化学）を修める必要を、宇田川榕庵の『舎密開宗《せいみかいそう》』（内篇十八巻、天保八年）などから洪庵が感受したものであろう。

「袖珍内外方叢《しゅうちんないげほうそう》」は、洪庵・青木周弼《しゅうすけ》・伊東南洋（もと岡海蔵）の三人が共訳したことは既述した通りであるが、洪庵についていえば「和蘭局方」と関係があり、江戸で修学していたころから、薬方に深い研究関心を抱いていた表れである。なお、この「袖珍内外方叢」は、のちに洪庵の主著『扶氏経験遺訓』附録の薬方編が成立する歴史的前提として、きわめて重要な意義をもつ。

以上、「人身窮理学小解」と「医薬品術語集」の増補を除くと年次を明確にするのは難しいが、それでも、こうしたことが大坂開業後にできたとは思えず、修業時代の業績と考えている。この他、「骨骸各論」も洪庵の業績とするものがあるが（国書総目録）、これは中山沃が指摘したように、緒方惟準《これよし》（洪哉《こうさい》）が長崎遊学時代にオランダ語の人体解剖書から翻訳したものが伝写されたものであろう（中山沃『緒方惟準伝―緒方家の人々とその周辺―』思文閣出版、二〇一二年）。

第四　大坂における開業・開塾

一　開業当時の大坂の社会状況

大坂の情勢

修業時代を終えた洪庵は、天保九年（一八三八）より、二十五年にわたり大坂の地に開業し、適塾を開塾した。当時の蘭学者たちがそうであったように、洪庵もただ医者として病人を治すだけでなく、同時に蘭学を教え塾を兼ねていた。その間、洪庵は蘭医学者、医者、教育者、市井《しせい》の文化人として輝かしい活動をし、特に西洋医学の研究と普及に顕著な業績をのこし、また新日本の建設に携わる幾多の英才の育成にあたった。

このころの情勢を見ると、この前年の天保八年に大坂で大塩平八郎の乱が起こって市街の主要部が灰燼に帰し、また、翌天保十年には江戸で「蛮社の獄」が起こって高野長英ら蘭学者に対する迫害が続き、多大の衝撃を与えている時期であった。

洪庵は住居（塾）を、はじめ瓦町《かわらまち》（大阪市中央区瓦町三丁目）に定め、その後に過書町《かしょまち》（同中央区北浜三丁目）へ移している（巻末地図参照）。瓦町時代は、天保九〜弘化二年（一八三八〜一八四五）

の八年間、過書町時代は、弘化二〜文久二年（一八四五〜一八六二）の十七年間である。

寺地強平との約束

洪庵は江戸での坪井塾時代に、知友で福山出身の寺地《てらち》強平《きようへい》と、将来は強平が京都、洪庵が大坂と互いに分立して蘭学塾を開こうと約束して、すでにその実現を目指していたと伝えられている（阪谷素子絢「舟里寺地先生碑」阪田丈平・阪谷芳郎編次『朗盧全集』私家版、一八九三年）。洪庵にとって大坂は、故郷に近く、文政年間に父惟因《これより》が赴任・在職していた因縁の場所で地縁もあった。また、最初の師、中天游《なかてんゆう》に学び、その深い恩義と負託に報い、学統を継承・発展しようと心に秘めていたであろう。したがって、このような混乱した世相下でも、洪庵は時勢を見通し、蘭方医学の価値と必要性は変わらず、むしろ発展すると固く信じて開業・開塾を志していたといえる。

大坂入りの時期

そのころ足守の家では、兄の子辰之助（七歳）とお千枝（四歳）とが疱瘡にかかったため、洪庵はこの身内の二人に種疱瘡《うえほうそう》（人痘種痘）を行なった。この人痘種痘は、寛政五年（一七九三）に長崎でドイツ人医師ケレルが行なったトルコ式経皮式人痘種痘法であったとされている（加藤四郎「緒方洪庵と種痘―関連する話題について―」『適塾』第三九号）。幸いに三月十九日には、この二人の疱瘡が軽くすんだので、子供に酒を混ぜた湯を浴びせる大酒湯《おおざさゆ》という疱瘡送りの行事を行ない、家族一同で喜んだ。洪庵はこれを見届けて、その四日後の三月二十三日、大坂へ発足した（惟因「書記」）。おそらく天保九年三月二十六日ころには大坂入りしたであろう。そして、開業の正確な日はわからないが、天保九年四月初めごろに瓦町で塾を開き、医業を始めた。

二　洪庵、八重と結婚

八重との結婚

瓦町で開業・開塾したあと、洪庵は八重との結婚の式をあげた。洪庵二十九歳、八重は十七歳であった。父惟因は、次のように記している（惟因「書記」）。

同年（天保九）七月二十五日、大坂表に於いて緒方洪庵の妻に、摂州名塩邑《なじおむら》の医師億川《おくがわ》百記《ひやくき》娘お八重《やえ》当戊《いぬ》十七才、大坂表中環《なかたまき》媒酌にて囉《もら》い請け、婚礼相済む

名塩（兵庫県西宮市塩瀬町名塩）は当時は北摂の僻村であったが、諸藩の藩札に用いられた名塩紙を出す有名な土地柄である。八重は父百記（のち百翁、一七八八〜一八六四）、母志《し》宇《う》の長女で、洪庵より一回り年下である。幼いころから素直で鋭敏な質《たち》で和歌が上手く、百記は非常にかわいがり、号を「花香《はなか》」とつけた。生家は、かつて宿場であった名塩の集落の真ん中を走る旧街道沿いにあった。現在この道は「蘭学通り」と名づけられている。生家跡は塩瀬農協になっており遺構をとどめないが、その入り口には八重の胸像とその史跡の説明板がある。

八重の父の百記は、はじめ紙漉きを業《なりわい》としたともいわれるが確かでない。のち名塩からそう遠くない米谷《まいたに》（兵庫県宝塚市）清荒神《きよしこうじん》の漢方医であった山崎文貞の書生として住み込み、文政末から天保のはじめに大坂に出て、洪庵と同じく蘭医学者の中天游の弟子になった。洪庵が天游塾にいたのは文政十三年（一八三〇）四月以前なので、このときに面識があったかどうかは不明である。百記は帰郷してから、名塩で医師を開業し（名塩村億川百記の門弟保証書）、そのかたわら、盛大に製薬販売業を営んで財をなしていたと思われる。億川家直系の億川新家《あらた》（神戸市灘区）には、薬の引札《ひきふだ》の版木類が残っていて、この推測を裏づけることができる。

引札

同家の箱火鉢の四面はその版木で、『調血益精雑腹蘭円《ちようけつえきせいざふらんえん》』の引札である。これは輸入洋薬サフランを主薬としたもので、「五臓《ごぞう》を補い、気血を廻らし逆上《のぼせ》を引下げ、躰《たい》を強くし腎精《じんせい》を増す事、天下第一の神薬なり」とその効能を宣伝している。また、『西洋奇方調血雑腹蘭酒』という引札もある。前者には「本家摂州六甲北渓名士《なじお》保医官桃花園億川百翁製（印）　出店大阪備後町栴檀《せんだん》ノ木角山中大助（印）　元取次所奥州盛岡呉服町近江屋覚兵衛」、後者には本家以下は同じで、「出店大坂瓦町御霊筋西へ入山中大助　元取次所雲州松江上総屋門兵衛」とある。出店が、はじめの瓦町適塾に近い瓦町御霊筋西入にあり、そこより一つ南通りを東に四筋目の備後町栴檀木橋筋の角（のちの過書町適塾に近い）に山中大助店があった。この「山中大助」は、別の引札『疱瘡の前薬《まえくすり》』に「調合所摂州名塩村　山中氏製（印）」とあるものも億川家に収められているから、牛痘が輸入される嘉永二年よりかなり前から、「山中大助」を億川百記が別名として使用していたと思われる。

このように、百記は医師のほかに製薬販売業を営み、蓄財もあったらしく、娘との結婚前の洪庵へ、その長崎修業の学資調達にあたり、結婚後も娘婿の新家庭や婿の実家などへの心遣いを欠かさなかった。

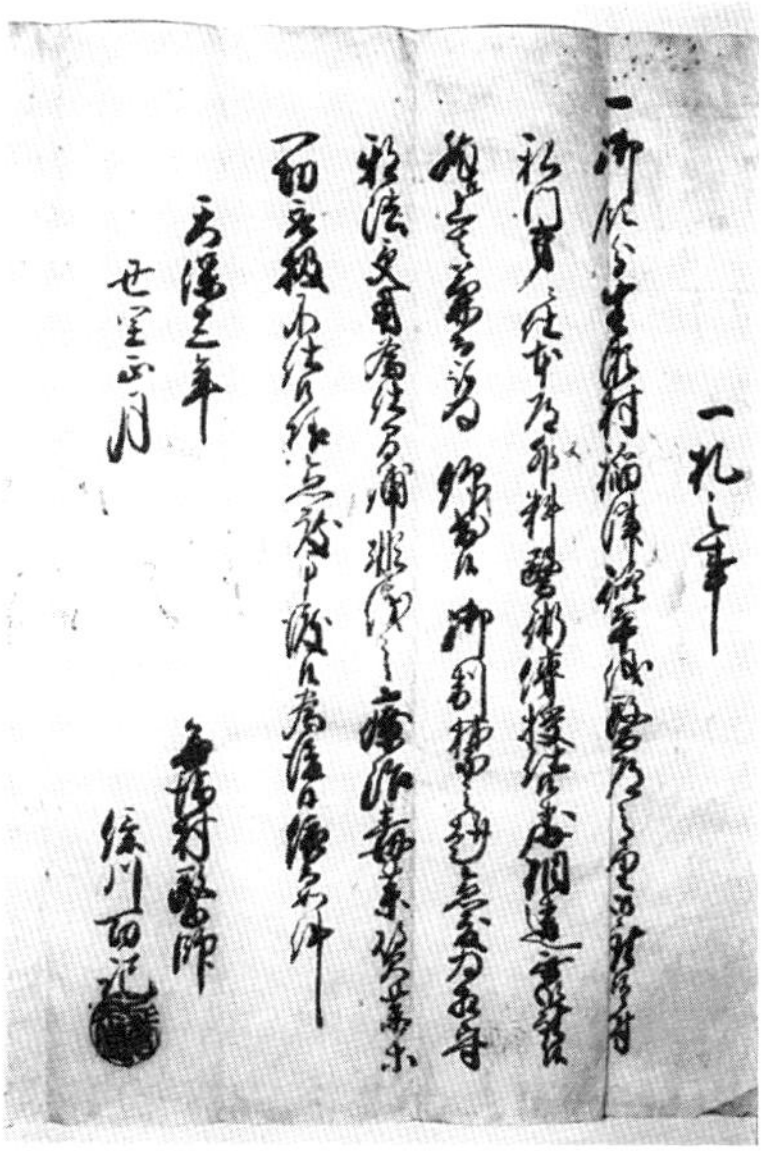

名塩村億川百記の門弟保証書

（西宮市・浄橋寺所蔵）

洪庵と八重を媒酌したのは二代目の中環《なかたまき》で、挙式は中家（天游旧居）で行なわれたのであろう。この二代目の中環は、中天游の従弟であった中伊三郎で、銅板画を工夫したことでも知られている（緒方鉎次郎「洪庵の恩師中天游先生」緒方富雄『蘭学のころ』所収)。

惟因の温情

八重は、洪庵が足守の両親に結婚を報じた際、舅・姑に初めての手紙を書いて同封してもらった。これらの手紙は八月四日に足守に着き、洪庵の父惟因は、折り返し九日付で洪庵とまだ会ったことがない新婦八重に、それぞれ別に手紙をしたためた。洪庵宛ての惟因の手紙は次のような内容を含み、挙式への両親の慶びと新婦八重への温情がうかがえる。

先月二十五日吉辰につき、婚姻引き請け首尾好く相済み候由、吉左右《きつそう》承知致し、千万目出度く存じ、当方も皆々一同大慶安心致し候。お八重より御文御越し忝《かたじけな》く存じ候。……引請の節前後とも中氏御袋(中天游の母教戒の姉貞寿)も御出で下され、万事御世話成し下され、滞りなく都合能く相整い候由、さてさて忝く存じ奉り候。

(緒方富雄「蘭学者の生活素描―緒方洪庵伝補遺―」四)

なお、この手紙のなかで惟因は、七月十日に足守より自分が出した結婚の同意書が手違いで大坂に延着し、当日中環(伊三郎)に心配されたが、「併し兼ねて治定の儀につき、右相待たず、慶事相済まされ候よし、尤《もつと》も成る儀に御座候」と書き、慶事が無事すんだのを大変喜んでいる。ここに挙式が「兼ねて治定の儀につき」と記していることによっても、婚約・結婚について、両親は中天游の周旋のもと、息子洪庵の裁量に任せ、長崎修業に出る前にすでに決まったものと心得ていたことがわかる。

夫婦で足守へ

洪庵夫妻が揃って足守に赴き、父母に初めて対面したのは翌天保十年二月三日で、同月六日に足守を発って大坂へ帰っている。その五ヵ月後の七月六日、洪庵は足守藩主から次のように三人扶持を受け、ますます医道に出精するよう激励された（惟因「御奉公記録」）。

> 佐伯瀬佐衛門へ申渡す。其方二男洪庵儀、医道執行のため大坂表え罷《まか》り出で候処、心掛《こころがけ》能《よ》く御聴に及ばれ候につき、此度格別の思召しを以って三人扶持下し置かる。猶追々御思召しもこれ有り候間、此の上医道出精致さすべく候。已上

ちなみに、洪庵と八重の婚姻についての藩への届出手続きの次第は、洪庵の父惟因（瀬左衛門）より藩の重職四名に宛て、挙式より三年後の天保十二年十二月十一日に、尼崎藩家中億川百記の娘八重を次男洪庵の妻としたく、その執り成しを依頼する願書が差出され、同月二十七日に願いの通りに済み、翌天保十三年正月十五日に八重を「妻に引請候」と御目付月番へ正式に届出ている（惟因「書記」）。

三　瓦町に居住

瓦町

先にも述べたが、洪庵は西本願寺御堂（北御堂《きたみどう》）や御霊《ごりよう》神社に近い瓦町《かわらまち》に塾を開き、医業を始めた。天保十一年（一八四〇）九月の大新版『当時《とうじ》流行《りゆうこう》町請《まちうけ》医師《いし》見立《みたて》』の番付には「前頭　瓦丁（町）◯（本道）　緒方耕菴」とあり、また、弘化二年（一八四五）四月の『浪速名医所附医家名鑑』には「蘭学　津村東之町　緒方耕菴」とある。津村東之町というのは瓦町のことで、心斎橋筋から御堂筋の間だけを特にそう呼び、現在は瓦町三丁目である。

住居と家賃

父惟因は開塾から二年たった天保十一年冬、瓦町の住居や家賃のことが気になり、洪庵に手紙で問合わせると、洪庵はすぐに絵図面とともに家賃のことを報じた。惟因はそれらを見て、「家賃が十八両では大変安い。絵図面ではきっと二十四、五両はすると思っていた」と書いている。惟因は、足守藩の大坂蔵屋敷留守居役や勝手方を勤め、市中のことにも精通していたので、住居の大きさの割に家賃が安いと思ったのであろう。残念ながらその絵図面は伝わっておらず、くわしいことはわからない。

医師番付

洪庵は、同時に先述したこの年の医師番付も父に送ったとみえて、惟因は「開業していまだ一、二年なのに、はや幕の内でも中以上に書き出されていて、誠にお手柄だ。この上ますます繁盛するのもそう遠くはないと、親類一同喜んでいる」と返事をしている。この年、洪庵は、東の前頭四枚目にのぼっていた。惟因は「八重の母宛ての手紙には、書生も増えて多人数になり、三度の食事を出すにも賑やかなことで困っています、とあるようだ」とも記している。このころ医業もだんだんと繁盛に向かい、塾も手狭になってきていたのであろう。なお、この七年後の弘化四年（一八四七）の番付『当時《とうじ》流行《りゅうこう》町請《まちうけ》医《い》師《し》名《な》集《よせ》大鑑《おおかがみ》』では西の大関（最高位）に付け出されている。

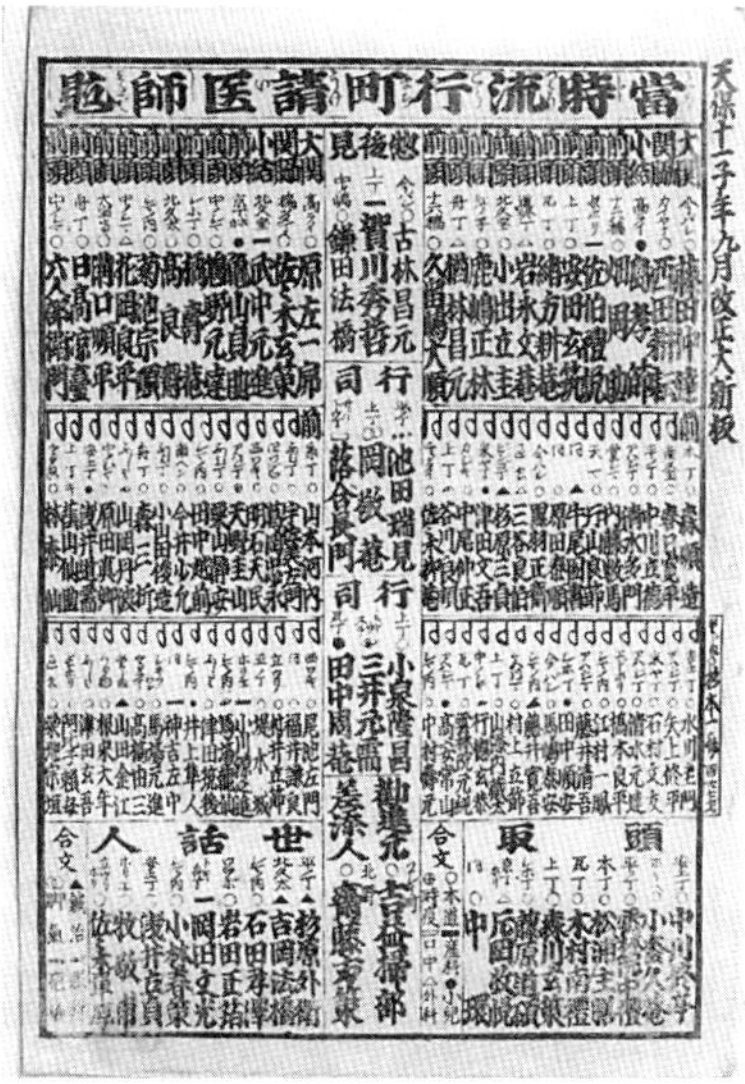
当時流行町請医師魁
天保十一子年九月改正大新板

天保11年（1840）の医師番付
東前頭四枚目に瓦町洪庵の名がある．

四　過書町塾に移る

過書町への移転と時期

洪庵は開塾から七年後の弘化二年（一八四五）の暮に、瓦町より八通り北方の過書町《かしょまち》（中央区北浜三丁目）に新しい町家を買って移転した（巻末地図参照）。これが現存の適塾である。このとき洪庵は同年十二月二日付で、「昨年来心がけていた家が過書町に見つかって、これを買った。十五日頃移転のはずである」と父惟因に知らせ、今回も家の図面を送った。この手紙は六日に足守に着き、惟因は十日に返事をしたためて今度の移転を大いに喜んだ。この適塾の瓦町から過書町への移転の時期は、長く緒方銈次郎・緒方富雄によって、天保十四年（一八四三）十二月とされてきたが、杉立義一による新史料の発見により、新たに弘化二年（一八四五）十二月二十五日と確定した（「新史料より見たる適塾の過書町への移転及びその名義の移動について」『適塾』第一九号）。

概況

過書町適塾の概況はつぎのようである。購入当時の図面は伝わらないため、解体修復前の図面を示して、その大概を偲びたい（九〇頁参照）。敷地は北浜通りに面して、間口六間余（約一二メートル）、奥行約二一間（約三九・一メートル）の敷地に建ち、二階建建坪九〇坪余である。のべ面積は解体修復（一九七六〜八〇年）前で一四三坪（四七二平方メートル）であった。昭和の解体修理後は、明治以降に増築された居宅の二階部分が取り除かれて約一二五坪（約四一二平方メートル）に変わっている。洪庵が買い入れたこの家は、当時大坂で見られた一般的な町家で、道に面した前部は二階建ての店形式、後部は別棟の居宅があり、これらをつなぐところに通り庭と台所がある、いわゆる表屋《おもてや》造りの形となっていて、他に土蔵、平屋建ての納屋があった（「緒方洪庵と適塾」〈適塾記念会発行の小冊子〉一九七六年四月、七八頁）。

この建物がいつ建てられ、洪庵が引き移った時期からどれだけ遡るのか。解体修理によって、古い礎石と周囲の延べ石も一度焼けており、礎石の下の土も焼土を含んでいることがわかった。このことから伴忠康は、寛政四年（一七九二）五月の大火後、再建されたものと推定した（伴忠康『適塾をめぐる人々―蘭学の流れ―』）。このときの大火は、出火した西横堀から北浜・船場までほとんど全焼させ、近くの懐徳堂、西隣の銅座屋敷（現在の愛珠幼稚園の場所）、難波橋西詰の長崎俵物会所、適塾の北にある栴檀木橋や淀屋橋なども焼失していて、適塾となる建物が焼失を免れた可能性はない。その後の天保八年（一八三七）の大塩の乱のときの火災は、二町東の中橋筋で止まっていて、火は及んでいない。したがって現存の適塾の建物が、銅座のように寛政大火のその年のうちに再建されたとすれば、約二二〇年前の建築で、大坂に現存する最古の部に属する町家の遺構としても貴重である。

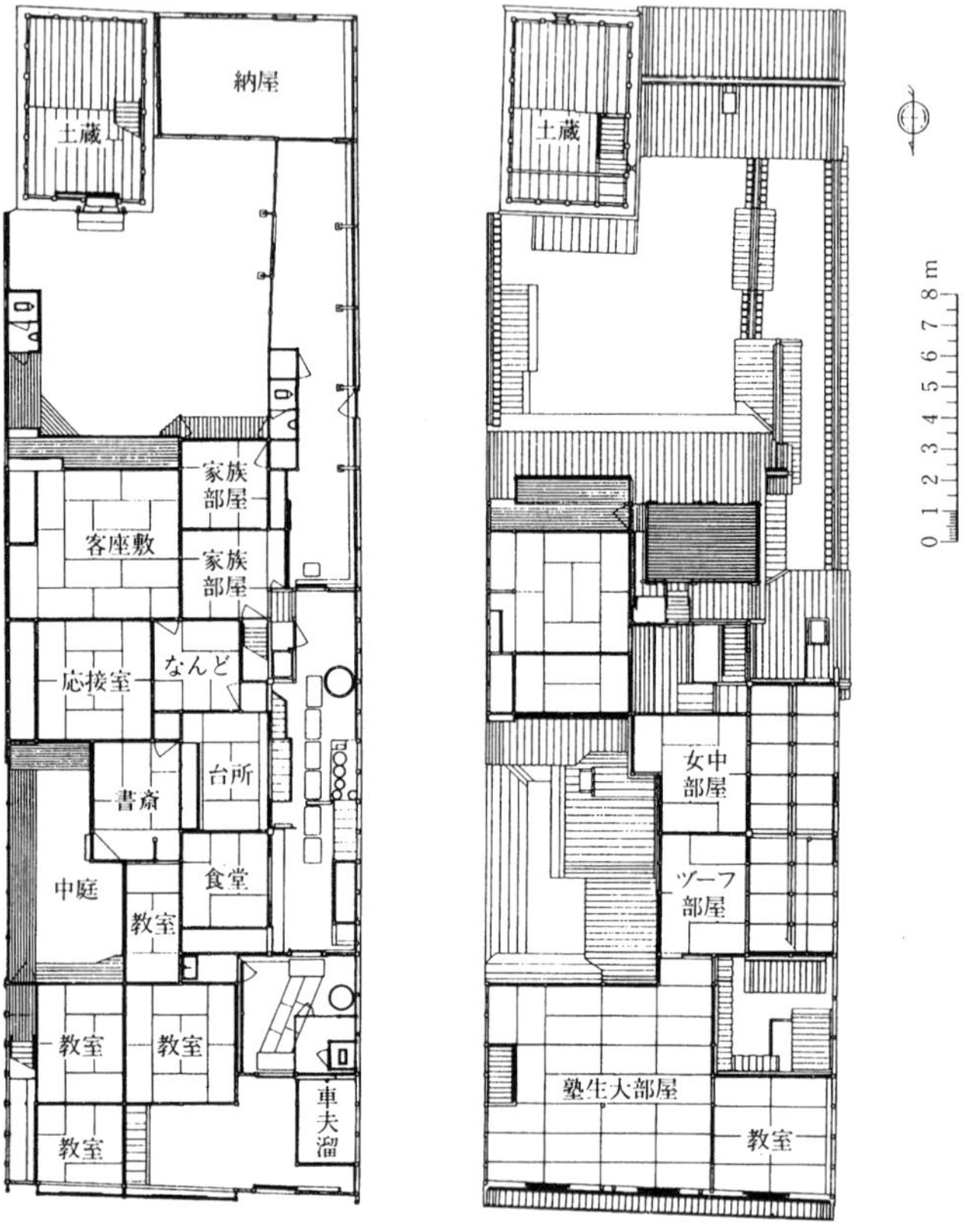

一階　　　　二階

過書町適塾の平面図（解体修復前）
（梅溪昇『緒方洪庵と適塾』適塾記念会，昭和51年より転載）

購入経緯

名塩屋熊太郎

過書町適塾外観（解体修復後）

洪庵がこの過書町の家を購入した経緯は、「永代売渡申家屋敷之事　過書町南側家屋敷表口六間四寸、裏行弐拾間六寸、弘化弐乙巳年十二月　滋賀屋忠右衛門より名塩屋熊太郎殿」（『適塾』第一九号、九三頁）などの史料に基づく、脇田修「洪庵先生の適塾購入」（『適塾』第二四号）の解説に尽くされており、それに従って述べておく。

まず、右の弘化二年十二月付の証文で、滋賀屋忠右衛門から名塩屋熊太郎という人物が銀三〇貫文で購入している。同時にこの家屋を、名塩屋は天王寺屋忠兵衛（忠次郎）に家質《かじち》に入れて銀四〇貫を借り、購入費用にあてている。家質であるから、利息と元金は返さねばならない。そこで「従弘化三午年　天王寺屋忠次郎　家質利銀請取通」という通帳も作られ、月利計算で、ほぼ二ヵ月ごとに利息が支払われている。適塾購入に関する費用などについて、洪庵自筆の心覚えと見られる「弘化二年巳十二月過書町転居諸入用控」があって、詳しい収支がわかる。家そのものを天王寺屋に質に入れて金を借り、全額を前の持主の滋賀屋忠右衛門に支払うのである。

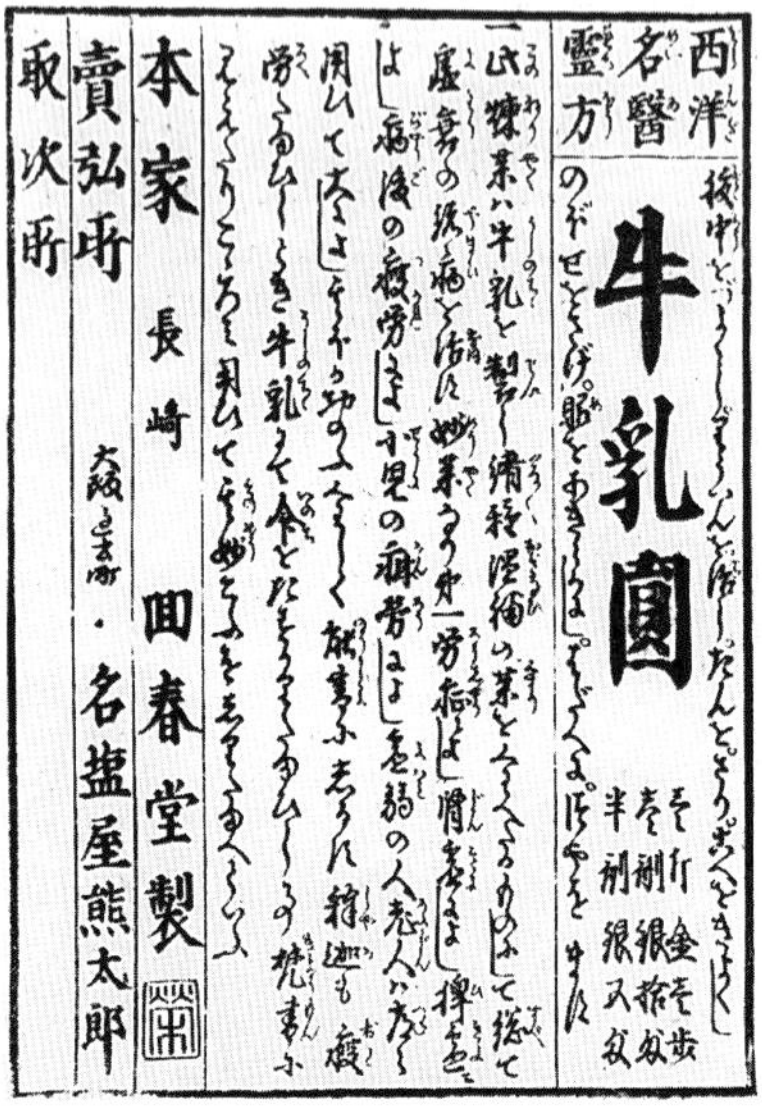

牛乳圓の引札（個人蔵）

百記の配慮

適塾は洪庵が購入したにもかかわらず、名塩屋熊太郎が買主となっているのは、洪庵は足守藩の武士出身で士籍をもっていたからである。当時大坂市中では士籍にあるものが屋敷を買おうとすれば、町人の名義人が必要だった。したがって、洪庵は名塩屋熊太郎を名義人としたのである。中山沃の教示によると、この人物は、洪庵の妻八重の実家の旧使用人で、過書町で薬種業を営み、「牛乳圓」という長崎回春堂製の煉薬の販売を行なっていた。ここにも八重の父百記の、洪庵に対する配慮をみることができる。

滋賀屋忠右衛門

先の滋賀屋忠右衛門という元の持ち主は、宮本又次らの研究によると、四代目天王寺屋忠兵衛の弟であり、長崎糸端物五軒問屋に加入している商人で、天王寺屋五兵衛の一統と見られる。つまり滋賀屋は持家を売り、その資金調達のために、兄の天王寺屋に家質させたことになる。これは、現代の不動産売買にさいして、販売元が特定の金融機関を紹介するのと同じである。購入費用は「弘化二年巳十二月過書町転居諸入用控」などを勘案すると、屋敷代三〇貫に丁切《ちょうぎり》（帳切）費六貫九〇〇余匁で、三九貫八〇〇余匁が購入代銀と諸雑費となり、家質分の四〇貫とほぼ見合う銀額である。転居ともなれば他に出費もあって、これだけで賄えなかったかもしれないが、洪庵は入用をほぼ家質で賄ったのであった。銀四〇貫でも現代の貨幣価値で七〇〇〇万円以上にはなるから、それをすべてローンで返済するというのは、洪庵はかなり思い切ったと思われる。天王寺屋が三〇貫の家で四〇貫を貸しているのは、担保価値以上の世話をしていることになり、彼らが長崎商いに関係していることから、洪庵に何らかの好意を示したか、将来性を見たからかもしれない。

家質で借りた元金の返済についても通帳が残っていて、こちらの通帳の主は名塩屋熊太郎で、やはり洪庵ではない。月利一八〇匁であるから、〇・四五％となり、それほど高くない。これも天王寺屋が洪庵に配慮したのかもしれない。以上の購入内容について、なお不明な点もあるが、これほどまでに購入時の状況がわかるのは、まれである。

適塾に集まる人材

過書町へ移転したことによって、銅座および長崎俵物会所に近くなったことから、海外情報や蘭書収集に便利となり、また各藩の蔵屋敷にも近く、洪庵の顕著な業績が次第に広がり、全国から有為の人材が適塾に雲集することになった。

五　適塾の展開

1　塾則・入門料・塾費

塾則

いつ頃からかわからないが、適塾には教育方針を示す塾則が掲げられていた。塾長をつとめた経験をもつ福澤諭吉によると、彼が安政二年（一八五五）入門当時、玄関に掲示してあった塾則には、第一条に「学生の読書研究は勿論のことなれども、唯《ただ》原書を読むのみ、一枚たりとも漫《みだり》に翻訳は許さず」とあったとあるが（「国は唯前進すべきのみ」『福翁百話』）、第二条以下何条まであったたか、その全容は不明である。しかし、この第一条は当時の時代相をよく反映しているとみることができる。

幕府は天保十一年（一八四〇）から、蘭書翻訳書の流布を取り締まり、次第に蘭医学が一世を風靡する勢いに対する漢方医の嫉妬・策謀を背景に、嘉永二、三年（一八四九、五〇）ごろには幕府医官に対して、蘭方医術は外科・眼科以外を禁止と令した。また、蘭書を翻訳・刊行することを制限する布達を出していた。

方針

伊東玄朴《げんぼく》の象先《しょうせん》堂の塾則第一条「蘭書並翻訳書之外《ほか》雑書類読《よみ》候事一切禁止」と対比して、洪庵は適塾の塾則第一条に、「原書を読むことのみにとどめ、翻訳することは厳禁する」と掲示した。それは、幕府の蘭学抑制政策から学問研究の自由を守るためのものであった。ここに洪庵の深慮を読み取ることができる。

また、江戸における坪井信道《しんどう》の日習堂では塾則第一条を「禁酒」とするなど、非常に厳格な十七ヵ条の塾則を設けて、塾生の懈怠《けたい》を戒めたが、洪庵は細則を定めて塾生を拘束しなかった。『福翁自伝』には塾生の日常生活も描かれており、夏の夕方には塾部屋の酒を持ち出して物干しの上で、友人と涼しく愉快に飲んだ、とあるように、飲酒・囲碁も黙認されていた。洪庵はなるべく若者に日常生活を束縛せず、自由闊達で自主的な塾生活をさせ、それぞれの個性を伸ばす方針を採っていた。

入門料

塾の入門料は、福澤がその自伝で「新入生が入門するとき、先生家に束脩《そくしゅう》を納めて同時に塾長へも金二朱を呈すという規則がある」と記している。適塾開塾当初のことはわからないが、一番古いものとしては、嘉永六年（一八五三）入門の河内の中小阪村（東大阪

表3　適塾塾頭一覧表

年次	西暦	塾頭	主なる入門者	備考
天保　九	一八三八	（大戸〈緒方〉郁蔵カ）	大戸（緒方）郁三・山鳴剛造	瓦町で適塾を開く
天保一一	一八四〇		有馬摂蔵・村上代三郎　このころ奥山静寂	
天保一四	一八四三		武谷椋亭（祐之）・小川文之助・黒田行次郎	
弘化　元	一八四四		東条永庵　このころ飯田桑平（柔平、三江）＊＊・久保良造	正月　姓名録記帳はじまる
弘化　二	一八四五	奥山静寂二九歳（翌三年退塾）		一二月　北浜過書町に移る
弘化　三	一八四六		村田良庵（大村益次郎）二三歳・藤野升八郎	この年入門署名者一二名
弘化　四	一八四七		野中（伊藤）玄英・坪井信良＊	この年入門者二〇名
嘉永　元	一八四八	久坂玄機二九歳＊（翌二年正月帰郷）	武田斐三郎・渡辺卯三郎・佐野栄寿二七歳	この年入門者一九名
嘉永　二	一八四九	大村益次郎（翌三年退塾）	杉収蔵（亨二）・長瀬元蔵・伊藤精一（慎蔵）二四歳・菊池（箕作）秋坪二五歳・妹尾遊玄（瀬尾又玄）	この年入門者四二名
嘉永　三	一八五〇	飯田柔平（一時破門、この年帰塾）	栗原唯一・橋本左内一七歳・山田貞順	この年入門者二六名
嘉永　四	一八五一	伊藤精一（慎蔵）	笠原健蔵	この年入門者一四名
嘉永　五	一八五二		大島圭介二一歳・八木元悦・織田（伊東）貫斎・坪井信友（信道の息子）二一歳・嶋村貞蔵（鼎甫）	この年入門者三四名

嘉永　六	一八五三	渡辺卯三郎		この年入門者三〇名 秋七月伊藤慎蔵破門、嘉永七年二月に許されて帰塾
安政　元	一八五四	伊藤慎蔵（精一）	松下元芳・長与専斎・二宮逸二・柏原学介一九歳	この年入門者四〇名
安政　二	一八五五	栗原唯一	福澤諭吉二三歳・戸塚文海（中桐洪吉）	この年入門者四〇名
安政　三	一八五六	松下元芳	山口良哉（良斎）＊＊・守藤（安藤）欽哉＊＊・斎藤策順・有吉文郁	この年入門者三八名
安政　四	一八五七	福澤諭吉 （安政五年退塾）	木野（本野）周造（盛亨）＊＊	この年入門者三四名
安政　五	一八五八	長与専斎 （翌六年暮退塾）	石井久吉（信義）二〇歳	この年入門者三二名
安政　六	一八五九			この年入門者五二名
万延　元	一八六〇	山口良哉（良斎）＊＊	花房虎太郎（義質）・所郁太郎	この年入門者三二名
文久　元	一八六一		田代一徳（基徳）・高松凌雲二六歳	この年入門者三五名
文久　二	一八六二	柏原学介（而）	足立藤三郎（寛）	洪庵八月江戸に行く それまでの入門者一四名

（注）「適塾塾頭一覧表」（伴忠康『適塾をめぐる人々―蘭学の流れ―』）をもとに作成。北浜過書町に適塾が移転した年次は訂正を加えた。『緒方洪庵　適々斎塾姓名録』（巻末参照）とは出典が異なるため、その異同を次のように示した。

＊―伴忠康氏作成の「適塾塾頭一覧表」には記載があるが、『緒方洪庵　適々斎塾姓名録』には客分の処遇や通いなどの諸事情のため名が見えない人物。

＊＊―名前の表記が異なる人物。

市）の医師芦田長門の倅、愛次良（入門No.二六三）の入門の際の費用を、父長門が次のように記している。

緒方入門式

一金弐百疋　　先生

一金五拾疋　　塾頭

一金五拾疋　　塾中

一銀三匁　　先生扇子代

金一両＝四分、一分＝四朱、一分＝金一〇〇疋であるから、福澤の取り分、新入生一人につき二朱は金五拾疋に一致する。江戸の伊東玄朴の象先堂入門式は、先生への束脩や塾頭分は適塾と同様だが、塾中へは適塾の四倍、その他奥方、若先生、僕の分まであり、適塾より多額であった。

塾費

塾費については、福澤が自伝に「（当時は）白米一石が三分二朱、酒が一升百六十四文から二百文で、書生在塾の入費は、一箇月一分二朱から三朱あれば足る。一分二朱はそのときの相場でおよそ二貫四百文であるから、一日が百文より安い。然るにヅーフ（辞書）を一日に十枚写せば百六十四文になるから余るほどあるので、およそ尋常一様の写本をして塾にいられるなどということは世の中にないことであるが、それが出来るのは蘭学書生に限る特色の商売であった」ということを書いており、おおよその塾費がわかる。福澤は、他塾と異なり、適塾生は蘭書の写本という内職さえあれば塾費を十分に賄えたと言っている。さらに、洪庵は表向きには翻訳文書の作成を塾則で厳禁としていたが、実際には、福澤をはじめとして、貧乏書生が学費を賄うために、翻訳の内職をするのを認めていたこともわかる（石河幹明『福澤諭吉伝』一、一三二頁～一四四頁、岩波書店、一九三二年）。

塾生の苦労

しかし、すべての在塾生が福澤の言うような状況にあったわけではない。一日百文たらずの僅少で勉強できたと福澤は言うが、それは洪庵夫妻の温情で、洪庵が医業で得た収入を補助していたためと思われる（中野操「洪庵とカネ」『大坂蘭学史話』）。それでも在塾生の大多数は、郷里からの仕送りや大坂の物価などを勘案すると、学資に苦しんでいたと思われる。

2　カリキュラムと学風

四つの資質

教育には、年長の教育者と導かれる年少者、そして彼らが目指す目標と、そこへ到達すべき導き方、という四つの資質が重要であろう。とくに教育者が鋭敏な時代認識をもち、年少者みずから将来に資する目標を自発的に見出せるよう啓発することが大切である。この点で、洪庵は当時にあって出色の教育者であったといえる。

カリキュラム

それが顕著に表れているのがカリキュラムであろう。塾では学級を設けて組織立った蘭学教育をし、各自の努力によって実力を養うことを主眼とする方針がとられた。天保九年に開塾したころの状況は不明だが、適塾は、塾の生活を総括する塾頭、その下に塾監がおり、一般の入門塾生は、はじめ無等で、学力がつくに応じて第一等〜第九等までの、おおよそ九級に分かれていた。

咸宜園の場合

これは、豊後日田《ひた》（大分県日田市）の広瀬淡窓《ひろせたんそう》が文化十四年（一八一七）に創設した私塾の咸宜園《かんぎえん》出身の武谷椋亭《たけやりょうてい》が適塾入門（天保十四年〈一八四三〉）後に、洪庵が武谷を信頼したことから、適塾でも天保末年ごろから咸宜園の進級制度の影響を受け、塾頭（塾長）、塾監以下、等級を定めるようになったのではないかと、現存する適塾最古の安政六年（一八五九）九月の等級別名簿から推測している。咸宜園では、生徒の学力の優劣により席序・等級を分け、等級は無級より一級へ、それより九級（最高）になっていく制度をとっていた。洪庵は、武谷椋亭入塾以前から、この咸宜園の進級制度を知っていたとは思われるものの、適塾開塾当初からこの進級規定を採用した形跡は認められない。

適塾の場合

適塾では、まず文法を習う初級（第九等）からはじまって、次第に上級になると原書を勉強し、その程度もだんだん高くなり、第一等になる。当時、どこの蘭学塾でも、オラ

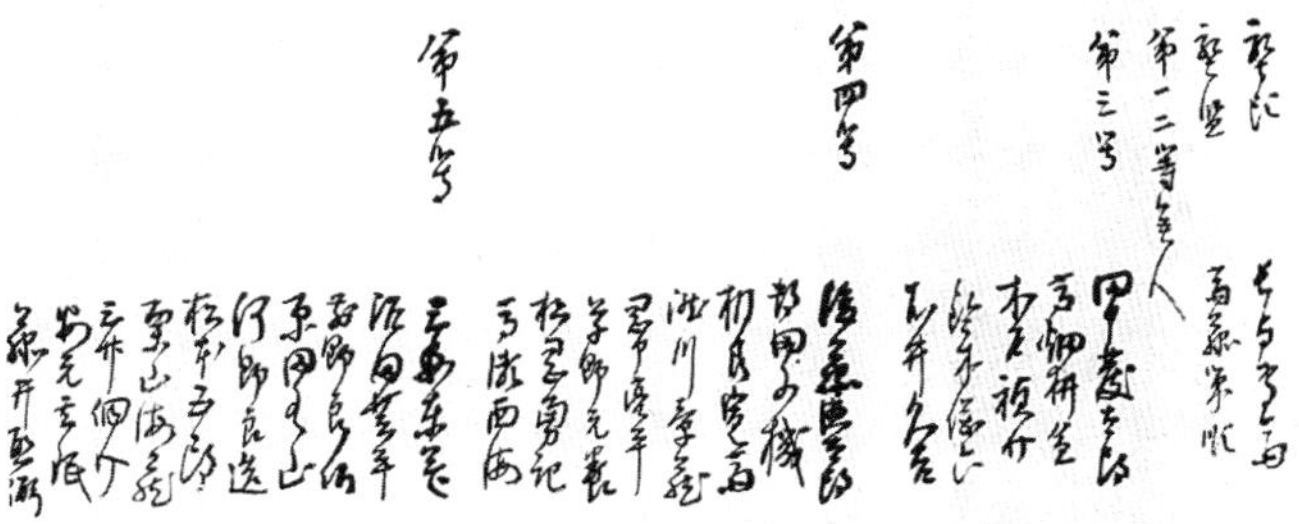

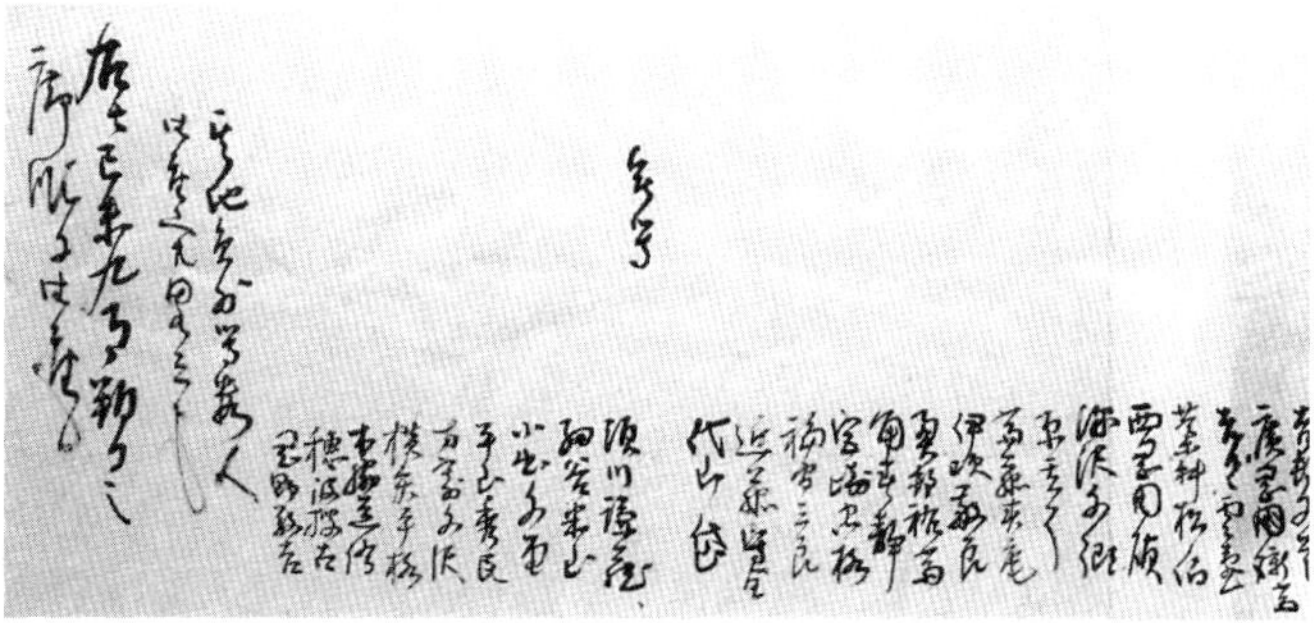

安政6年（1859）9月の適塾等級別名簿　冒頭（上）と末尾（下）

（部分，大阪大学適塾記念センター所蔵）

塾頭に長与専斎，塾監に斎藤策順，第一・二等は無人，最後尾第九等と無等を加えて，全81名の姓名が記されている．

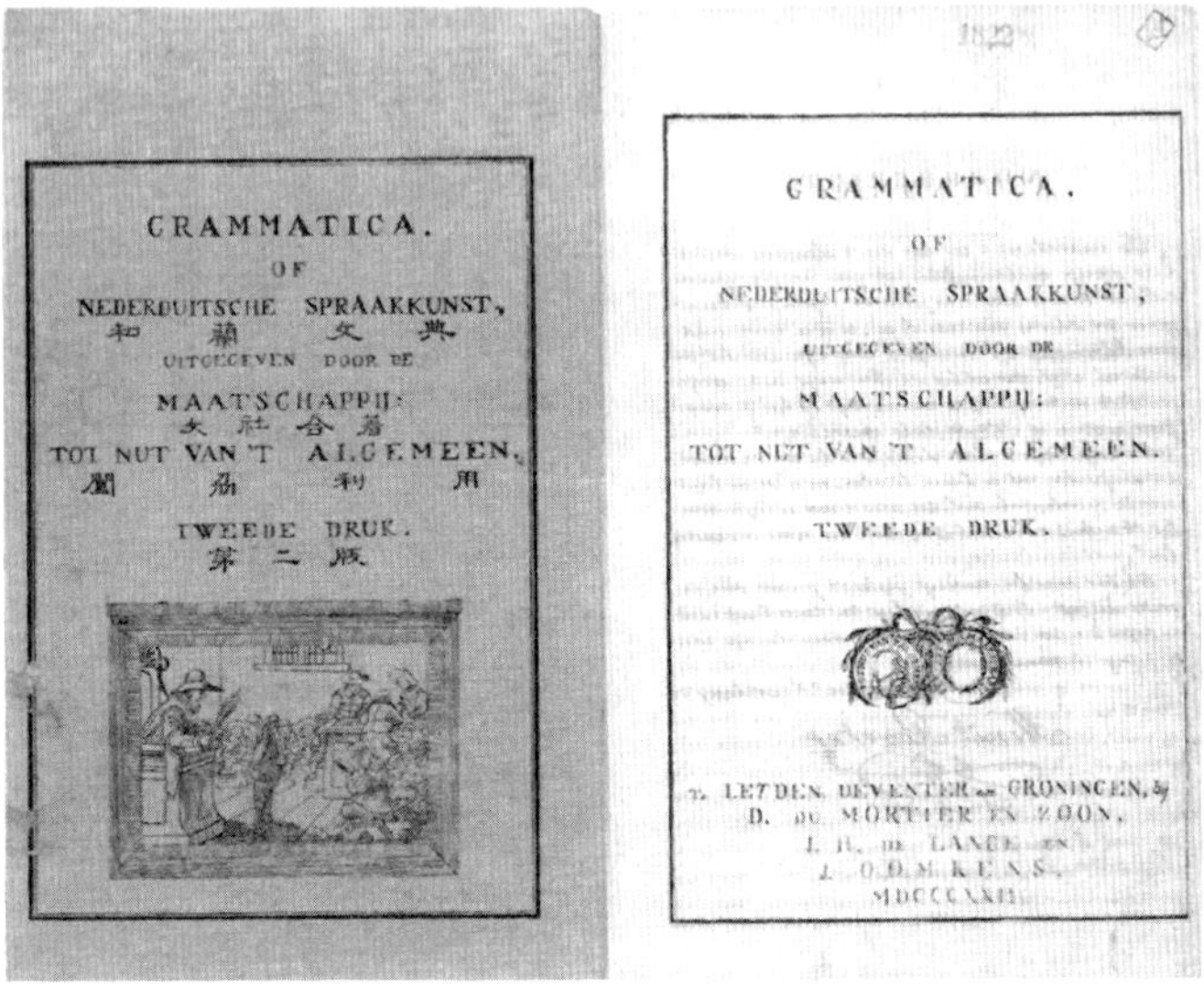
1822

GRAMMATICA.
OF
NEDERDUITSCHE SPRAAKKUNST,
和蘭文典
UITGEGEVEN DOOR DE
MAATSCHAPPIJ:
TOT NUT VAN 'T ALGEMEEN,
TWEEDE DRUK.
第二版

GRAMMATICA.
OF
NEDERDUITSCHE SPRAAKKUNST,
UITGEGEVEN DOOR DE
MAATSCHAPPIJ:
TOT NUT VAN 'T ALGEMEEN.
TWEEDE DRUK.
te LEYDEN, DEVENTER en GRONINGEN, bij
D. du MORTIER en ZOON,
J. H. de LANGE en
J. OOMKENS.
MDCCCXXII.

『和蘭文典　前編』の扉部分（大阪大学適塾記念センター所蔵）

ンダ語の文法のテキストとして『ガランマチカ』（GRAMMATICA）、文章論は『セインタキス』（SYNTAXIS）というオランダで発行された本を使っていた。箕《み》作《つくり》阮《げん》甫《ぽ》が前者を天保十三年（一八四二）に『和蘭文典　前編全』として、後者を嘉永元年（一八四八）に『和蘭文典　後編　成句編』として木版で復刻・出版したので、適塾生もこの刊本を用いたり、その写本を使ったりした。

初学者はまず『ガランマチカ』を学び、文章の意味・内容の理解はさておき、まず文字だけを音読する素《そ》読《どく》を受けるかたわら、先輩の講義を聞いた。ついで『セインタキス』を同様の方法で行ない、寄り集まって原書を会読する蘭学研究に励んだ。
　会読は等級ごとに毎月六回、五日おきに行なう。その人員は各級一〇人から一五人程度で、級ごとに会頭があり、級の程度によって塾頭、塾監、一等生があたった。会読には塾所蔵の原書をあてたが、一部しかないため、塾生たちは各自一回の分量三枚から四、五枚程度を筆写して予習した。

ヅーフ部屋

　適塾には、いわゆるヅーフ部屋と呼ばれる部屋があり（塾の建物北棟と南棟とを結ぶ二階の北側の部屋）、出島オランダ商館長ヅーフ（Hendrik Doeff, 一七七七～一八三五）が日本人通詞数人の協力を得て作った蘭和辞書、すなわち「ヅーフ・ハルマ辞書」（天保四年〈一八三三〉完成、写本で全七冊）が一部と、このヅーフ辞書より高級なものとしてウェイランド（Pieter Weiland, 一七五四～一八四二）の『オランダ語辞典』（原書）が一部置かれており、室外への帯出が厳禁とされていた。
　塾生は会読の予習を、辞書をたよりに自力で行なったので、多数の塾生がこの部屋に詰めかけて奪い合うありさまで、人気の少ない深夜に利用する者もあり、この部屋には徹宵灯火が輝いていたという。

ヅーフ・ハルマ辞書

　なお、この適塾のヅーフ部屋にあったヅーフ・ハルマ辞書は、洪庵が幕府より奥医師として江戸へ召されて旅立つ混雑のおりに紛失したが、塾生の一人であった遠州浜松藩

ヅーフ部屋（旧緒方洪庵住宅）

（文化庁編『重要文化財　旧緒方洪庵住宅修理工事報告書』〈1986年刊〉より転載）

ヅーフハルマ（大阪大学附属図書館所蔵，大阪大学適塾記念センター提供）
筆写年未詳.

出身の岡村義昌（貞次郎）の所持していた同種の辞書が、明治三十一年（一八九八）になって適塾に寄贈され、現在展示されている（なお、義昌は、浜松藩士の父が大坂蔵屋敷におり、そのすすめで入門し通学していたためか、姓名録には記載がない）。寄贈者によると「貞次郎手沢《しゅたく》のズーフハルマ六冊（一冊を欠く）」としているが（岡村龍彦「二代岡村義昌」『岡村父祖事蹟』私家版、一九四三年）、実際に確認したところによると、全七冊のうちO〜S、V〜Zの二冊分が欠けている（緒方銈次郎「ヅーフ部屋の話」『医譚』第七号）。

このように辛苦を重ねた予習後に行なわれる会読は、当日その場でクジを引いて席次を定め、その順序に従って数行ずつオランダ語を解釈し、それが終わると次の席の者が質問するというようにして順々に進められた。会頭は黙ってこれを聞き、まず脇から質問をさせる。わからないということになると討論になる。会読終了後、その日の成績について会頭の採点があり、自己の分担箇所を完全に解釈できた者は△印、討論で正解の者、すなわち勝者は○印、敗者には●印がつく。△印は○印の三倍ほどの成績に評された。こうして一ヵ月間の成績を調べて優秀者を上席とし、三ヵ月間首席を占めた者は一つ上級へ進む。塾生は毎月六度ずつ試験にあうようなもので、それによって塾の席次が毎月改まり、上席者が塾部屋で有利な場所を占有できることになっていたため、塾生の勉強は他塾とは比較しえぬほど激しいものであった。

なお、最上等の塾生になると、すでにほとんど塾中の原書を読み尽くしているから、実用にもならない難しい原書の緒言や序文を集めて会読をしたり、洪庵の講義を聞いたりした。福澤もこの一人であった。

多様な分野の原書

適塾の教材の原書は、他の蘭学塾に比べて決して豊富ではなかった。福澤諭吉は、「安政のころでも、原書は医学書と物理書などを合わせて十部に足らなかった」と書いている。現存する原書は、いずれもよれよれになるほど使われていて、多年多くの塾生によって精読されたあとがうかがわれる。内容は医学に限らず、化学、物理などにわたっている。福澤が「硇砂《どう(ろ)しゃ》」（塩化アンモニウム）を作るために、塩酸とアンモニア（『福翁自伝』に「塩酸アンモニア」とあるのは誤記）とを作るのに苦心しているように、塾生の中には化学の実験や動物の解剖を行なう者もいた。

勉学の逸話

ここで『福翁自伝』に出ている有名な話をあげておく。

安政四年（一八五七）、江戸から帰国中の福岡藩主黒田斉溥《なりひろ》が大坂を通行したとき、洪庵は御出入医《おでいりい》として、中之島の屋敷に御機嫌伺いに出向いた。そのとき洪庵は、斉溥が一冊八十両もの高額で購入した「ワンダーベルトの窮理書」（オランダの科学者ピーテル・バン・デル・ブルフ〈Pieter van de Burgr〉の『自然科学基礎入門』一八五四年刊）を借用し、塾生に写させた。この物理書には、ファラデーの電気説を土台にした電池の構造法が出ていた。一〇〇〇ページもの大部の本をこわして、皆で手分けして筆写するわけにいかず、エレキテルのところだけ、塾生の一人が原書を読む、一人はこれを聞いて写すという方式で、斉溥滞在中の三日間、塾生の総力をあげて昼夜を問わず、次々に交代で紙数一五〇〜一六〇枚ほどを写し終えたという。ともかく現代では想像もできないほどの苦労をした勉学ぶりであった。

長い修業年限

以上のように、適塾は「原書研究」を目的としたため、修業年限も長くかかることになる。塾生のなかには、弘化四年（一八四七）春に入門した土佐藩出身の和田養源（入門№九七）のように、当初は原書研究をするつもりであったが、国元の都合がわるくなり、少しでも早く治療の修業をしたいので京都の小石塾（究理堂）で勉強したいと申し出る者もあった。洪庵はこのときには、かねてより昵懇《じっこん》の塾主の小石拙翁《こいしせつおう》（元瑞《げんずい》）宛てに、人物は保証するので入門させてやってほしい、としたため丁重な紹介状を与えている（『緒方洪庵のてがみ』その二、六二頁）。

3　塾生とのつながり

破門と退塾

蘭学を志す塾生は、いずれも旧来の文物に反抗する精神の持ち主であったから、その行動には常軌を逸したことも多く、適塾の二階の塾生大部屋の真ん中の柱には、無数の刀痕が刻まれている。このような塾生を指導して学業を成就させたところにも、洪庵の教育者としての偉大さがある。洪庵は、あまり塾則で拘束することなく、塾生みずから資質を自由に伸ばすよう努めたが、目にあまる怠惰や不埒な所行には、破門・退学を命じていて、塾頭も恩師の子息も例外でなかった。

坪井信友の場合

たとえば坪井信道は、その子信友《しんゆう》を洪庵の塾に預けたが、信友は入門直後から放蕩を繰りかえしたため、洪庵は放逐した。江戸へ帰った信友は後悔し、再入塾の取り成しを広瀬旭荘《きょくそう》に頼んだ。洪庵は信友が過ちを改めるなら許すと旭荘に答えている。なお、信友は、父の没後は父名を襲い、長州藩医・蘭学教授として活躍した。このように洪庵は、厳格と寛容をもって塾生に接した教育者であり、一般の塾生も心服して学業に打ち込むことができたといえよう。

生涯の師弟関係

塾生の在塾期間は、その個々の事情によって長短さまざまであったが、塾生が退塾したのちも師洪庵との関係は続く場合が多かった。洪庵が全国各地で活動するかつての門下生に宛てた手紙は、現存するだけで約二〇〇通にのぼっている。その内容は、地方の開業医として行なう自己の診断・処方についての可否や、医療全般にわたる問い合わせに対する回答、就職の世話、贈物や近況報告などへの返事や礼状など多岐にわたるが、いずれも温情あふれるものばかりである。蘭学塾を主宰した人物の中で、洪庵ほど門下生へ手紙を書いた人を見出すことはできない。洪庵は、文通という精神的つながりによって、地方門下生と親交を続け、今日でいうところの生涯教育の実をあげていたといえよう。

道のため、人のため

また、洪庵は手紙の終わりに、よく「道のため、人のため」に力を尽くすようにという意味のことを書き添えている。「道のため」とは医学のためということだが、これは師坪井信道の創作で、洪庵はそれを踏襲したとの中野操の指摘がある。そのほかに「国のため」とも書いて、広く社会や国家のために尽力して欲しいと告げている。さらに、塾生が塾を去って帰郷する際には、餞《はなむけ》に「臨事無為賤丈夫《ことにのぞんでせんじょうふとなるなかれ》（事に臨んで賤丈夫、即ち心の卑劣なおとこになるなかれ）」の書軸、また頼まれて、「扶氏医戒之略」というフーフェラ

緒方洪庵筆「臨事無為賤丈夫」（個人蔵）
洪庵が適塾生の藤野升八郎に与えたもの。

ンド著の蘭訳本の末尾にあって和訳すれば「医者の義務」となる十二ヵ条（後述）や、和歌などを書き与えている。これらは、地方にある門下生の心をいつまでも感奮させずにおかなかっただろう。

4　当今必要の西洋学者の育成

嘉永二年（一八四九）四月、菊池《きくち》秋坪《しゅうへい》（弘化二年〈一八四五〉に箕作阮甫と養子の約を交わし、嘉永三年に阮甫の次女と結婚し箕作姓となる）が適塾に入門した。その縁から、洪庵は同年十一月九日に、箕作阮甫の来訪を受けている。このとき、どのようなことが話し合われたのかは定かでないが、その前日に阮甫が広瀬旭荘を訪ねて、目下南北アメリカが殷盛であることや、清国におけるアヘン戦争（一八四〇〜四二）の推移、ひいては日本の外警のことを話題にしているので（広瀬旭荘の日記「日間瑣事備忘」嘉永二年十一月八日条）、おそらく洪庵もまた、阮甫からこれらの最近の海外情勢を聞き、日本の将来に思いをはせ、みずから期するところがあったものと推察できる。

対外・国内情勢を思う

洪庵はその後の嘉永六年のペリー来航時には、自身の日記「癸丑《きちゅう》年《ねん》中《ちゅう》日次《ひなみ》之《の》記《き》」の六月十日条に、大坂西町奉行所に立寄り「当月三日アメリカ船浦賀入港の趣承る。但し大船弐艘、蒸気船弐艘なるよし風聞也」、同十六日条に「去る十二日異国船浦賀出航のよし、風聞堂島にて承る」と記すのみで、自己の思いなどは示していない。しかし翌年の嘉永七年三月十二日夜半付の甥の藤井高雅《たかつね》（大藤高雅）への長文の手紙では、対外・国内の情勢を憂え、自分の決意を打ち明けている。手紙の大意は「自分もうかうかしていられない……しかし、遊民として無為に過しているのは、申し訳ないから、現今は病用をはぶいて、もっぱら、当今必要な西洋学者を育てるのを自分の任務として専念している」という、思いつめた気持ちを述べたものであった（『緒方洪庵のてがみ』その三、一五三頁）。

議論への関心

また、嘉永六年（一八五三）十二月朔日のことになるが、広瀬旭荘が、洪庵が不在のときに訪問したことがあった。そのとき旭荘は、八重から桑名藩主および佐久間象山の上書を借り受けている（梅溪昇『緒方洪庵と適塾生―「日間瑣事備忘」にみえる―』六四頁）。前者の桑名藩主の上書は、ペリーの国書に対して老中阿部正弘が諸大名に求めた意見書で、国交拒絶論であった。後者の象山の上書は、約十年前の天保十三年（一八四二）十一月の海防に関する藩主宛てのもので、洋式火器の製造、船艦の建造、水軍の訓練などによる戦力の急速な増強を強調していたものである。ペリー来航によって、大藤高雅や広瀬旭荘といった知人たちとのあいだでも「開国」か否かの、なまなましい時局論・国防論が交わされるなか、洪庵自身もこうした議論に関心を払いつつ、「国のため」に「当今必要な西洋学者を育てるのを自分の任務」とみずから決心を披瀝していることは、注目すべき事柄である。この手紙の中で洪庵は、「賤《しず》が家《や》にもらさぬ雨ももるまでに　母屋の棟木は何朽《くち》にけん」と幕政への不安、ないし日本衰亡の危機を詠んで憂いている。それは、「清朝殆《ほとん》ど亡んで北京落城と申す風評」を聞き、その形勢が日本に及ぶのを危惧したのであった。

情勢変化の兆し

やがて同年閏七月二十二日には、洪庵の元へ江戸の坪井信友から手紙が届き、洪庵はそれを広瀬旭荘へ廻付している。手紙には、オスマン帝国がロシアに宣戦したこと、および英仏二国がロシアに宣戦したこと（クリミア戦争）をめぐるヨーロッパ事情が伝えられ、ロシアが勝つかイギリスが勝つかで世界情勢の一大変化が早晩くるであろう、とあったのである。こうした情報は自然と塾生のあいだにも波及し、各人の志向に影響したであろう。

決意の時期

洪庵の西洋学者育成の決意は、文面上は先の嘉永七年三月の大藤高雅に宛てた書簡が初出だが、時勢に鋭敏であった洪庵の意中では、開業・開塾当初はともかくとして、嘉永七年以前になされていたと考える。それは、たとえば岡村義昌が弘化三年（一八四六）に、日本の「鎖国」を解くために武力で押し寄せる西洋列国に対抗するには西洋兵器でしかなく、それにはまず外国語を学ぶ必要ありとの父の命で入門し、やがて大坂で西洋兵学の塾を開いた事例や、嘉永二年（一八四九）十一月に箕作阮甫が来坂して、広瀬旭荘・洪庵らと、世界の形勢や西力東漸《せいりょくとうぜん》の危機を説く清国の魏源《ぎげん》の『聖武記《せいぶき》』に関して談合したことなどから推測できる。

変わる世情

幕末も安政期に入ると、幕府は「鎖国」主義を維持できないと考えて、安政二年（一八五五）から海軍創設の必要を認めて長崎海軍伝習所を設け、オランダ人教官から必要な関係諸科学を受講することになった。また、安政五年に幕府がアメリカ・オランダ・ロシア・イギリス・フランスの五ヵ国とも修好通商条約を結んだ結果、今まで長期にわたって日本に対する唯一の西洋文化供給国であったオランダの地位は覆され、代わってアメリカ・イギリス・フランスが次第に先進文明国として日本に影響を与えるようになっていった。

蘭学の限界

万延元年（一八六〇）正月、幕府は日米修好通商条約批准書を交換するため、遣米使節を派遣したが、この使節一行には佐賀・仙台・長州・土佐・熊本などの一〇藩の藩士が海外視察のために加わり、総勢八十余名であった。彼らは世界を一周して、はじめて英語の勢力を認識し、オランダ語を仲介として西洋知識を吸収するのは時代遅れであることを悟った。そのため一八六〇年代の初めを画期として蘭学が廃《すた》れていき、新しく英語を中心にドイツ語・フランス語が始められるようになったのである。

新興国を学ぶ

洪庵はといえば、安政の初めから万延にかけて、医書の刊行が困難な事情のもと、主著『扶氏経験遺訓』『虎狼痢《コロウリ》治準』の校訂・刊行に懸命に努力していた。そのようななか、安政五年（一八五八）八月には、すでに適塾を去って江戸の中津藩蘭学舎で教えている布野雲平《ふのうんぺい》（入門No.二一七）に手紙を送り、「かねてからあなたが御懇望の英学も追々進歩の様子で羨ましいが、自分もイギリスの発音とアメリカの発音とを知っておきたいので、はなはだ御面倒ながらいわゆる五十音をしたため、それに片カナをつけてほしい」と頼んでいる（『緒方洪庵のてがみ』その五、五四頁）。

同じく安政五年のことだが、塾頭の福澤が江戸へ赴いたあとを承《う》けた長与専斎《ながよせんさい》（入門No.三〇一）は当時の適塾について、「元来適塾は、医家の塾とはいえ、その実、蘭書解読の研究所にて、諸生には医師に限らず、兵学家もあり、砲術家もあり、本草《ほんぞう》家も舎密《せいみ》家も、およそ当時蘭学を志す程の人はみなこの塾に入りてその仕度《したく》をなす」と記している。その翌年、長与専斎が江戸へ出て医療の実地修業を志願したところ、洪庵から「すでに日本流の蘭法治療を見習うことにさして益はなくなり、長崎で蘭医ポンペが医学伝習を始めたので、「我が蘭学一変の時節到来」の好機ゆえ、長崎に下って直伝の教授をうけ大成を期せよ」と諭されたという（小川鼎三・酒井シヅ校注『松本順自伝・長与専斎自伝』）。

さらに万延元年（一八六〇）冬のことだが、洪庵は美作《みまさか》勝山藩の石井宗謙《そうけん》に書を送り、適塾に在塾している子息の久吉を来春に長崎へ留学させて、英学を大成させるよう勧告し、

「従来の蘭学のみにては当時今少し不足、将《まさ》に開かれんとするの英学、是より豪傑を生ずるの時節、其機を失すべからざる様に相考え申し候。篤《とく》と御高考」としたためている（『緒方洪庵のてがみ』その四、七九〜八〇頁）。

医学塾として

ここで付言しておきたいのは、洪庵が当今必要の西洋学者を育成する決意を固めたからといって、適塾が医学塾の性格をまったく喪失して語学塾に変わったと誤解してはならないということである。それは、江戸行き直前の文久二年（一八六二）四月には、洪庵自身は風邪で出張しなかったものの、三枝博《さえぐさひろし》ら適塾生十二人と緒方郁蔵引率の南塾生とが、千島新田と掘割川の間の芦嶋（葭島）で、きわめて組織だった解剖実験を行なったことでも明らかである（「三枝俊徳日記」藤野恒三郎・梅溪昇編『適塾門下生調査資料』第一集、一九六八年）。なお、三枝博は「姓名録」（「適々斎塾姓名録」日本学士院所蔵）にはなく著名人でないが、佐《さ》貫《ぬき》藩（千葉県）の藩医で、藩主の大坂加番に随行来坂中に洪庵から解剖などの医学を学び、明治に入ると村医として、また人が嫌う監獄医の職業も引き受けた人物であった。

塾生たちの感化

洪庵は、海外情勢の変化に日本の前途を憂い、オランダ語を通じてのみの外国文化の移入の限界を知り、英・米語への拡大をはかり、新興国の文化の受容を図ろうとした。この先見性豊かな教育者のもとでおのずと感化され、自由な学問研究の雰囲気の中で学んだ適塾生たちが、洪庵の亜流にとどまることなく各自の資質を伸ばして、幕末維新期を経て明治日本の各方面にわたる近代化に活躍したのである。

六　洪庵・八重の暮らしぶりと子供たち

洪庵はたんに医院を開業したのではなく、同時に蘭学を学ぶ多数の塾生を同居させて寝食の面倒を見たので、妻の八重は新婚若くしていわば学生寮の寮母役でもあった。しかも洪庵夫婦には子女が多く誕生し、その上に内塾生が増加すればするほど、八重の心身の疲労は大きくなったと思われる。こうした洪庵夫婦の暮らしぶりに触れておこう。

瓦町に開業当初は洪庵の名声もまだなく、生活も苦しかったと、東京高林寺の八重の墓碑（佐野常民撰）に刻まれている。また、洪庵が長く病床に臥したとき、八重は自分の帯を二両で売り、それで風呂桶を買い求めて、戸板を囲んで湯を使わせたと、晩年にみずから追想したとされる（浦上五六『適塾の人々』）。洪庵と八重は次のように子宝に恵まれた。

多　賀（長女）天保十一年生まれ、嘉永二年没（十歳）
整之輔（長男）天保十二年生まれ、天保十三年没（二歳）
平　三（次男）洪哉《こうさい》のち惟準《これよし》、天保十四年生まれ、明治四十二年没（六十七歳）
四　郎（三男）城次郎のち惟孝、弘化元年生まれ、明治三十八年没（六十二歳）

子を失う心労

某　　（四男）弘化二〜三年の間の生まれ、幼没（年不祥）
小　睦（次女）弘化四〜嘉永元年生まれ、嘉永二年没（二〜三歳）
七　重（三女）のち大槻玄俊の妻、嘉永二年生まれ、明治七年没（二十六歳）
八千代（四女）のち養子緒方拙斎《せっさい》の妻、嘉永四年生まれ、明治四十四年没（六十一歳）。夫の拙斎は九州小倉出身で、豊前国の吉雄玄素《よしおげんそ》の養子となり、吉雄卓爾と言った。十歳のころ親戚になる吉雄竜沢《りゅうたく》に預けられ、成人して安政四年に適塾に入門（入門No.四〇六）、のち洪庵養子となった。
九　重（五女）のち堀内利国の妻、嘉永五年生まれ、明治三十二年没（四十八歳）
十　郎（五男）のち惟直《これなお》、妻マリア・ロゼチ（イタリア人）、嘉永六年生まれ、明治十一年没（二十六歳）
十　重（六女）のち深瀬仲麿《ふかせなかまろ》の妻、安政二年生まれ、明治四年没（十七歳）
収二郎（六男）安政四年生まれ、昭和十七年没（八十六歳）
重三郎（七男）安政五年生まれ、明治十九年没（二十九歳）

このように、天保十一年（一八四〇）から安政五年（一八五八）までの十八年間に十三人の子供が生まれており、年子が少なくとも六人いる。そのうちの四人を幼いうちに失い、あと

八重の心配り

緒方八重（個人蔵）

の子供らが成人に達するまでにも、共にさまざまな心労があったことと思われる。

八重は、夫の洪庵に対してだけでなく、その両親にも心配りを怠らなかった。年末には寒中見舞いとして数の子・棒だら・昆布、年頭の餅料を足守に送るのが恒例であったし、洪庵の父惟因の隠居・病気全快を祝って着物の上に羽織る被布《ひふ》（おくみ深く引合せ、えりを円形に仕立てたもの）を、八十の年賀には御祝として丹前《たんぜん》（衣服の上に覆う、厚く綿を入れた広袖のもの）や賄い料を贈っている。惟因は手紙で、被布は品柄の見計らいの良いこと、丹前は夏の夜具に軽いようにわざわざ仕立てて送ってくれたことを感謝している。また、両親や姉らの来坂をたびたび勧め、天保十四年（一八四三）六月から九月初めまでの間、臨月の身でありながら、何くれとなく世話をした。さらに洪庵の姪たちへも、手まりや雛人形を贈り、足守からの、「花色ちちぶ」（秩父絹）・「白加賀」（加賀絹）・「ちりめんひとえ羽織」・「十徳《じっとく》」（絽《ろ》・紗《しゃ》などで作った外出用衣服）などの着物類の注文には、八重が見立てている。

良好な両家の関係

このような八重であったから、名塩の実家の両親を大切にしていたのは、いうまでもない。そして八重にとって幸せだったのは、夫の実家である佐伯と億川《おくがわ》の両家とが、極めて親密であったことであろう。天保十四年、洪庵の両親と姉とが来坂したとき、帰りには名塩に立寄り、億川家では父の百記と子の大輔とが洪庵の親族たちを有馬温泉でご馳走し、兵庫まで送り、餞別を贈っている。また嘉永五年（一八五二）の暮から、洪庵の母と姉が過書町の家に滞在しており、明けて新年早々八重の母が来て暫く滞在したので、二月中ごろに「家内小児ら残らず天王寺参詣」をしたと洪庵は記している。八重はこのとき、十一歳の平三を頭に、末は二歳の九重まで五人の子連れだったのである。名塩の母は、しばしば大坂へ出てきて、そのころ四郎（十歳）や八千代（二歳）ら子どもを引き取って名塩へ帰り、また大坂へ送ってきたりして、八重の子沢山《こだくさん》の苦労を助けていた。

質素な生活

洪庵と八重の家庭生活は質素なもので、洪庵は上下《かみしも》の必要なときも他人のものを借用していたし、八重は「着物などは十年近く新調したことはなく、また食事の如きは一汁一菜で通し、愛児たちの食事には細心の注意を払ってそれぞれ満足させるように工夫して与えていた」と億川摂三（八重は大叔母にあたる）は記している。

八重は、洪庵の妻としてしっかりと切り盛りをするばかりでなく、嘉永六年

（一八五三）十二月朔日には、先述したとおり、洪庵不在のときに訪問した広瀬旭荘に、桑名藩主および佐久間象山の上書を貸し与えている。これは、洪庵が密かに所持する当時の開鎖論や国防論に関する文書に通じ、相手が親密の旭荘であるとはいえ、夫の留守中にそれらを独断で貸し与えることができたということであり、八重が自己の見識で振るまえる傑物であるということもさることながら、洪庵・八重夫婦の相互信頼が堅かったことを物語っている。

洪庵・八重は、子息の教育にも熱心であった。洪庵の考えでは、二十歳になるまではしっかりと漢籍を修め、蘭語研究の基礎にしなければならないと思っていた。それで、洪庵は嘉永二年、平三が七歳のときから後藤松陰について漢学を学ばせ、やがて安政元年（一八五四）になると、平三（十二歳）に「汝、年二十に至るまでは漢学を修めよ」と訓戒し、四郎（十一歳）とともに、二人を門人渡辺卯三郎（一八三一〜一八八一）のもとにあずけて修業させることにした（「緒方惟準先生一夕話」『医事会報』〈緒方病院医事研究会〉第四七号、一八九二年）。渡辺卯三郎は、嘉永年間に適塾で学び、塾頭をつとめていたが、父の病気で故郷の加賀大聖寺《だいしょうじ》（石川県加賀市）に帰っていた。

そのとき洪庵は、渡辺卯三郎宛ての手紙に「豚児事《とんじ》（平三・四郎）、大兄を唱るには先生とか、又は兄様とか唱えさせ申し度《た》」く、「又大兄の豚児に待するも、始めより其格に成され度く存じ奉り候」（月日不明『緒方洪庵のてがみ』その二、四二頁）と、厳格な教育を丁重に依願しているところに、自分の恩師の子弟（坪井信友ら）をあずかっても特別扱いをしなかった洪庵の人柄と、卯三郎に対する信頼のほどを知ることができる。洪庵は、卯三郎が郷土の経世家・教育者、東方《ひがしかた》芝山《しざん》に私淑して漢詩をよく学ぶとともに、その蘭医学研究の実績にも大いに期待していたのである。

平三らの脱出

ところが、平三らは、卯三郎塾で漢学と和蘭文典とを学ぶこと二年余りにおよんだころ、越前の大野藩では、もと適塾で塾頭を務めた蘭学者の伊藤慎蔵（一八二六～一八八〇）を招いて大野洋学館を開校したという風聞を知り、安政三年の春、無断で大聖寺を抜け出し、深雪を冒して十五里の道を踏破し、大野の洋学館続きにある伊藤慎蔵の住居へ身を寄せてしまったのである。

平三は四郎と相談して、「今や眼を世界の大勢に注ぐとき、独り漢学に凝り、国学に耽《ふけ》るを措《お》き、是非洋学に志さざるべからずとし、之を果すには越前の国大野に赴くに若《し》くはなし」（緒方惟準自伝第三草稿冒頭の朱書付箋）と決心したものであった。

平三らを勘当

「大野洋学館入学人名録」には、平三・四郎は六月三十日の署名・入学となっている（岩治勇一「洪庵二子と大野藩」『医譚』復刊二七号）。しかし、大野藩の留書《とめがき》によると、二人が署名・入学したのと同日の六月三十日に、八重の父、億川百記が大野へ来て、伊藤慎蔵の宅へ逗留の許可願を出している。また同留書によると、慎蔵が三月下旬から大聖寺藩の渡辺卯三郎の父のもとへ蘭学のことで出張し、四月初旬に帰っている。この慎蔵の動きは、確かなことはわからないが、平三・四郎の大野受け入れの下打ち合わせだったかもしれない。平三・四郎の大聖寺脱出のことが同年四月ごろには洪庵の耳に入り、ただちに洪庵が二人を勘当し、学資の支給もせずと言い渡したのではないか。八重は大変心を痛め、名塩の父にこれを話したので、百記が孫可愛さに、七十歳を越える身で百里の遠くまで大野へ出かけたものと思われる。

この平三・四郎の大聖寺出奔事件に関して、洪庵は同年十一月二日付で、かねてから交際のあった大野藩の家老内山七郎右衛門に宛て、「伊藤慎蔵より先月二十四日出の書状が今日到着し、豚児平三が四郎と申合せ、大野へ罷り越したとのこと、若輩の身をもって大胆不敵の至り、不届至極でありますので、即刻慎蔵へ返書し、両人とも勘当申し付けました」と報じている（『緒方洪庵のてがみ』その二、一三頁）。しかしこの手紙の末文には、「今後の事につき慎蔵よりご相談申し上げた際には宜しくお指図を」と頼み、かつ「荊《けい》妻《さい》よりも宜しく」と結んでいるから、勘当の処置を告げるとともに、子息への好意ある配慮を乞う両親の温情が察せられる。平三・四郎が大野洋学館に入学して四ヵ月余りたったこの時期に至って洪庵がはじめて事件を知り、二人を勘当したとは、百記の行動からは到底考えられないであろう。洪庵は安政五年（一八五八）に平三・四郎の勘当を解いている。平三は二年ほど慎蔵の元で厳格な語学の指導を受けたのが、のちの長崎留学の際、大いに役立ったと常に語っていたという（緒方銈次郎「洪庵の書簡二、三に就て」『医譚』第二号）。

八重の教育姿勢

八重の子どもに対する教育について注目されるのは、洪庵の意に従ったとはいえ、平三・四郎を十歳そこそこで親元を離れて遠く雪国の大聖寺や大野に遊学させ、安政六年（一八五九）には平三（十七歳）、文久元年（一八六一）には四郎（十八歳）をそれぞれ長崎に留学させ、その大成を嘱望していることである。

和歌のたしなみ

なお、洪庵夫妻の家庭生活で見逃すことができないのは、共に和歌のたしなみを持ち、それは娘たちにもおよび、一家に和気藹々《わきあいあい》の雰囲気があったことである。

洪庵の和歌への執着は一通りのものではなく、弘化二年（一八四五）には、岡山から来坂（伏見堀）した、大国隆正《たかまさ》の学統を引く萩原広道《ひろみち》（一八一五〜一八六三）を師として、新古今風の和歌を詠み、添削をしてもらっている。また、安政四年（一八五七）には来坂（中之島栴檀《せんだん》木橋《のきばし》）した筑前福岡の歌人大隈言道《ことみち》（一七九八〜一八六八）をも師としていた。自分で歌集風にまとめたものに、「春の巻」「夏の巻」「恋の巻」「詠草」などがあり、その他に和歌を取り入れた作文風の草稿もかなり残っていて、いずれも、やわらかな美しい筆づかいである。嘉永六年（一八五三）の日記「癸丑年中日次之記《きちゅうねんちゅうひなみのき》」を見ても、歌会は自分の家（適塾）

や除痘館《じょとうかん》でも開かれ、九ヵ月半の間に十七回も行なわれている。

洪庵の歌会サークルには、天保末年ごろから安政初年にかけて大坂城在番をつとめ、のち大目付から側衆になった久貝《くがい》因幡守正典《まさのり》以下、萩原広道・真鍋豊平《まなべとよひら》・有賀長隣《あるがちょうりん》・黒澤翁満《おきなまろ》（忍《おし》藩大坂蔵屋敷留守居役、「播磨の家つと」の著者）・熊谷直好《くまがいなおよし》・足代弘訓《あじろひろのり》・六人部秀香《むとべひでか》（是香《よしか》の弟）といった歌人ないし国学者のほか、西垣丈介母子・内藤数馬・大和屋喜兵衛・平瀬市郎兵衛の母・高池清之助といった除痘館事業に関係し、洪庵の活動を経済的に支援していた町人が名を連ねている（上田穣「緒方洪庵をめぐる社交的側面」有坂隆道編『日本洋学史の研究』一二）。

風流人

また洪庵は、時には広道や歌の友達と吉野や嵐山に遊びに行ったり（嘉永四年〈一八五一〉）、あるいは明石・舞子の浜へ中秋の月見に出かけたりしている（安政元年〈一八五四〉）。安政四年（一八五七）五月の望月の夜には、知人らとともに生駒山に郭公《ほととぎす》を聴きに行き、

　夕雲を　もる月みれば　ほとゝぎす　こよひなく音の　ほども知れつゝ

と詠むなど、洪庵は風流人であった（「緒方洪庵歌集」緒方富雄『緒方洪庵伝』所収）。

和歌をたしなむ家風

八重や娘らの和歌は、嘉永六年（一八五三）ごろから洪庵と親交があった千足《ちたる》神社（愛媛県四国中央市土居町）神官の長男で、歌道に長じ一弦琴にも秀でた真鍋豊平が、明治元年に出した歌集『水穂舎年々集　初編』のなかに収められている（菅宗次「緒方洪庵と和歌をめぐ

って―緒方家の人々と和歌―」『適塾』第三三号)。

趣味

洪庵のほかの趣味についてだが、洪庵が安政五年（一八五八）八月に、江戸の布野雲平へ英語の発音を尋ねた手紙の追伸に、「囲碁はときどき有馬《有馬摂蔵》、岩谷《岩谷元良》などを相手に打っているが、一向に上達しないので、このごろは飽きた心持で大層不精になった。お笑い下さい」とあるので、碁は打ったようである。このように洪庵が、かつての碁の良い相手であった布野雲平を想い、今の塾生とのかかわりの一端を報じているところにも和気藹々としていた適塾の様子がわかる。

他にも、真鍋豊平と親しい藤田彦左衛門に宛てた手紙では、「小生江戸歌もあまり天狗になり、いつの間にかやめて、とんと忘れてしまい、モトノモクアミと成りはてました」（『緒方洪庵のてがみ』その五、三〇頁）とあって、一時習っていたことがわかる。それが、江戸で流行った長唄、常磐津、清元などのいずれであったのかはわからないが、これも長続きしなかったらしい。文久二年（一八六二）、江戸行き直前の中国・四国旅行では、道後で暇つぶしのためであろうか、二度も軍談を聞きに出かけている。

酒

さて、洪庵の酒量はどの程度だったのであろうか。嘉永六年の正月四日、除痘館へ初出席のとき、「例の如く盃す。午後酩酊。回勤一、二軒にて休む」と日記に記している。盃を過ごして酩酊し、午後の往診を一、二軒で休んでしまうぐらいだから、酒はたしなんだものの、そう強くはなかったようだ。

このように、洪庵は堅苦しい学者ないし医者一辺倒ではなく、よく世俗に通じ趣味も広かった。医者は衆人の好意を得ることが肝要で、「周《あまね》く俗情に通ぜざるべからず」との「扶氏医戒」を地で行く人であった。洪庵の公的・社会的な面をはなれた私生活に触れすぎたかもしれないが、以下では「蘭医学者」「医者」としての姿を見ていきたい。

第五　蘭医学書の翻訳と洪庵

一　洪庵「適適斎」と号す

号

洪庵は「公裁《こうさい》」「華陰《かいん》」「適適斎《てきてきさい》」などと号したことが知られている。「公裁」は、早く天保五、六年（一八三四、三五）に見え、「華陰」は弘化四年（一八四七）ごろに用い始めている。そして、洪庵の学塾の名でもある「適適斎」は、大坂開業のころより用いられ始めたようである。

緒方富雄説

この「適々斎」の「適々」の出典については、緒方富雄が戦前の『緒方洪庵伝』初版（一九四二年）で、他から教示を受けたとして、『荘子』の大宗師《だいそうし》篇の、

狐不偕《こふかい》、務光《むこう》、伯夷《はくい》、叔斉《しゆくせい》、箕子《きし》、胥余《しよよ》、紀他《きた》、申徒狄《しんとてき》のごとき、是れ人の役《つとめ》を役とし、人の適を適として、自らその適を適とせざるものなり（原漢文）

に由来し、いわゆる伯夷・叔斉のような生き方をとらず、「自分のこころに適するところを適として楽しむ」という意味であると紹介されてきた。

生長武家辭武入文初從
漢學辭漢入蘭〻書難讀
勤苦忘食東西追師奥秘
獨得試之醫術壮歳成名
投劑起痾授業育英今饒
四十繪此肖像我以自鑑
人自瞻仰
嘉永三年庚戌正陽月

緒方洪庵肖像（大阪大学適塾記念センター所蔵）

ところが、この通説に蔵内数太が異を唱えた（「緒方洪庵と適適塾」蔵内数太著作集編集委員会編『蔵内数太著作集』第五巻、関西学院大学生活協同組合出版会、一九八四年）。蔵内説によると、『荘子』の大宗師篇は、徹底的な運命随順の思想（森三樹三郎『老子・荘子』講談社学術文庫、講談社、一九九四年）を述べたものであるという。周の武王が殷の紂《ちゅう》王を討つことに抗議した伯夷・叔斉兄弟は、周の粟を食《は》むのを潔しとせず、首陽山で餓死したが、蔵内によれば、荘子はその清潔一方の生き方を、与えられた倫理規準に己を役するもので自己の適に適する者でない、と批判している。そのような生き方は、洪庵の精神と調和しがたいものがあり、したがって、これが「適々斎」の出典であるという見解はとらない、と蔵内はいう。

洪庵は「武を辞して文に入り」「漢を辞して蘭に入る」（篠崎小竹《しのざきしょうちく》の洪庵四十歳肖像画題詞、原漢文）と言われているように、当時としては一般的なコースだが、儒学的な修養を経て西洋科学の習得の道に入ったので、『荘子』を読んでいたかもしれない。しかし、「その適を適とす」だけの言葉であれば、洪庵の場合にはもっとふさわしい出典がある。それは、江戸前期に朱子学の基礎を築いた林羅山《はやしらざん》（号道春《どうしゅん》）の編著で、時代を追ってかなり普及した『童観鈔《どうかんしょう》』である。その中に唐宋八家の一人、曾子固《そうしこ》の、

耳目に得ると之を心に得る者と、寓する所の楽《たのしみ》殊《こと》なること有りと雖《いえど》も、而《しか》も亦《また》各《おのおの》其適《そのてき》を適《てき》す也（原漢文）

がある。この文に洪庵が惹きつけられ、また羅山がその文を「耳にきき目にみて、楽みあると、其心にをのずから楽むところと、不同あれども、耳目にかなうと、心にかなうと、同く通ずるをよしとす」と説明しているのに示唆されたものではないか、と蔵内数太はいう。

従来の荘子由来説は、洪庵の思想よりも、「適適」の文字が見える漢和辞典の引用に簡単に依拠した色合いが濃く、たとえ洪庵が大宗師篇を読んだとしても、伯夷・叔斉の

福澤の読む「適々」

福澤諭吉七言絶句（大阪大学附属図書館所蔵、大阪大学適塾記念センター提供）

生き方を退けている荘子の言葉を、反面教師としてみずからの号にしたとは思われない。その点から蔵内説は極めて穏当と言えよう。

しかし、洪庵自身は何も語っていないし、書き記してもいない。洪庵に親炙《しんしゃ》していた福澤諭吉は明治二十八年（一八九五）ころ、みずからの還暦にあたり、洪庵の「適々」を読んで、師の在りし日の生き方、人柄を偲び、併せて自身も回顧した詩を遺している。それは、適塾の玄関を上がってすぐの床の間にかかる、次の諭吉自筆の「適々」の書軸で

ある（鈴木元造寄贈・箱書「鎌田栄吉自題　三十谷人福澤諭吉先生草書七絶三行」）。

適々豈唯《てきてきあにただ》風月耳《のみ》ならんや　渺茫《びょうぼう》たる塵界《じんかい》自《おのずか》ら天真　世情説《と》くを休《や》めよ意の如くならずと　無意《むい》の人は乃《すなわ》ち如意《によい》の人（原漢文）

大意は、「自分の心にかなうところを楽しむ生活、それは何も、自然の風月を楽しむだけのものではない。むしろ広くて見定めがたい俗世間に、天の理にかなった真実があるというものだ。世の中が自分の思い通りにならなくても、何も不満をこぼすことはないではないか。ことさらたくらむことなく、真実に生きる人こそ、自分の思いを達する人なのだ」というあたりであろう。

書軸の表す精神

この書軸は、諭吉自身の人生への思いを示すだけでなく、師洪庵の「適々」の生き方が俗世間から逃避して「悠々自適」することでなく、俗世間の中を他より束縛されず、みずからの心に適《かな》うところのものを堅持して強く生きぬくことにあるととらえた、「適塾」の精神を表した貴重な遺品であるといえよう。

二　洪庵の学問的業績

1　第一著作『病学通論』

三つの主著

大坂開塾後の洪庵の主要著書は、刊行順に『病学通論』『虎狼痢《ころり》治準』『扶氏経験遺訓』の三編で、日本医学史上の不朽の業績である。

宇田川榛斎の遺命

すでに述べたように、『病学通論』は天保五年（一八三四）以来の宿題で、洪庵が大坂に開業後に、宇田川玄真《げんしん》（榛斎《しんさい》）の遺稿に三度の推敲を重ねたものである。最初の推敲後にまとめたのが「遠西医鑑病機編」（二巻）で、その次にさらに補稿したのが「遠西原病約論」（四巻）、最後の『病学通論』は、「足守　緒方章公裁　訳述」と記しているとおり、遺稿を全面的に改作したことが考えられる。

脱稿までの苦労

洪庵みずから『病学通論』の題言の中で、玄真の遺稿とその原書を検討するかたわら、ハルトマン（ドイツ）の病学書、リセランド（フランス）・ブリュメンバッハ（ドイツ）・ローゼ（ドイツ）の人身窮理書、スプレンゲル（ドイツ）の治法総説などの書、さらに舎密《せいみ》術（化学）・窮理学（物理）・内外科の群籍を参考にして遺稿を刪定《さんてい》補正し、ようやく脱稿することができたことを記している。この題言の中に、洪庵は次のように自分の用いたオランダ語の発音表記方法を特記する。

編中原名の仮字に半濁の記号を副へたる　カ゜キ゜ク゜ケ゜コ゜　は　ガギグゲゴ　の喉より出る者にして　ハヒフヘホ　に近似せる音なり

中天游《なかてんゆう》塾時代に、志筑忠雄《しづきただお》（中野柳圃《りゅうほ》）の「暦象新書」を学んでいた洪庵は、同じく志筑の著した「西音発微《せいおんはつび》」も研究していたものと察せられる。また、洪庵の和歌の師である萩原広道《ひろみち》も、中天游から蘭書の翻訳本を見せてもらい、弘化二年（一八四五）に「西戎音訳字論　全」（名古屋大学附属図書館所蔵）を著している。洪庵と萩原広道は、他国の音を訳するのに便利な日本の仮名《かな》につき、互いに論じあったと思われる。

坪井信道の校閲

ところで、洪庵は大坂開業後三年目にあたる天保十二年（一八四一）九月ごろには、『病学通論』の原稿と『扶氏経験遺訓』草稿とを、師の坪井信道《しんどう》のもとに送って校閲をうけ始めている（青木一郎編『坪井信道詩文及書翰集』第二部、一九二頁）。そして三年後の弘化元年（一八四四）十二月、信道も洪庵に宛てて、

シーキテキユンデ《（病学）》は御校正の由、御多忙中感心仕《つかまつ》り候。篤《とく》と拝見仕るべく、相楽しみ罷《まか》り在り候。卒業次第返璧仕るべく候（同前、二三四頁）

と記して、愛弟子洪庵の仕事の進捗を楽しみながら目を通し、助言している。翌弘化二

年五月には、信道は自分以外に、優れた門人の黒川良安・川本幸民（幸民の妻は信道夫人の妹）にも洪庵の『病学通論』の原稿に目を通させて、三人の意見を洪庵に書き送り、参考に供している（同前、二三九〜二四〇頁）。

出版までの苦労

このようにして出版の準備は進んでいたが、必ずしも出版に到るまで順調であったわけではない。それは、漢方を基本とする医学館の圧迫により、天保十三年（一八四二）七月から、蘭書翻訳の医書は必ず医学館で検閲されることになったが、検閲はなかなか済まず、発行できない状況に陥っていたためである。それから三年後の弘化二年（一八四五）七月の老中の達《たつし》によって、蘭訳医書は医学館に関係なく、天文台の検閲のみで出版できる、と信道から洪庵へ報じられた。

十五年越しの出版

この吉報を得て、洪庵は弘化四年（一八四七）正月に「足守侍医緒方章」の名で「自序」記し、翌弘化五年（一八四八）二月には、坪井信道が「病学通論序」を寄せた。同年二月二十八日に嘉永と改元され、三月に宇田川瀛《えい》（興斎《こうさい》）が、玄真の養子にあたる宇田川榕庵《ようあん》の養子として、祖父玄真と洪庵との関係を回顧しつつ、上梓を讃え、「病学通論序」を寄せている。こうして嘉永二年（一八四九）の四月に江戸の須原屋から出版された。玄真の遺命から十五年目のことであった。

未刊の事情

この書は、現在でいう「病理学総論」というべきものである。第一巻には全十二巻の総目次が出ているが、第四巻以下は出版されず未刊である。洪庵はこの未刊事情を説明していないが、このころ洪庵は、すでに最新のフーフェランド内科書のオランダ語訳を翻訳しているから、フーフェランドの学説がすべて臨床の経験より生まれているのに感動し、『扶氏経験遺訓』の脱稿・刊行に全精力を傾注するようになったためではなかろうか。

『病学通論』は未完成ともいえるが、公刊されたことにより、当時の医学界は初めて日本語で書かれた病理学書を得て、その編集を伝聞した世人からの期待も大きく、たちまち数版を重ねることになった。

第一巻の生機論は、当時広く流布していた生力学説の立場をとるものであった（文政十三年〈一八三〇〉ごろ岡研介の「生機論」ができている。『天理図書館善本叢書 和書之部 第八〇 洋学者稿本集』所収、天理大学出版部、一九八六年参照）。今日の学説的には細胞生理学以前のもので、もはや骨董的なものにとどまる。しかし、歴史的に見るとき、当時医学界共通の理論に基づいて学問体系を打ち立てた洪庵の業績は、高く評価すべきである。洪庵は、たんなる西洋医学者の学説の紹介にとどまらず、随所にみずからの実験に徴してその学説を批判している。

第二巻では、疾病《しっぺい》を健康の反対側にあるものとして挙げ、疾病の生じる原因である

「抗抵（抵抗）」―刺激に対して生力を発動するもの―に関する説明が精緻となっている。そして、生力の種々の力を説明し、刺衝物（刺激を与えるもの）の力から起こる「抗抵（抵抗）」の病気を十九則にわたって具体的に列挙する。

第三巻では、主として疾病の区別を論じる。たとえば急病と慢病（慢性病）、初期から進期、極期を経て退期にいたること、遺伝病、先天病、後天病についてである。治癒の項には、自然治癒の力を大きく認めている。

なお、師の坪井信道が寄せた序文は次のようなものである。

この書出《い》づるや、天下の学者をして、西医の道は本末かねそなえ、費隠ともにつくし、実に済生《さいせい》、躋寿《せいじゅ》の学にして、決して奇を衒《てら》い新を競《きそ》うの流れにあらざるを知らしむべし。公裁（緒方洪庵）の師志を継述するは、榛斎（宇田川榛斎）先生をして死してなお生ける者ならしむ。その功また偉ならずや。……この編一《ひと》たび出づれば、学ぶ者必ず将《まさ》に糧《かて》をつつみ笈《きゅう》を負《お》いて、その門に蟻集《ぎしゅう》せん……（原漢文）

右の「西医の道」以下の文は、西洋医学の本質をとらえ、同時に洪庵の志す医学の本領を明らかにした名文で、洪庵の門出を祝福する師の深い愛情が滲み出ている。この『病学通論』は、坪井信良《しんりょう》（信道の養子）の助力のもと、「嘉永二年己酉初夏（四月）新彫」として江戸須原屋から出版されたが、信道は半年前にすでに没しており、洪庵は長年にわたって指導・校閲を受け、序文を寄せてもらった恩師と喜びを分かちあうことはできなかった。

2　第二著作『虎狼痢治準』

コレラ大流行

安政五年（一八五八）の七月、長崎に入港したアメリカの軍艦ミシシッピー（Mississippi）号乗組員が感染源となって、中国から日本にコレラが持ち込まれ、九州・四国・近畿から江戸にまで及ぶコレラの大流行となった。当時、長崎の医学伝習所にオランダから来日していた蘭医ポンペ（Pompe）の意見に従い、長崎奉行はコレラ予防法を布告して防疫につとめた。この治療法は、ドイツ人ウンデルリッヒ（C. A. Wunderlich, 一八一五〜一八八八）のコレラ治療法を、ポンペが助手の松本良順《りょうじゅん》に口授して訳させたものであった。

現場の混乱

「三日コロリ」と恐れられたこの病気が、コレラ菌の感染によって起こるとは、当時は知る由もなく、大坂では八月中旬ごろより大流行し、多くの死人が出た。この悪病に対処するには、ポンペの口授と、洪庵が重訳した『扶氏経験遺訓』のなかのコレラの章との二説しかなかったが、その間には大きな違いがあり、医者はどちらを頼って治療してよいか、わからなかった。

対処と出版

洪庵はこの状況を憂い、急いで対処法を示したいと考えたが、すでに入手していたポンペの口授には、病気の時期を考えずにキニーネや阿片の使用を示していることに異論があった。そのため、急遽手許にあった三人のドイツ人、モスト（G. F. Most, 一七九四～一八三二）、カンスタット（K. F. Canstatt, 一八〇七～一八五〇）、コンラジ（J. W. H. Conradi, 一七八〇～一八六一）の三著書の蘭訳本からコレラの項を抄訳・紹介し、安政五年九月上旬に「百部絶板不許売買」として『虎狼痢《ころうり》治準』を出版した。

この執筆・刊行は、洪庵が「コロリ」発生以来、「最早《もはや》六十日来実に昼夜寸暇無く唯《ただ》病用にのみ奔走、殆《ほとん》ど弱り入り申し候」（洪庵の池上謙策宛て書簡、『緒方洪庵のてがみ』その二、一二一頁）と記している状況下になされたもので、洪庵の医師としての強い使命感と懸命な医療活動の実際が汲み取れる。

松本良順の抗議

ところが十一月に、松本良順からポンペ批判の部分について抗議がきた。そこで洪庵は同年十二月、良順から送られてきたウンデルリッヒの一八四九年の抄訳とともに、刊行の経緯と良順の手紙を初版の末尾に追加した（日蘭学会編『洋学史事典』「虎狼痢治準」項目〈宗田一執筆〉、追加本は緒方富雄・藤野恒三郎・中島健蔵共著『日本細菌学外史―その三つの断面―』私家版、一九七五年、一三〇～一三二頁参照）。

武谷椋亭の咎め

またこれより先、福岡の武谷《たけや》椋亭《りょうてい》が、洪庵が「虎狼痢」の文字を俗称のコロリに当てたのを咎めてきたが、洪庵は鷹揚に、初版冒頭の「虎狼痢」の読みの「コロリ」を

「コロウリ」と訂正している（宗田一「虎狼痢治準」『洋学史事典』）。もともと初版冒頭には、

> 邦俗之《これ》を「コロリ」と謂う。其《その》名鄙陋《ひろう》なりと雖《いえ》ども、其恐るべきこと実に虎狼の如し。故に今其名を取て虎狼の字を用う。通暁し易きに取るのみ

としていたもので、平易を好む洪庵らしさがあったというべきであろう。なお、洪庵は家塾用のコレラの治療法を簡潔にまとめた「家塾虎狼痢治則」の中で、中国の医書『万病回春』のなかに、湿霍乱を虎狼病と称する例があることを記している（梅溪昇「緒方洪庵の『家塾虎狼痢治則』について」『適塾』第四一号）。

予防医学の先駆

この『虎狼痢治準』初版の完成は安政五年九月六日のことで、その日、洪庵は、岡山の旧門下生の久岡東作宛の書簡に、「このたび倉敷で開業の石坂堅操（のち岡山藩医学館教授）に大急ぎで書物を差し出したいが、幸便がないので藩の御用船で送る。到着次第即日、賃金先払いで倉敷へまわしてほしい。大坂は先月中旬よりコロリが大流行し、死人も多く恐ろしい次第で、そのため、このたび大急ぎで『虎狼痢治準』を著した。貴方には不用の品であろうが（東作は医業をやめていたらしい）三部差し出しておく。万一貴地にも流行すれば、医家へ分配してほしい（価は一朱ずつ）。もし入用の人があれば、申し出てほしい。万一流行したならば諸氏のために役立つと存じてのことです」としたためて、予防医学の先駆を果たしている（『緒方洪庵のてがみ』その五、一二～一三頁）。

臨床医として

さらに洪庵は、前述の追加本を出した以後も、みずからの臨床経験の成果を、武谷椋亭、笠原良策、藤野昇八郎などに手紙で報じている。洪庵が、福井坂井郡尼原の藤野昇八郎（弘化三年に適塾入門）に宛てた万延元年（一八六〇）五月二十九日付のものには、

昨年はきな塩頻《しき》りに試申し候処、実に奇効これ在り候、厥冷《けつれい》期の初頭に当て多量に用るを佳とす。併《あわせて》治準追加に出したる分量は日本人には過度なり。試るに十二氏《ゲレン》を四度に用うる位、日本人には適当と考られ申し候。総て治疫の要唯《ただ》前徴期にあり。初めに吐剤を用い、次てドーヘルス類《（ドーフル散）》の鎮止剤を用い、発表剤を処するにあり。大抵是にて預防足り申し候

とある（『緒方洪庵のてがみ』その二、一六六～一六七頁）。「コロリ」発生以来、一両年にわたる臨床経験の結果を披瀝しており、洪庵がたんなる研究室内の蘭医学者ではなく、同時に優れた臨床医であったことを物語っている。

3　第三著作『扶氏経験遺訓』

不朽の労作

『扶氏経験遺訓』は、洪庵の最大かつ不朽の労作である。原書は、ドイツの名医でベルリン大学教授のフーフェランド（C. W. Hufeland, 一七六二～一八三六）が、五十年にわたる自己の経験を集大成した内科書『エンキリディオン・メディクム』（*Enchiridion Medicum*　医学

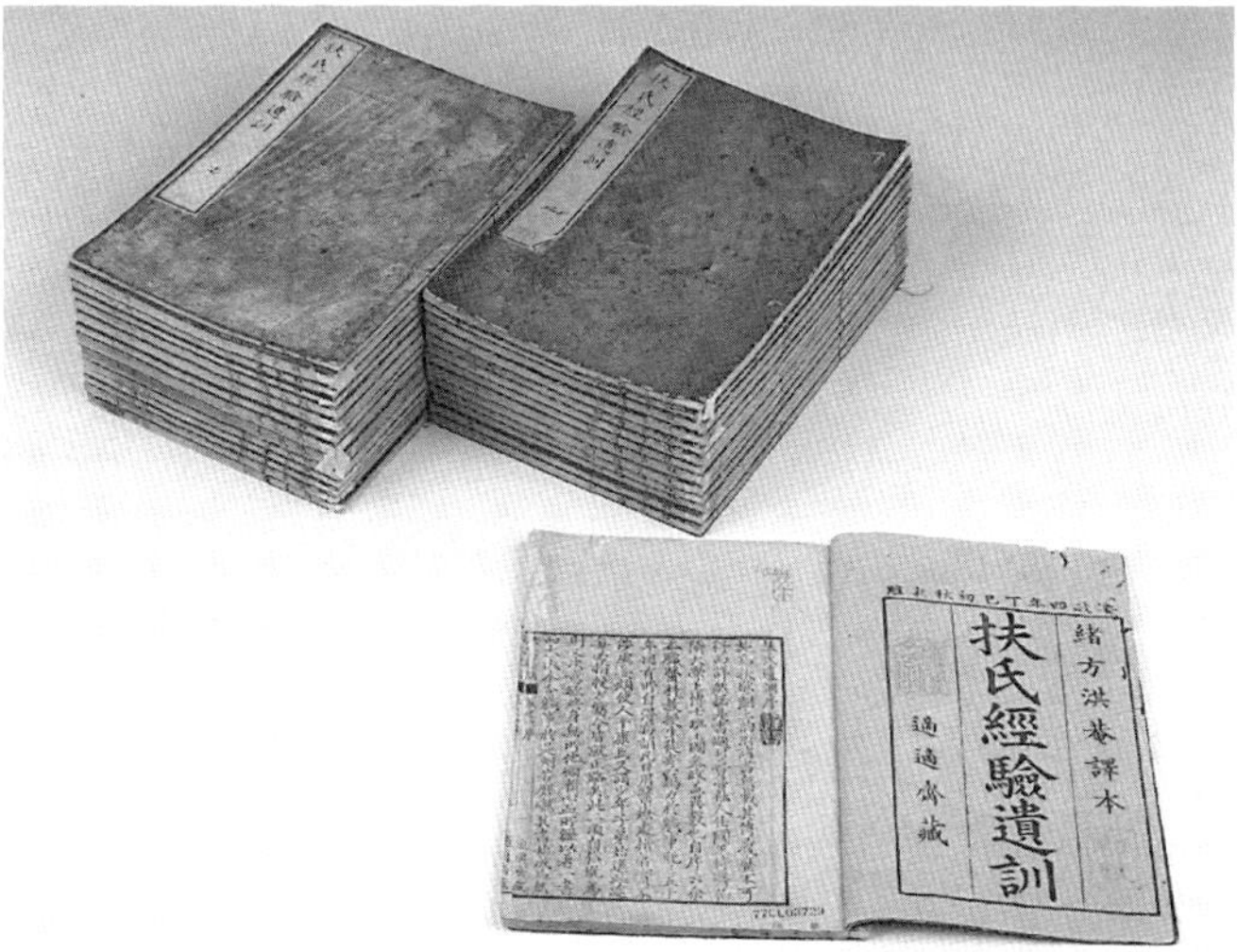

『扶氏経験遺訓』全30巻
（大阪大学附属図書館所蔵，大阪大学適塾記念センター提供）

必携）である。その第二版（一八三六年出版）を、オランダのハーヘマン二世（H. H. Hageman, Jr.）がオランダ語訳し、一八三八年に出版された。この蘭訳本（上・下二巻）は間もなく日本に伝わり、蘭学者の間で非常な評判となった。洪庵もこの本を熟読して感激し、翻訳に着手した事情を「天保十三年（一八四二）壬寅夏五月」の凡例に記している。

　凡例にはフーフェランドの原著の内容が示されているが、洪庵が訳し始めたのは、その中の治療編論（「各病治法ノ篇」）だけで、この治療編論の訳業については天保十三年（一八四二）ころには終わっていたようである。

二十年の訳業

しかし出版は、原著の残余の諸編の取扱いや『病学通論』の刊行によって遅れることとなり、安政四年（一八五七）の暮に、最初の三巻と『薬方編』（二巻）ができ、翌安政五年に発売された。

『扶氏経験遺訓』は、フーフェランドの原著（蘭訳本二冊、全九二六頁）のうち、本論の治療編（八七～七三八頁）と薬処方編（七三九～七九四頁）、合わせて約七〇〇頁を訳出して、本編二十五巻二十五冊、薬方編二巻（上・下）二冊とし、さらに、附録三巻（上・中・下）三冊を加えて、全三十冊（総計九七八丁）となった。これを安政四年十二月より文久元年（一八六一）十一月まで、あしかけ五年がかりで出版した。全部の出版が完了した文久元年までおよそ二十年を要した訳業であった。刊行は江戸で行なわれ、洪庵門下生であった箕《み》作《つくり》秋坪《しゅうへい》が終始世話をした。その関係で洪庵は、秋坪の養父箕作虔儒《けんじゅ》（阮甫《げんぽ》）に「扶氏遺訓序」（安政四年丁巳《ひのとみ》七月）を依頼している（緒方富雄「緒方洪庵『扶氏経験遺訓』の出版―その成立と経過―」『蘭学のころ』）。

信道の勧め

ところで、先に触れたように洪庵は、天保十二年九月には坪井信道に、『病学通論』の原稿と『扶氏経験遺訓』（「扶氏治療書」）の草稿の校閲を乞うていた（青木一郎『坪井信道詩文及書翰集』第二部、一九二頁）。その後の二、三年については往復書簡がないため不明ながら、弘化二年（一八四五）五月には、信道は洪庵へ書を送り、「フーフェランドの「三大薬論」

(De drie Hoofdmiddelen der Geneeskunde) は、プラクテーキ《実地》家の著した大有益な書物のため、急々訳出してほしい」と勧めている（青木一郎編『坪井信道詩文及書翰集』第二部、一二三七〜一二三八頁）。

杉田成卿とのかねあい

しかし、洪庵自身はこの「三大薬論」の部を訳出しなかった。これには伊東玄朴や、信道門下の杉田成卿《すぎたせいけい》（一八一七〜一八五九）と、なんらかの関係があったらしい（前出、緒方富雄「緒方洪庵『扶氏経験遺訓』の出版」）。結局、杉田成卿が嘉永二年（一八四九）に、この「三大薬論」（上・中・下三巻）と「医戒」一巻とをセットにし、『済生三方《さいせいさんぽう》医戒附刻』として公刊した（C・W・フーヘランド著・杉田成卿訳・杉本つとむ解説『医戒―幕末の西欧医学思想―』社会思想社、一九七二年）。

二十年という長期にわたる洪庵の苦心は、洪庵が秋坪に宛てた七十通余りの書簡や、緒方富雄『緒方洪庵のてがみ』その一に収載された、洪庵が二、三の門下生に出した手紙から知ることができる。

目次大容

『扶氏経験遺訓』の本編目次の大容を挙げると、（1）急性熱病、（2）慢性熱病、（3）焮衝《きんしょう》病（炎症）、（4）僂麻質《リユーマチス》病、（5）胃腸病、（6）神経病、（7）消削《しょうさく》病（衰弱）、（8）気水集積病（水腫・気脹）、（9）過泄《かせつ》病（失血・脱液）、（10）閉塞病（便秘・尿閉）、（11）皮膚病、（12）液質変性病（蒼身・壊血）、（13）器質変性病（虫病・結石）、（14）婦人病、（15）

小児病、と分類している。それぞれの病について、徴候・原由・治法の大切な点を示し、すべて実験を経たものを選び、目新しい薬方で未試用のものは採用していない。熱病を重視し、人体機能の障害やその顕症により疾病を系統的に分類しているのが特色である。また、薬方編には、原著にある総計二七三の処方を訳出し、西洋医学の新しい成果に従って人体の器官・病名・病証などの名称を多く新製し、旧名称を改めている。

医学発展への寄与

洪庵が、ほぼ時期を同じくして『病学通論』『扶氏経験遺訓』の両書を出版して、理論と実際の経験との交互作用における医学の発展を志し、学説の確立を明示しようとした歴史的意義は大きい。洪庵は、附録の巻一に一〇七の薬品の製法、巻二に各種の西洋最新の方術を広く紹介した。そして巻三に胃腸軟化・胃腸膜穿開・インハルクト（腹内壅積）の病証をまとめ、「本編を読む者の参照乃至《ないし》検証に供し、又未詳を未詳と明記して後考に俟《ま》つ」としている。また、巻二の中の「聴管」に続く「百爾屈失《ペルキユシー》」（打診法）・「豪斯鳩爾答質《アウスキユルタチー》」（聴診）の解説には、

本編載る所に非ずと雖ども、近世彼邦《かのくに》専ら称用する所の診法なるが故に、謨氏《（モスト氏）》の説を抄訳して茲《ここ》に之を贅す《（付す）》

と記している。これは、洪庵が初めて武谷椋亭の所持していた聴管（聴診器）を見てからモストの著書などを調べた結果で、洪庵の最新の医学をめざす旺盛な学究心がくみとれ

る。この附録は、洪庵がフーフェランドの原著を中心に広く研究を試みた副産物であり、当時の医学界に極めて有益な著述であったといえよう。

さらに、特記しておきたいのは、『扶氏経験遺訓』巻十八第十一編皮膚病の変痘の部に訳者の洪庵が、原著と異なる変痘瘡説として、門人渡辺卯三郎（加賀大聖寺藩）のカンスタットの論説訳文を「蛇足」と断りながらも、十四丁にわたって採録していることである。洪庵なればこそ成しえた快挙といえよう。

届かなかった草稿

また、坪井信道から勧めのあったフーフェランドの「三大薬論」の訳について、洪庵は久留米出身の門下生・中島泰民に「済世三方」の草稿があることをかねてより知っていたため、安政六年五月、箕作秋坪とも打ち合わせ、それを取り寄せて遺訓附録に収めようとしたが、中嶋泰民の病によるものか、ついに草稿が届かず断念した（洪庵の秋坪宛て書簡五四・五八、『緒方洪庵のてがみ』その一、二九〇・三〇七頁）。

公刊の協力者

洪庵は『扶氏経験遺訓』公刊にあたり、本編・薬方編の各巻冒頭に、

足守　緒方章公裁
　　義弟郁子文　同訳
西肥　大庭悳景徳　参校

と協力者を明記している。「義弟郁子文」とは、緒方郁蔵（一八一四〜一八七一）のことで

ある。本姓は大戸《おおど》、名は惟嵩《これたか》、字は子文、通称を郁蔵といい、研堂・独笑軒とも号した。郁蔵は、洪庵と同国の備中簗瀬（岡山県井原市）に生まれ、洪庵より四歳年下である。郷土の医師山鳴大年《やまなりだいねん》（山鳴弘斎の養父）に学び、その援助で江戸に出て、漢籍を昌谷精谿《さかやせいけい》に、次いで蘭学を坪井信道に学び、坪井塾での洪庵の後輩になった。洪庵の大坂開業を知り上坂し、入門した。学業に励み、洪庵に見込まれて義弟として緒方を名乗り、門生の教導と医業の補助にあたった。その間に、『扶氏経験遺訓』の完成に、漢学・蘭学の両面から洪庵に協力したと思われる。また、世評も高く、仙台藩の漢学者岡千仭《せんじん》が文久元年（一八六一）四月四日、適塾に洪庵を訪問したときの感懐にも、『扶氏経験遺訓』の成立における緒方郁蔵の協力が高く評価されている（岡千仭『在臆話記』第二集巻十二、森銑三他編『随筆百花宴』第一巻、三三二頁、中央公論社、一九八〇年）。

また、「大庭忞景徳」とは、中天游塾での同窓の大庭雪斎《おおばせっさい》のことで、諱《いみな》は景徳、通称は忞《つとむ》といい、佐賀藩士の家の生まれであった。「参校」とは、照合し考察することである。洪庵も安政三年（一八五六）六月、雪斎の著書『訳和蘭文語』後編（安政四年）に、長文の題言を呈し、その中で、

西肥雪斎大庭氏は予の同窓の友也。強仕《きょうし》（四十歳）に近くして憤然として志を起し、始めて西籍を読む。下問を恥じず、千里を遠しとせず、予の門に来遊し焦思苦心、

裘褐《きゆうかつ》未だ換えずして、その学大成す（原漢文）

と述べ、四十歳（「強仕」）近くになって洪庵に学び、一年も経ないうちに（「裘褐未だ換えず」）大成した雪斎への信頼のほどを知ることができる。このような間柄から、洪庵が『扶氏経験遺訓』刊行にあたって、参校を依頼し、その労を多としたことがわかる。

業績研究の余地

以上、洪庵の蘭医学者としての主要な業績を通観してきたが、日本でもその総括ないし医学史的意義について従来の研究も決して十分ではなく、また外国における洪庵の業績に関する研究は皆無に等しい。このため、ライデン大学図書館に文久二年（一八六二）以来今日にいたるまで一五〇年にわたり丁重に収蔵されてきている洪庵の主著『扶氏経験遺訓』の由来、特に、箕作秋坪がどんな理由ないし心情で大学総長に贈呈したかを示す史料を紹介しておきたい。

4　ライデン大学収蔵『扶氏経験遺訓』の存在意義

ツワンの発表

オランダ人ツワン（J. P. Kleiweg Zwaan de）が、大正六年（一九一七）刊行の著書『中国・日本の医学の発展と歴史』（*Völkerkundliches und Geschichtliches über die Heilkunde der Chinesen und Japaner*）に、幕府の遣欧使節の医師兼通訳者として、箕作《みつくり》秋坪《しゅうへい》が文久二年（一八六二）にオランダを訪問して、緒方洪庵の訳著『扶氏経験遺訓』をライデン大学総長に贈呈したことを記述している。それを筆者が知ったのは昭和二十八年（一九五三）のことで、大阪大学微生物病研究所の藤野恒三郎教授（祖父の藤野升八郎は早い時期の洪庵門下生であった）より、日本の多くの版画を入れたツワンの大著の記述箇所（四九九頁五行目）を見せていただいたことによるものであった。

おそらく欧米の学界に緒方洪庵の名をはじめて広く紹介したのは、このツワンの著書であろう。しかしこのライデンにある洪庵の著訳書について、その全貌がくわしく報告されたのは、秋坪の贈呈より一〇〇年余り後の昭和四十四年（一九六九）九月のことである。それは、ライデン大学日本研究センターと蘭学資料研究会の共催で、「日蘭交渉史に関するシンポジウム」が開かれた際、同大学収蔵の洪庵の著訳書を初めて手にされて感慨無量であった曾孫の緒方富雄氏（蘭学資料研究会会長）が記された「一八六二年ライデン大学総長に贈呈された緒方洪庵訳〝扶氏経験遺訓〟」（『週刊医学のあゆみ』第七一巻第一一号、一九六九年）にくわしい。このライデン大学収蔵の『扶氏経験遺訓』は、薄葉刷を三冊に綴じたもので、六センチばかりの厚さの帙《ちつ》に収めてある。各冊の表紙の題箋《だいせん》は、「扶氏経験遺訓　自一至十一」「扶氏経験遺訓　自十二至廿」「扶氏経験遺訓　自廿一至廿五・薬方附録」である。帙の内面には、同大学の日本学の教授ホフマン（J. Hoffmann）による、この洪庵著訳書の解説と箕作秋坪の贈物である旨の手書きの蘭文紙面が貼られている。

贈呈時期

箕作秋坪が総長に贈呈したのがいつかということは、「（一八六二年）九月十九日―フーフェランドの日本語訳提供の日付第一六号文書（Doc. XVI）」（ライデン大学図書館文書）より判明する。同文書には、日本通のホフマン教授が、学長から処理を依託されて、「七月十一日付の学長宛て書信を拝読しました。そこには、日本帝国使節団に随行し、つい先ごろ当館を訪問したドクトル箕作秋坪が当館アカデミアについて大いに敬服し、フーフェランドの高著の日本語訳を恵贈する旨が記されています。学長は早速書面に返事致し、寄贈書は極めて貴重なものなので、アカデミアの図書館に収蔵すべく会議で決定の旨を伝えました。（以上は、ラテン文）」と報告した記事につづき、ライデン大学学長P・L・ライケ教授に宛てた箕作秋坪の日本文書簡の内容をオランダ文にした次の記録がある。

日本文書簡の内容

恭しく捧呈します。すでに長い間、日本ではオランダ語を知り、若い時から星学（天文学）・地理学・歴史・算術・化学・医学や、その他の総ての諸科学の認識を益々増大・所有してきました。それは、人びとがオランダ書を読み、そして翻訳してきたことによるものです。

また、私の父箕作阮甫も、医学・地理・歴史・その他多くの書物を読み、かつそれらを翻訳・出版し、多くの日本人にオランダ語を教えました。

この手紙を添えた本書《『扶氏経験遺訓』》は、私の師緒方洪庵がベルリンの偉大なフーフェランドの医学書の翻訳を完成させたものです。私は、この本を、日本の医学者たちが、ヨーロッパの方法で綿密に研究し、かつ入念に努力した証拠として、衷心少しも利益を考えず、オランダ人の前に大いに敬意を表して捧呈いたします。幸いに大学がこの本を受け入れて下されば幸甚の至りです。

今、オランダを訪問して親しくライデン大学を拝見したことは最高の喜びです。私はこの短い手紙を閣下に捧げ、私の感謝の意を表します。

P・L・ライケ教授へ

箕作秋坪（署名）

日本の文久二年六月十五日ヘーグにて

西暦一八六二年七月十一日

（以上蘭文）

贈呈文の意味

この記録より、秋坪の学長への贈呈は、一八六二年七月十一日とすべきであり、図書原簿上の受け入れは一八六二年十二月である。

この秋坪の贈呈文の意味するところに深いものがある。オランダより遠く離れた日本で、長期にわたって蘭学の研究が展開し、西欧の各方面の諸科学の認識を進め、増大してきたとし、その一例に父阮甫の業績をあげ、恩師緒方洪庵の著訳書であるこの贈呈本は、日本の医学者が西欧的な研究方法で綿密・入念に研究した業績で、日本における蘭医学研究が発展した証拠である、としている。蘭学の母国であるオランダの学恩を謝しつつ、その最高学府に提出したもので、秋坪みずからの蘭学者としての信念・自負を文中に看取することができる。この秋坪の贈呈文が今日、ホフマン関係史料中に見いだすことができないのは残念である。

秋坪の内意

秋坪は、洪庵のこの著訳書の成立や刊行に長年にわたって関与し、その内容に最も精通し、西欧医学者の業績にも通じていたため、おのずとこうした文面になったのであろう。ここに示されている秋坪の信念・自負と、緒方洪庵の先進国に遜色なき不朽の業績とは、ともに、日蘭文化交渉史上において地位を確立した点において、忘れることのできないものといえよう。そこには、そもそも学問に国境無く、いずれの国の学者であっても互いに切磋琢磨し、〝道のため〟〝人のため〟、研鑽に努めた人物として我が師洪庵も世界に推奨するに足る、との内意が秋坪に働いていたともいえよう。

秋坪の相談

この贈呈本を秋坪がオランダへ携行するにあたって、日本出発前に洪庵とどのような相談をしたか、また帰国後にどんな報告をしたかを知る手がかりは今のところない。しかし、当時、秋坪は適塾の先輩で親交のあった武谷椋亭に宛てて、幕府が遣欧使節派遣を決定した文久元年（一八六一）三月二十四日より、日ならずして手紙をしたため、「自分も一行に横文御用向と医事兼帯として随行が内定し、多年の宿志が叶い嬉しく、未だ発令が無いが、十に八、九は相違ない」と書き送り、彼の地への土産として水晶を所望している。その後、宿望が実現して同年十二月に品川を発し、翌二年三月中旬にはパリより仏国の盛況を椋亭に報じている（井上忠「資料　武谷家所蔵蘭学者書翰の紹介—福岡藩における理化学発達の状態（一）—」『西南学院大学文学論集』第四巻第三号、一九五八年）。

出国前

先の万延元年（一八六〇）の遣米使節一行に参加できなかった秋坪だけに、この遣欧使節への随行は逃すことのできないものであったが、洪庵の遺訓本編は万延元年七月に完成したものの、附録の草稿は文久元年（一八六一）二月中旬にはまだ浄書が完了していなかった。そのため、秋坪は極力この附録の完成を急ぎ、さらに同年末のヨーロッパ出発に間に合うように尽力し、贈呈用に用いた『扶氏経験遺訓』の薄葉刷三冊本を事前に完成させたものである。洪庵は本編が全部完成したときに、「生涯の大慶、之に過ぎず」と秋坪にその労を謝したが、両人の本編・薬方・附録の完全刊行の喜びは想像にかたくない。おそらくその際、秋坪は洪庵にライデン大学への贈呈の話を切り出して承諾を得たことと思われる。

帰国後

また文久二年（一八六二）十二月十日、秋坪が横浜に帰国したときには、洪庵は幕府に召し出され、奥医師・西洋医学所頭取兼帯として活動中であった。秋坪も帰国後、後述するように、フランス土産のキュンストレイキ（人体解剖模型）を西洋医学所へ納めるのに尽力しているので、ヨーロッパ事情を洪庵に報告し、ライデンの土産話をしたことであろうが、そのあたりのことは不明である。

第六　大坂除痘館の開業とジェンナー牛痘法の普及

一　ジェンナー牛痘法の輸入

1　洪庵とジェンナー牛痘法

洪庵の医者としての顕著な活動は、痘瘡予防のための種痘事業とコレラ対策の二つである。後者は『虎狼痢《ころうり》治準』のところで触れたので、ここでは前者にかぎって見ていく。

牛痘法との出会い

洪庵がジェンナーの牛痘種法（牛の天然痘である牛痘を接種して免疫を得る方法）の日本普及に活躍したことはよく知られている。蘭医学を志した洪庵が、ジェンナーの牛痘種法を研究し始めたのは、江戸の坪井塾で信道《しんどう》の指導のもと、フーフェランドの業績に接してからである。フーフェランドは、一七九六年にジェンナーが種痘を発表したとき、彼が創刊した医学雑誌においてこの重大な発見の普及を目指す最初の先駆者の一人となり、「牛痘に関するドイツのすべての医者に対する要請」（一八〇一年）を行なったほどであった。

フーフェランドの学風に魅せられた洪庵は、すでに天保十三年（一八四二）ころ、彼の内科書の訳稿としてほぼ完成していた『扶氏経験遺訓』のうち、巻之十八第十一編皮膚病の「総論、痘瘡、類痘、牛痘種法、変痘」について訳述し、「牛痘種法ハ輓近《ばんきん》発明ノ諸件ニ就テ其世ニ鴻益アルコト広大無辺ナル者ノ一ナリ」と記し、さらに、

此《この》法は毫《ごう》も危険を惹《ひ》くの恐れなくして、更《さら》に苦楚（苦痛）を致すの害なく、且《か》つ後日に醜態を遺さず、……故に当今は欧羅巴《ヨーロッパ》のみならず天下一般此法の行われざる所殆《ほとん》どこれなく、或は官令を以て厳に人痘種法を禁じて、専《もっぱ》ら此法を行うことを命ずるの邦少なからざるに至れり

と記していた。

人痘法の悲劇

『大阪市種痘歴史』には、弘化年代（一八四四〜一八四八）ころ、洪庵が懇意の町家の祖母より、幼孫に人痘接種（天然痘患者の膿痂《のうか》の粉末で軽度の天然痘に罹患させて免疫を得る方法）をしてやってほしいとせがまれ、やむなく接種したところ、不幸な結果になったと伝えている。この残念な出来事に洪庵は心を痛めたことであろう。そうした時期に刊行された米沢藩侍医の堀内素堂《そどう》（名は忠寛）による『幼幼精義《ようようせいぎ》』は、洪庵の心を大きく揺さぶったと思われる。

『幼幼精義』の内容と刺激

『幼幼精義』は、フーフェランドの原著（一七九八年）をサクセ（J. A. Saxe）が蘭訳した本

（一八〇二年）を、堀内素堂が訳した小児科書である。第一輯三巻・第二輯四巻を、弘化二年〜嘉永元年（一八四五〜一八四八）の間に刊行した。とくに第二輯は、すべてフーフェランドやモストの著書による痘瘡の症状や治則で、その巻六には施治実験として症例をくわしく紹介している。そして、第一輯の序文は坪井信道、第二輯序文は箕作阮甫《みつくりげんぽ》、跋文《ばつぶん》は杉田立卿《りゅうけい》と伊東玄朴《げんぼく》、と当代の名だたる蘭方医が書いている。すでに西洋先進国ではジェンナーの牛痘種痘法が実施されているのに、依然として、わが国では危険が大きい人痘種痘法を行なわざるをえない現状を、洪庵は憂いていた。堀内素堂が『幼幼精義』を刊行する意図と、素堂から序文を頼まれた箕作阮甫がそこで紹介したロンドン事情に、洪庵は多大の刺激と感化を受けたであろう。箕作阮甫はその序文に、「蘭噸記《ろんどん》」を読むと、ロンドンには痘院があり、種牛痘院が付属して、毎年十万余人に種痘をしており、幼児の育成を上策として、上述のような周到な施設を設けていることが、国力強化に大いに関係しているのだろう、と記している。

アムステルダムの普及活動

また、洪庵は弘化元年（一八四四）ごろ、ドイツのハルトマン（Philipp Karl Hartmann, 一七七三〜一八三〇）の、シーキテキュンデ（病学通論）を毎朝適塾で講義している。その蘭訳者のレインホウト（M. J. Reynhout）は医師兼植物学者で、当時アムステルダムで開業医をしながら、貧者のために活動した種痘普及協会の有力会員であった（『緒方洪庵のてがみ』その四、一二八頁）。洪庵は、先のロンドンの痘院や、アムステルダムの種痘普及協会の活動から、日本における将来の除痘事業構想をこのころから心中に描き始めていたと思われる。

2　適塾におけるジェンナー牛痘法の研究と実験

武谷椋亭の活躍

先の素堂の『幼幼精義』の刊行をうけ、洪庵も幼少児の命を痘瘡から救うために、ジェンナーの牛痘種痘法の真価を大坂中心に喧伝し、早急な痘瘡対策の実施を決意したと思われる。それを反映してか、天保十四年（一八四三）に適塾へ入門した武谷椋亭《たけやりようてい》が、在塾三年後の弘化三年（一八四六）春三月に、ジェンナーの牛痘法を説いた「接痘瑣言《せつとうさげん》」を訳述している。武谷椋亭は、その題言に、

題言

（洪庵）先生は海内西洋学医の巨擘《きよはく》たるは世の知る所なり。一日談牛痘の事に及ぶ。反覆丁寧諄々《じゆんじゆん》として善導けり。余頗《すこぶ》る会する所あり。由《より》て、セリウス、スブレンゲル、コンス、ヒュウヘランド、ゴルドスミット、諸賢の書に就て其要領を採り訳述して、以て一小冊子を成す

と記している。なお、この題言の末尾に、

病理実験の様子

我邦未だ牛痘を生するを見す。由《より》て同寮の士と相議《そうぎ》して曰《いわく》、牛痘能《よ》く人に伝染す。人痘豈《あに》牛に伝わらざるの理あらんやと。由て数犢《とく》を買い、人痘を以て牛に種《うえ》るに果

して応ず。復《ふたた》び牛より牛に伝う。亦応ず。相伝て数牛を尽す。以為《おもえ》らく、痘の性已《すで》に牛痘の性に類似することあらん。乃《すなわ》ち復《ま》た人に伝う。曾《かつ》て牛痘を発せず、依然として人痘なり。牛痘は牛の乳房にのみ生ずるものなれば、是痘に非ざれば縦令《たとい》人痘を牛に種るとも豈此理あらんや。然《しか》れども唯偏《ただひとえ》に牛痘を得、嬰児を救うの意汲々《きゅうきゅう》たるを以て此痴想を費すに至る。亦一粲《いっさん》を博せん

と、あえて告白しているのは注意すべきことである。当時、適塾生らがひたすら嬰児の生命を痘瘡から救うために、牛の子（犢）に試種を重ねた。また、解剖はともかくとして、先進諸国にくらべて病理実験の未発達な幕末日本の状況下にあって、自分らの実験を一笑に付すべき（一粲を博せん）ものであったと断りながらも、椋亭は学究的良心から記録としてあえて書き残したのであった。椋亭は、その他にも、適塾でフーフェランドの蘭訳原書を写した「扶氏痘瘡篇」、それを翻訳した「扶氏天瘡瑣言《さげん》」（武谷止孝旧蔵）も残している。これらは、すべて洪庵が関係諸文献を椋亭に紹介して、ジェンナーの牛痘法を研究させたものである。当時は『扶氏経験遺訓』の刊行に精一杯であったために、椋亭の優れた学力に期待して研究を委託したともいえよう。

3　ジェンナー牛痘法輸入の経緯

牛痘苗輸入の試み

ここに至るまでの牛痘苗輸入の試みの経緯に触れておく。文政六年（一八二三）、出島蘭館付医員として来日したドイツ人医師シーボルト（Philipp Franz von Siebold）も、牛痘苗を日本に持ち込もうとしたが、すでに効力を失っていたため普及に至らなかった。また、長崎警衛に任じられた佐賀藩の藩主鍋島直正《なおまさ》も、侍医伊東玄朴や、シーボルトに西洋種痘術を学び、弘化二年（一八四五）より出島蘭館の出入医になっていた楢林宗建《ならばやしそうけん》の建言によって、弘化四年八月、宗建へ内命して、当時の商館長レフィソーンに直接、牛痘苗をオランダに求めるよう依頼していた。その結果、翌嘉永元年（一八四八）七月、来任の長崎オランダ商館付医師モーニケ（Otto Gottlieb Johann Mohnike, 一八一四～一八八七）が痘漿《とうしょう》（うみ）を持参したのだが、これまでと同様、発痘力を失っていた。

楢林宗建の機転

宗建がその理由を聞いたところ、モーニケの回答は、「オランダより日本に到着するのに数ヵ月間、赤道直下を通過し、時候炎暑のみならず、日本に到着しても数十日も経過しなければ上陸できない制度があり、その結果、自然と痘漿が腐化し、感染の効力がなくなる」とのことであった。そこで宗建は、人痘種痘の経験に基づいて、痘漿よりも痘痂《とうか》（かさぶた）の形で輸入するほうが腐敗しにくいであろうと提案した。これが見事に成功したのである。今回は、本国より未痘児三名を同伴して、赤道直下を通過するとき、この未痘児一名ごとに順次植えついでバタヴィア（インドネシアの首都ジャカルタのオランダ領時代の名）に到着し、ここでこの痘痂を採り、日本へ送ったのであった（渡辺庫輔「本邦牛痘苗輸入之始祖楢林宗建先生小伝」『崎陽論攷』九六頁、親和銀行済美会、一九六四年）。

輸入成功

嘉永二年（一八四九）六月二十三日の日暮れごろ、長崎入津の蘭船ドルトレヒト号に乗船したモーニケによって、バタヴィアからの牛痘の痘痂（かさぶた）と痘漿（うみ）がもたらされた（日蘭学会法政蘭学研究会編『和蘭風説書集成』下、第二五七号、吉川弘文館、一九七九年）。

西洋種痘法伝習開始

さっそくモーニケが楢林宗建の子息に種痘術を行なったところ、うまく種痘がつき発痘した。これが日本の西洋種痘法伝習のはじまりであった。蘭館では、牛痘種が到来したので、オランダ人外科医師が追々市中の小児に牛痘を植えつぐ旨を長崎奉行所に連絡し、奉行所からもオランダ通詞・医師ら関係方面にできるだけ小児を取り集めるよう沙汰している。当時、長崎にいた水戸の医師の柴田方庵も、オランダ通詞年番の植村作七郎・名村貞三郎から、

嘉永二年七月二十一日　晴　牛痘種方阿蘭陀《オランダ》より伝授の義、御聞済《おききすみ》に相成り、来《きた》る廿四日より江戸町阿蘭陀通事（通詞）会所へ御出これ有り候様《そうろうよう》仕《つかまつ》りたく、此段御掛合貴意得たるべく、如此《かくのごとく》に御座候

との通知を受けて出向き、在留外科医モーニケ、船外科医セフ、オッテンバヘルより種痘法の伝授を受けている（「柴田方庵　日録二」武田薬品杏雨書屋所蔵）。

長崎の情報を得る

洪庵は長崎遊学時代からその後も長くこの柴田方庵と親交があり、嘉永三年には方庵が江戸再遊の帰途、五月十九日より六月五日まで大坂に留まって、しばしば洪庵と旧交を暖めている。洪庵はこのとき、方庵の知人の妻の診察・治療も頼まれているほどであるから（「柴田方庵　日録二」）、牛痘苗の輸入に伴う長崎の諸情報を、洪庵はこの柴田方庵より入手していたと思われる。

長崎に輸入された牛痘苗より選ばれた佳良の苗は、おおよそ嘉永二年末ころまでに、関係者から大村・平戸・島原・京都・大坂・江戸などの知友へ頒布され、驚くほどすみやかに各藩に普及していった。

二　大坂除痘館の開業

1　京都除痘館から大坂除痘館への分苗

京都の除痘館活動開始

長崎へついた牛痘苗は、かねて越前藩の計画に関係していた長崎の唐通事《とうつうじ》の頴川《えがわ》四郎左衛門（四郎八）によって痘痂《とうか》の八粒が小瓶に入れられ、長崎・京都間の道程を「越前家御用」と書かれた早飛脚で、京都の日野鼎哉《ひのていさい》のもとへ嘉永二年九月十九日夜に到着し（竹内真一「京都牛痘伝苗の日時及び同痘苗の由来について―笠原文書を中心にして―」『医譚』復刊第四七号）、翌十月半ばより鼎哉の除痘館《じょとうかん》（新町通三条下ル）が活動を始めたのである。

京都の情報を得る

このような牛痘苗をめぐる京都の情勢を、大坂の洪庵がいつ知ったかはわからない。そのころ洪庵は、父快翁（惟因《これより》）の十三回忌の墓参りを嘉永二年九月二十日に行なっている。墓参りのため大坂を発ち（九月四日足守着）、翌十月七日ごろには大坂に戻ったことがわかっている（洪庵の倉敷佐野謙道〈周研〉宛て書簡、『緒方洪庵のてがみ』その二、八六頁）。洪庵が足守《あしもり》へ帰郷中に、牛痘苗が京都へ到来した報せを受けたのかは不明である。

洪庵みずからが記した「除痘館記録」には、京都の除痘館で都下の子に種痘を始めているのを知り、ここから牛痘苗を入手すべく、交渉に先立って、大坂で開業していた日野鼎哉の弟の葛民《かつみん》と洪庵とが協議して大和屋喜兵衛を頼み、古手町《ふるて》（道修《どしょう》町）に大和屋伝兵衛の名義で貸家を借りて、これを大坂の種痘所と定め置いたとある（巻末地図参照）。

日野葛民

日野葛民（?～一八五六）は、日田の広瀬淡窓《たんそう》の咸宜園《かんぎえん》に学び、のち兄鼎哉のあとを追って長崎へ行き、シーボルトのもとで蘭医学を修めた。葛民が大坂へ来たのは、恩師の弟旭荘《きょくそう》が大坂で儒学を講じているのと、同郷の先輩で淡窓同門の小林安石《あんせき》が堺で医業を開いていたなどの縁故によるとされている。葛民は、天保十一年（一八四〇）二月、道修町五丁目に転居し、本道・外科を開業した。その内祝に、旭荘らとともに、洪庵も招待されてその席に出ている。これが洪庵と葛民の初対面で、それ以来懇親を深めていた。二人の間にこのような関係があったからこそ、痘苗の入手や大坂除痘館の開業ができたといえるのではないか。

大和屋喜兵衛

また、除痘館の場所の決定にあたっては、世話方を務めた大和屋喜兵衛という、財をなげうって社会のために尽くす気迫をもった町人の全面的な協力によってこそ実現したものであった。葛民の家は道修町五丁目御霊筋を東へ入ったところで、この除痘館とは目と鼻の先の近いところであり、彼は洪庵の片腕として種痘に尽力し、安政三年（一八五六）七月に没した。

道修町

大坂で薬種商が集まっている道修町では、本店《ほんだな》と呼ばれる全国薬種市場への元卸《もとおろし》問屋一二四軒が道修町薬種仲買仲間を形成し、幕府に株仲間として公認され、公認された者は道修町一〜三丁目に集住しなければならなかった。大坂市中や近郊の医家や薬種屋に売る薬種商は脇店《わきだな》とよばれた。

除痘館設立の趣旨

除痘館の世話方の大和屋喜兵衛は脇店に属し、洪庵に薬を納入していた。喜兵衛は脇店といっても、当時の水帳《みずちょう》（土地所有台帳）によると、道修町三丁目に接する四丁目の通りに店を構えるれっきとした家持《いえもち》町人で、財力ある有力薬種商であった（久保武雄「除痘館と大和屋喜兵衛」『適塾』第三三号）。なお、京坂での牛痘分苗《ぶんびょう》に深く関与した笠原良策（白翁）は、その手記「戦兢録《せんきょうろく》」の末尾の人名録に、「浪花世話方　道修町　三丁目《（ママ）》　蘭薬店開祖　大和屋喜兵衛」と記している。喜兵衛は、洪庵へ蘭薬を納めていたのであろう。

「除痘館記録」には、大坂市中の一ヵ所に除痘館を設立する趣旨を、

　最初より葛民、洪庵、喜兵衛三人誓を立て、是唯《ただ》仁術を旨とするのみ。世上のために新法を弘むることなれば、向来《きょうらい》幾何《いくばく》の謝金を得ることありとも、銘々己れが利とせず、更に仁術を行うの料とせん事を第一の規定とす……。其《（種痘）》良術の猥《みだ》りに眩《げん》鬻《いく》の徒の手に陥らんことを恐る丶と、其佳苗《かびょう》の連綿して絶ゆること勿《なか》らんことを希《ねが》うとにあり

とある。仁術を行ない、謝礼金をおのれの利とせず、種痘を悪用しようとする輩に惑わされず、痘苗を絶やさぬよう努めるという趣旨が多くの人びとに支持されて、他地域にはないほどの除痘事業の普及に至った。

発足までの経緯

洪庵らのこの除痘事業の発足までには、若干のいきさつがあった。最初、嘉永二年十月三十日に洪庵と日野葛民とが一児を連れて京都へ行き、日野鼎哉とその弟子の笠原良策に分苗を頼んだところ、笠原良策から藩命を奉じて入手したものゆえ応じられないと

断わられた。しかし、鼎哉が「痘苗は時日経過すれば効力減退ないし腐敗無効となるため、一日も早く児体に種接ぎしておけば、帰藩後に無効となったとしても、こちらの新鮮苗を送ればよい」と述べ、良策も承諾した。

除痘事業開始

その後、十一月七日、日野鼎哉と笠原良策とが、京都から善感の一児を連れて大坂の古手町にやってきて分苗式が行なわれ、大坂の除痘事業の端緒となった。なお、広瀬旭荘の日記には、小林安石（なお堺の小林尚謙は安石の養子）が洪庵・葛民とともに鼎哉に会って分苗を乞うたとあり、咸宜園の先輩にあたる小林安石による周旋の功も見逃すことができない。小林安石は、自分の長年の希望が叶った感激のあまり、旭荘に種痘歌を所望している。この安石が嘉永二年に接種したのが、堺における牛痘接種の嚆矢《こうし》である。

分苗所の展開

大坂除痘館は、日野葛民・洪庵らと昵懇《じっこん》であった大坂町医の協力組織であった。具体的には、原佐一郎・内藤数馬・中環《なかたまき》（耕介）・山本河内・山田金江・村井俊蔵・各務《かがみ》相二・佐々木文中・緒方郁蔵の名が挙げられる。主として関西地方一円、その他合わせて多数の分苗所を配置した。大坂除痘館と各分苗所との関係はいわば本社と地方支社の関係で、分苗・種痘の事業が正当確実に実施できる体制であり、他に例を見ないものであった。大坂除痘館は分苗を申請した医師に対して、日野葛民と緒方洪庵の両人花押のもと、接種を行なう地域名を記入した免状を交付した。その最初の免状には、

表4　出張医師名・諸国分苗所一覧

諸国分苗所一覧

出張医師			苗所		
日野葛民	緒方洪庵	原左一郎	堺 小林尚謙 吉雄元素 町田元耕	和州 村井宗建 増田周伯 朝倉心斎	
内藤数馬	中環	山本河内	兵庫 伊藤立節 正井正策	高槻 宮本晋斎	丹波 松本節斎 足立敬里
山田金江	村井俊蔵	各務相二	尼崎 億川翁介	平野 織田貫斎 浜野廉蔵	池田 高橋由珊 高橋由吉
佐々木文中	緒方郁蔵	世話方大和屋喜兵衛	伊丹 原鼎＊	小豆島 中桐文炳	米谷 山崎仙司＊＊

出張医師名・

諸国分	丹後宮津	沢辺玄辰、小林冲庵、岡董順、鈴木意得
諸国分	勢州亀山松阪	大坂村井俊蔵
諸国分	阿淡	田村共平
諸国分	三田	川本文二、中村良有
諸国分	播州三草	西山静斎
諸国分	播州姫路	橘三折
諸国分	同高砂	三浦儀一＊＊、美濃部秀軒、岩崎鼎＊
諸国分	灘深江	深山玄石
諸国分	因伯両国	山田金江、松本元泰＊
播州分	網干	八木圭三郎＊＊
播州分	鶴居	後藤佐仲
播州分	三木	岡村高四郎
播州分	酒見北条	今村甃斎、村田良作
播州分	龍野	塩津表斎
播州分	摂州藍本庄	森鼻純三郎
播州分	讃岐高松丸亀	岡田禎蔵＊、河田雄禎
播州分	備前伊部	頓宮篤弼
播州分	越前大野	林雲渓
播州分	和州郡山	森田宏平
播州分	備後福山	寺地強平
播州分	雲州意宇郡	渡辺春昌
播州分	播州加古郡	藤田得二
播州分	播州川辺	中川修節＊＊

（注）諸国の分苗所一覧記載の「除痘館種痘引札」（緒方洪庵記念財団除痘館記念資料室編刊『緒方洪庵没後一五〇周年記念　大阪の除痘館〈改訂・増補版〉』〈二〇一三年〉所収）をもとに作成。本書巻末の分苗一覧とは出典が異なるため、若干の異同が見られ、違いを次のように示した。

＊—「除痘館種痘引札」には記載があって、巻末に掲げた分苗一覧にはない人物。

＊＊—同人と思われるが、名前の表記が異なる人物。

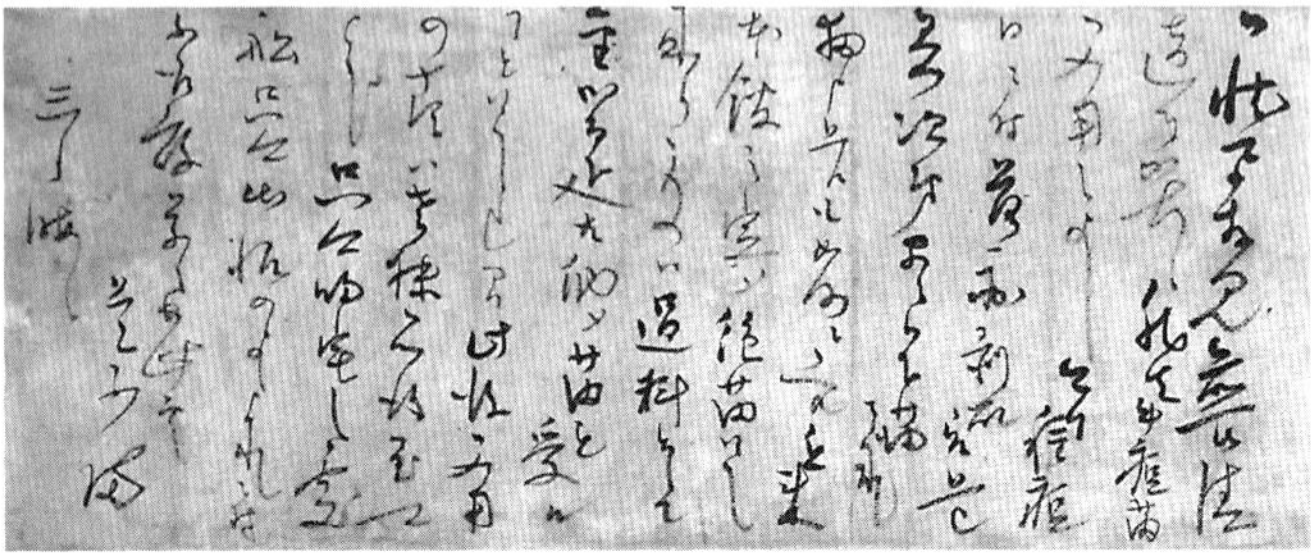

頓宮篤弼宛の洪庵書状（大阪大学適塾記念センター所蔵）
年未詳３月晦日付の書状だが，嘉永３年（1850）と思われる．

今度牛痘種法、泉州堺において相弘《ひろ》めたき旨申し立
てられ候につき、分苗せしめ候。真仮《しんか》鑑定の口訣《くけつ》等
その意を得られ、仁術の本意を守り、疎漏これなき
よう心得べく候

としたためられている。これに対して受領者は、

今般牛痘の施術並びに真仮鑑定の口訣《くけつ》等、その意を
得候に付、免状御授け成し下され有難く存じ候。以
来仁術の本旨屹度《きつと》相守り申すべく候、御請状《おうけじょう》よっ
て件《くだん》の如し

という文面の請状を出す決まりであった。表４は、開館した嘉永二年十一月付の除痘館の種痘引札（中野操旧蔵）に見える諸国分苗所の一覧で、その広がりとともに、洪庵と縁の深かった多くの人びとが、種痘の普及に率先尽力したことがわかる。

　開館当時は、近隣の医者が互いに協力しあって痘苗を絶やさないように努力したが、もし絶苗した場合には、

過料として金二〇〇疋（金二朱、半両）を納めて再び苗を除痘館より受ける規則になっており（洪庵の頓宮《とんぐう》篤弼宛て書簡、〈嘉永三年カ〉三月晦日付）、事業の堅実な運営ぶりがうかがわれる。

2　足守除痘館での活動

足守除痘館活動開始

嘉永元年（一八四八）より足守藩主の侍医も勤める洪庵は、大坂除痘館が開業した翌年の嘉永三年正月中旬、藩主木下利恭《としやす》より呼び出され、藩内に牛痘種痘を命じられた。洪庵は種痘した二児を連れて、大坂より海路岡山を経て足守へ行き、その痘漿《とうしょう》（うみ）を自分の兄の佐伯馬之助の末子羊五郎（五歳）に植え、その結果を見届けたうえで藩内に広く接種することにした。そのとき藩主利恭は、最初に自分の子から始めて積極的に種痘を奨励し、足守除痘館を設けた。

協力者の陣容

この足守除痘館の陣容は、館長が緒方洪庵、補助に山田元珉《げんみん》（足守藩医）・内藤畝庵《ほあん》（医師、経歴不明）、執事・助役各二名の外に、山鳴弘斎《やまなりこうさい》（備中簗瀬）・西有慶《ゆうけい》（芸州草津）・神保《じんぼ》良粛《りょうしゅく》（佐倉藩）・箕作秋坪《みつくりしゅうへい》（津山藩）・潮田遠平《うしおだえんぺい》（備中総社）・石原朴平《ぼくへい》（のち守屋庸庵、備中大崎）・内藤謙叔《けんしゅく》（備中四十瀬）・山田禎順《ていじゅん》（足守）・山下敬斎《けいさい》（高松新庄）・二宮秋健《しゅうけん》（足守）・千原英舜《ちはらえいしゅん》（備中井原）ら、十一名の医者らが協力した。

筆頭の山鳴弘斎（剛三）は洪庵の適塾開設に協力した後に帰郷していたが、足守除痘館開設の報せを受けて馳せ参じたのであった。また、弘斎・緒方郁蔵をつうじて洪庵と親交のあった備中簗瀬の山鳴大年（弘斎の養父）も、嘉永三年三月の『種痘養生心得書』を広く頒布し、その末尾に、

右種痘法は今春緒方先生足守に下り千五百余人に施されしに、一人もあやまち無し。我等先生の門人なれば召して施術を助けしめ、終《つい》に其痘苗《たね》を分ちたまえり。依て聊《いささか》国恩を報じ且は其道を弘めんが為、普《あまね》く施さん事を希《ねが》う而已《のみ》

と記し、洪庵の活動を強力に支援した。

協力者たちとの関係

また、西有慶より石原朴平までは適塾門下生であるが、それ以下の五名は適塾「姓名録」にその名は出ない。しかし、山下敬斎は洪庵の文久二年（一八六二）の旅行日記にその名が見え、また千原英舜は、その旧蔵医書（岡山県立博物館所蔵）より足守除痘館との関係や洪庵が同館へ持参した各種の牛痘翻訳書を書写したことが判明している（中山沃「足守と名塩における緒方洪庵」『適塾』第一四号）。このように、足守除痘館からの分苗は、洪庵と彼と親密だった人びととの協力により、洪庵の故郷足守から備前・備中・備後、さらに津山や安芸などにも及んだのである。

なお、足守藩近隣の撫川《なつかわ》・高松・帯江・早島の四ヵ所は旗本領だったが、その行政を

担当する陣屋も、それぞれ洪庵に頼んで住民に種痘を行なった（三宅春齢親筆「各国牛痘の興発」『善那氏種痘発明百年記念会報告』一四九頁、一八九七年）。

難波抱節

また、備前岡山の難波《なんば》抱節《ほうせつ》（一七九一〜一八五九）は、医を華岡《はなおか》青洲《せいしゅう》らに学んで帰郷し、牛痘種痘法渡来より三十年前の文政年間から、漢方による人痘種痘法を試みていた。しかし十分の効果がえられず、牛痘苗の到来を渇望していたので、洪庵が種痘のために足守入りしたのを知り、抱節はすぐに除痘館に洪庵を訪ねた。彼は、洪庵から種法についてくわしく教示を受け、訳述した外国の牛痘書の借写を許してもらい、塾生や児童らにも種痘を行ない、皆正しく発痘したという。嘉永三年（一八五〇）刊行の難波抱節の『散花新書』附録に「これ偏《ひとえ》に洪庵先生の嘉恵による」と記している。

マラリア羅患

このように労をいとわず活動していた洪庵だったが、二月中旬には大坂に戻るつもりでいた。ところが足守で間歇熱《マラリア》に罹《かか》ってしまい、死を覚悟したほどだった。ようやく病中ながら帰坂したのは三月二十四日のことである（洪庵の坪井信良宛て書簡、『緒方洪庵のてがみ』その四、二六五頁）。

3　大坂除痘館の公認

除痘館の窮状

この大坂の除痘館の新規事業は、順調に進んだものではなく、嘉永五、六年（一八五二、五三）ごろ最悪の状況に見舞われた。洪庵は「除痘館記録」に、「市中に牛痘は益がないばかりでなく、かえって小児の体に害があるというような悪説がながれて、誰一人牛痘を信ずるものがいなくなった。やむを得ず、少なからぬ米銭をついやして毎回の種痘日に四、五人の貧乏な小児を集めて牛痘を接種したり、四方へ走りまわって、牛痘のことを説明して勧めたりして、なんとか牛痘苗を連続させること、三、四年に及び、ようやく再び信用されるようになった。その間に社中各自が辛苦艱難《しんくかんなん》したことはとても書きつくせない」と記している。洪庵の唯一現存の嘉永六年の日記「癸丑《きちゆう》年中《ねんちゆう》日《ひ》次《なみ》之《の》記《き》」によると、洪庵は頻繁に除痘館に出席し、七日目ごとの種痘日には原則として出席し、また市中の回勤をしている。

　このような窮状を経験していた洪庵は、種痘の健全な普及のためには公儀の力に頼らなければならないと考えた。幸い大坂町奉行や与力たちとは懇意であったため、数十度内願したが、前例がなく、なかなか公認されることはなかった。しかし、ペリー来航以降、海外文化の移入が多くなると、安政五年（一八五八）四月二十四日、町奉行所も大坂除痘館を公認し、長文の口達《こうたつ》を下した。その口達は、古手町の種痘所（大坂除痘館）の緒方洪庵らの医師が行なう「うゑ《（植）》ほうそう」は、怪しむべきものでなく、礼物をむさぼるようなこともないので、安心して施術を受けるように、というものであった（「御触及口達」

『大阪市史』第四巻下、二二三七～二二三八頁、大阪市、一九一一年初版）。

官許を得る

これによって大坂除痘館が、全国に先がけて公儀からの公認を得たばかりでなく、種痘が奨励された意義は大きかった。洪庵はじめ社中一同はかねてからの願いが叶い、これまでの辛苦が報われたのを喜んだ。洪庵は翌月二十五日、笠原良策にこのことを、願書と町触の写しを同封して報じ、十年前に痘苗の分与を受けた良策の仁恵のおかげと感謝し、願済みになった内祝のしるしに金壱封を呈している。このとき洪庵は、その追而《おって》書《がき》に日野鼎哉・日野葛民の両兄弟が存命であれば、いかばかりの大喜びか残念である、と書きそえ、すでに亡き同志の人びとを追想している（洪庵の笠原良策宛て書簡、『緒方洪庵のてがみ』その一、四〇九頁）。以上のように、洪庵以下の関係者の努力により、牛痘種痘法は急速に関西各地に広がっていった。

尼崎町へ移転

公儀の公認を得た古手町の大坂除痘館は、手狭になったので、万延元年（一八六〇）尼崎一丁目（中央区今橋三丁目）、すなわち現在の一般財団法人・緒方洪庵記念財団（旧緒方病院）の敷地に移った（現在、建物入口に「除痘館跡」の銘板がある）。

三　一開業医としての洪庵—回勤と治療—

これまでは主として、今日でいう予防医学の発展につくした洪庵の足跡を辿ってきたが、ここでは回勤（患家への往診）とその治療ぶりから一開業医としての姿を見てみたい。

評判

幕末の大坂には、一枚刷りの医師番付や冊子が発行されていた。天保十一年（一八四〇）九月、天保十五年二月の各『当時《とうじ》流行《りゅうこう》町請《まちうけ》医師《いし》見立《みたて》』には、「前頭（東前頭四枚目）　瓦丁（町）　○　緒方耕菴」（診療科目を示す○印は本道の印、本書八七頁の図版参照）、弘化二年（一八四五）の『浪速名医所附　医家名鑑』には、「蘭学　津村東之町　緒方耕菴　同黒印朱（合羽印《かっぱいん》）」、嘉永五年十一月の『浪花当時発行町請名医集』には、「過書丁《かしょまち》　○　緒方洪菴」と出ている。本道とは、漢方医の用語では内科のことである。約三〇〇名の医師名を掲げる弘化二年の『医家名鑑』に「蘭学」とあるのは洪庵だけである。合羽印は、主として薬箱などに被いかける合羽に付けた、黒地に朱色・黄色など特殊の紋とされている（中野操編『医家名鑑解説編』）。洪庵が開業早々には内科医として、その六、七年後の弘化ごろになると、大坂唯一の蘭学医という評判をえていたことがわかる。

回勤

先にも触れた嘉永六年（一八五三）の日記「癸丑年中《きちゅうねんちゅう》日次之記《ひなみのき》」にも明らかなように、

洪庵は大坂の一町医として、回勤に精勤した。ただし、洪庵は回勤中の治療としては、刺絡《しらく》・放血のみしか日記に記していない。

元日は塾中全員が年頭の祝盃をあげたが、二日は早朝より初回勤、三日も早朝より終日回勤、四日は除痘館の初種に出席して祝盃を上げ、午後酩酊したため、回勤一、二軒で休む、と記している。翌五日より八日まで連日朝より回勤、九日は朝より回勤、昼に帰って飲食、午後また回勤、堂島《どうじま》浅羽にて夕食、と記しており、九月中旬に至るまでこのような回勤の記事が続く。しかし、もともと病身の洪庵は、風邪などでたびたび回勤を休み、古川洪道（旧名は文行、入門№一六七）を代診に派遣している。

古川洪道は、江戸向島《むこうじま》の清水八郎兵衛の倅で、坪井信道塾で洪庵と同門であり、のちに広瀬旭《きょく》荘《そう》（広瀬淡窓の実弟）を頼って来坂し（『緒方洪庵と適塾生』）、嘉永二年九月適塾に入門した。洪庵は坪井塾時代より洪道の力量を承知で、代診として信

弘化２年（1845）『浪速名医所附　医家名鑑』

頼・起用したのであろう。

遠路診察

以上は、市中の往診だが、洪庵は坪井信道の兄である浄界（露庵《ろあん》）を見舞いに、清荒神《きよしこうじん》（兵庫県宝塚市）までの往診を、大坂開業の天保九年（一八三八）から、浄界の病没する安政二年（一八五五）まで、二〇年近く続けている。また、長崎行きに際して援助してもらった藤田源二郎（元は名塩でのちに西宮に住む。五月二十九日条）や木屋新左衛門（七月七日条）の病用には、夜半になるのもいとわず遠路診察に赴いている様子が同じ嘉永六年の日記に記されている。

駕籠

なお、洪庵に限らず往診には駕籠が用いられ、患者側が駕籠を手配することもあった。洪庵の「癸丑年中日次之記」には、患家が仕立てた駕籠のことが「別籠」として時々出てくる。往診時に、洪庵が乗っていた駕籠の輿夫《よふ》（かごや）と角力《すもう》取りとが北新地裏丁《まち》東（曽根崎新地一丁目付近）で喧嘩になったこともある。そのとき供の者が殴られたので、帰宅後、三保ヶ関部屋へこの事件の掛け合いに人を遣わした事件もあった（六月十二日条）。日記には、嘉永六年上半期に「御城内」「御城入」との記載もみえ、当時大坂城在番の久貝因幡守正典《くがいいなばのかみまさのり》（五五〇〇石）、山里口の御加番の稲垣摂津守長明（鳥羽藩主、三万石）、同中小屋口の御加番の土井大隅守利善《としよし》（刈谷藩主、二万三〇〇〇石）を見舞い、時にはその家臣の診察もしている。

奉行所への立寄り

回勤の間に、東西両町奉行所にたびたび立寄っているのも看過できない。特に西町奉行の石谷《いしがや》因幡守穆清《あつきよ》（二五〇〇石）とは昵懇で、洪庵は日記に、

朝別駕の序《ついで》、西奉行所へ立寄、当月三日アメリカ船浦賀入港の趣承る。但し大船弐艘、蒸気船弐艘なるよし風聞也（六月十日条）

と記している。洪庵は解剖の申請・許可を扱う東西町奉行所とも関係を密にするなかで、こうしたペリー来航などの海外情報も得ていた。

宅診

さて、洪庵は回診が多かったように思われるが、宅診も多く、当時、洪庵の診察を受けに大勢の人が適塾へきていた。洪庵が昵懇にしていた米谷村《まいたに》（宝塚市）の山崎僊司《やまざきせんし》（八重の父である億川百記《おくがわひやくき》が最初に医学を学んだ山崎文良の子で、洪庵が種痘術を教えた一人）に宛てた、年次不明の四月十日付手紙の文末には「病客雑踏中御受けまで」と記されている（『緒方洪庵のてがみ』その五、一三〇頁）。

手術

異例なのは、洪庵が、堺の医者吉雄玄素の弟、琢蔵の胸部流注《りゅうちゅう》（寒性膿瘍、または流注性膿瘍〈結核性の病巣に生じたうみが溜まる〉）の手術を行なっていることである。嘉永六年二月十二日に琢蔵が来坂し、翌日洪庵は胸部流注と診断すると、さっそく塾生の伊藤精一にモストの『医事韻府』の「流注の条」を訳させた。琢蔵の手術について、洪庵は慎重で、花岡順平（華岡準平。華岡青洲の長女の婿養子）や大田雲泉（嘉永五年版の医者番付『浪花当時発行町請

名医集』に記載）にも琢蔵を診てもらっている（「癸丑年中日次之記」）。洪庵は、外科専門医の対診を求めた上で、手術を行なう医者であった。

洪庵の診察風景について、福澤諭吉が明治三十四年（一九〇一）に雑誌に寄稿した次の言葉が特に印象深い。

先生（洪庵）は至極温厚な御方ではあり、容貌も柔和であるのに一種の威光があって尊厳な様子に見えるので、病人は中々怖がって、先生から問われなければ滅多に容体を委《くわ》しく話をしない。北の新地の女郎屋から大分沢山診察をして貰いに来たが、先生は怖いから代診の御方に手を握って貰うのを希望するものが多かった位で、先生を頼みに来る時も、普通ならば先生が御留守なら代診の御方に来て貰いたいと言って来るのを、緒方の玄関は特別で、代診が居なければ、先生に来て貰いたいと云う位であった。其くせ、先生は一向患者に障壁を置かれない、女郎でも芸者でも大名でも金持でも、ちっとも診察に異なりはなかった。（「故福澤先生の緒方洪庵先生に関する談話」『医事会報』第一〇七号、一九〇一年）

当時の身分制社会にあって、貴賤貧富を問わずに診察にあたった洪庵を物語る挿話である。

四　洪庵の医学観

1　「自然之臣也」と題して医学観を詠む

洪庵は先述したように、

自然之臣也

天地の神のをしへのほかにわか　くすしのみちののりあらめやは　章《（緒方洪庵）》

と書いた短冊を遺している。いつ書いたかわからないが、この和歌は「わかくすしの《（我が薬師の》みち《の道）》」、すなわち薬師《くすし》（医）のとるべき道を洪庵がみずから詠んだ和歌として今日伝えら

「自然之臣也」と題した洪庵自筆の和歌短冊（大阪大学適塾記念センター所蔵）

れている。

三十一文字に託す

この「自然之臣也」と題した洪庵の和歌は、フーフェランドの内科書『エンキリディオン・メディクム』（*Enchiridion Medicum* 医学必携）の第二版（一八三六年出版）を蘭訳し、一八三八年に出版した本（ハーヘマン二世〈H. H. Hageman, Jr.〉訳）第一頁、序文冒頭までの文意を、洪庵が三十一文字《みそひともじ》に託したものである。自然良能を尊ぶ医学観と平易を好んだ洪庵が、文意に共鳴し、世人に広めようと和歌にした心がうかがえる。

冒頭

フーフェランドの原著冒頭（蘭訳本も同じ）にあるラテン文〝Natura sanat, medicus curat morbos〟は「自然は癒し、医者は諸々の病を治す」という意味で、要は病を治癒するには自然（治癒）の力と医者の技術とが必要であるとしている。このラテン文の前後の文はすべて、この部分を説明したものであった。したがって、簡明な訳出主義の洪庵は、この冒頭部分を割愛し『扶氏経験遺訓』には訳出していない。洪庵が訳出しなかった冒頭部分の訳文を、参考までに青木浩斎《こうさい》訳の『察病亀鑑』（安政四年刊）より引用すると、「自然良能及び医術の総括　凡《およ》そ疾病の治するは自然良能の営為にして、医術は唯々《ただただ》之《こ》れが輔相《ほそう》（helpster）たり。故に治病の柄を専ら掌握する事能《あた》わず」とある。

歴史的意義

以上から推察すると、洪庵が『扶氏経験遺訓』の訳稿がほぼ完成したのは天保十三年（一八四二）であったから、右の和歌はそのころすでに『扶氏経験遺訓』の訳文から洪庵自身の医学観を詠んだ和歌に変わっていたのかもしれない。この和歌はもともとフーフェランドの記述に由来するものであるが、すでに洪庵の思想とも理解でき、日本近代医学研究の黎明期《れいめいき》に、洪庵によって西洋医学に通ずる、このような医学観が成立していたことの歴史的意義を再認識しなければならない。

2　洪庵の自戒としての「扶氏医戒之略」

杉田成卿の『医戒』

ハーヘマン二世が蘭訳した『エンキリディオン・メディクム』の第二版本の末尾（九〇一〜九二六頁）には、“De Verpligtingen des geneesheers”（医者の義務）という長い文章がある。この箇所は、杉田玄白の孫にあたる杉田成卿《せいけい》が『医戒』と翻訳して、嘉永二年（一八四九）五月、『済生三方』の附刻として発行したが、原文に忠実に翻訳したものであったため、語句・文章がきわめて難解であった。

洪庵の『医戒』

これに対して洪庵は、この箇所を、『扶氏経験遺訓』の中に入れず、別に十二ヵ条の「扶氏医戒之略《ふしいかいのりやく》」と題して、できるだけ難解な漢文字を避け、誰でも一読で意味が理解できる日本文に仕上げている。これは、医療を志す者の精神的支柱として、今なお多くの病院・医院に掲げられている。洪庵みずから初稿文を朱と墨で再三校訂した「扶氏医戒之略」は、横に長い巻軸仕立である。洪庵本人が校訂したその全文を示しておく（原

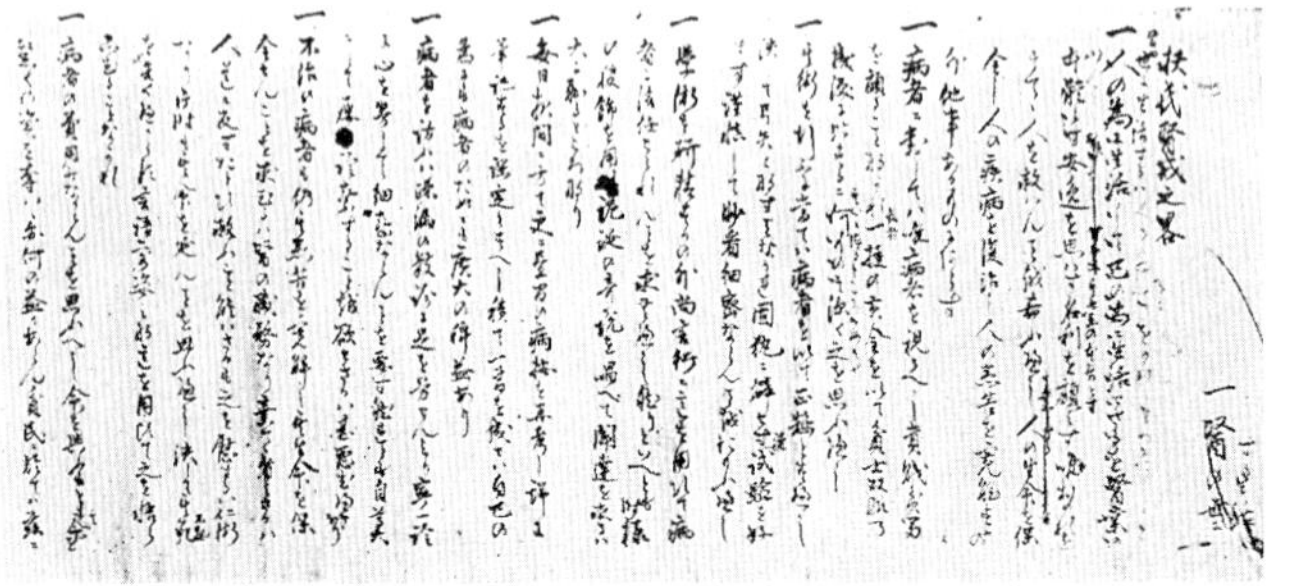

（個人蔵）

文のカタカナはひらがなに、また現代仮名遣いに改め、漢字に振り仮名をつけ、濁点、句読点を付した。口絵参照)。

扶氏医戒之略

一医の世に生活するは人の為のみ、おのれがためにあらずということを其業《そのぎょう》の本旨とす。安逸《あんいつ》を思わず名利《めいり》を顧《かえり》みず、唯《ただ》おのれをすてて人を救わんことを希《ねが》うべし。人の生命を保全し、人の疾病《しっぺい》を復治《ふくじ》し、人の患苦《かんく》を寛解《かんかい》するの外《ほか》、他事あるものにあらず。

一病者《びょうしゃ》に対しては唯病者を視《み》るべし。貴賤貧富《きせんひんぷ》を顧《かえりみ》ることなかれ。長者一握《いちあく》の黄金を以《もっ》て貧士双眼の感涙に比するに、其心に得るところ如何《いかん》ぞや。深く之を思うべし。

一其術を行うに当ては、病者を以て正鵠《せいこう》とすべし。決して弓矢となすことなかれ。固執《こしつ》に僻《へき》せず、漫《まん》試《し》を好まず、謹慎して、眇看《びょうかん》細密ならんことを

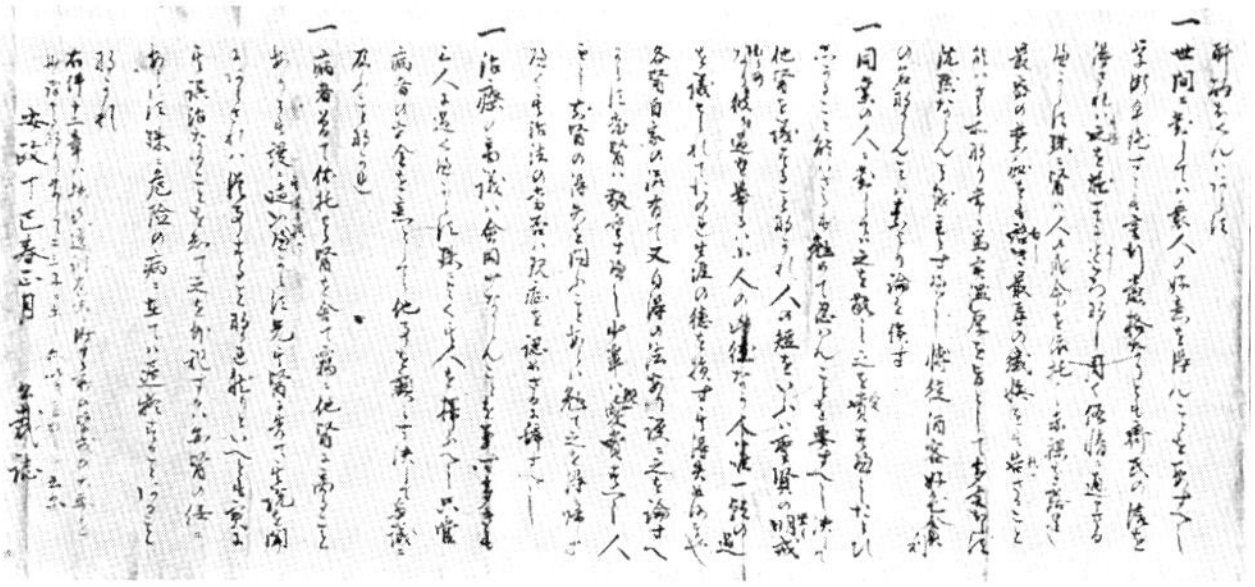

「扶氏医戒之略」

おもうべし。

一学術を研精するの外、尚《なお》言行に意を用いて病者に信任せられんことを求むべし。然《しか》りといえども、時様《じょう》の服飾を用い、詭誕《きたん》の奇説を唱えて、聞達《ぶんたつ》を求むるは大《おおい》に恥るところなり。

一毎日夜間に方《あたっ》て更に昼間《ちゅうかん》の病按《びょうあん》を再考し、詳《つまびらか》に筆記するを課定《かてい》とすべし。積《つん》で一書を成せば、自己の為にも病者のためにも広大の裨益《ひえき》あり。

一病者を訪《おとな》うは、疎漏《そろう》の数診に足を労せんより、寧《むしろ》一診に心を労して細密ならんことを要す。然《しか》れども自尊大《みずからそんだい》にして屢々《しばしば》診察することを欲せざるは甚悪《はなはだにく》むべきなり。

一不治の病者も仍其《すなわちその》患苦を寛解し、其生命を保全せんことを求むるは、医の職務なり。棄《す》て丶省《かえり》みざるは人道に反す。たとい救うこと能《あた》わざるも之を慰《い》するは仁術なり。片時も其命を延んことを思うべし。決して其不起を告ぐべからず。言語容姿みな意を用いて、之を悟らしむることなかれ。

一病者の費用少なからんことを思うべし。命を与うとも、其命を繋《つな》ぐの資《し》を奪わば、亦《また》何の益かあらん。貧民に於《おい》ては茲《ここ》に斟酌《しんしゃく》なくんばあらず。

一世間に対しては衆人の好意を得んことを要すべし。学術卓絶すとも言行厳格《ごんかく》なりとも、斉民《せいみん》の信を得ざれば、其徳を施すによしなし。周《あまね》く俗情に通ぜざるべからず。殊《こと》に医は人の身命を依托し、赤裸《せきら》を露呈し、最密の禁秘《きんぴ》をも白《もう》し、最辱《さいじょく》の懺悔《ざんげ》をも状《じょう》せざること能わざる所なり。常に篤実《とくじつ》温厚を旨として、多言ならず、沈黙ならんことを主とすべし。博徒《ばくと》、酒客、好色、貪利《どんり》の名なからんことは素《もと》より論を俟《また》ず。

一同業の人に対しては之を敬《けい》し、之を愛すべし。たといしかること能わざるも、勉《つと》めて忍ばんことを要すべし。決して他医を議することなかれ。人の短をいうは、聖賢の堅く戒《いまし》むる所なり。彼の過《あやまち》を挙ぐるは、小人の凶徳なり。人は唯《ただ》一朝の過を議せられて、おのれ生涯の徳を損す。其得失如何《いかん》ぞや。各医自家の流《りゅう》有て、又自得《じとく》の法あり。漫《みだり》に之を論ずべからず。老医は敬重《けいちょう》すべし。少輩は親愛すべし。人もし前医の得失を問うことあらば、勉《つとめ》て之を得に帰すべく、其治法《ちほう》の当否は現症を認めざるに辞すべし。

一治療の商議は会同少なからんことを要す。多きも三人に過ぐべからず。殊《こと》によく其人を択《えら》ぶべし。只管《ひたすら》病者の安全を意として、他事を顧みず、決して争議に及ぶことなかれ。

一病者《びょうしゃ》曾《かつ》て依托せる医を舎《す》て、竊《ひそか》に他医に商《はか》ることありとも、漫《みだり》に其謀《はかりごと》に与《あず》かるべからず。先《まず》其医に告《つげ》て、其説を聞《きく》にあらざれば、従事することなかれ。然《しか》りといえども、実に其誤治《ごじ》なることを知て、之を外視するは亦《また》医の任にあらず。殊に危険の病に在ては遅疑《ちぎ》することあることなかれ。

右件《くだん》十二章は扶氏遺訓巻末に附する所の医戒の大要を抄訳せるなり。書して二、三子に示し、亦以て自警と云爾《しかいう》

安政《あんせい》(四年)丁巳《ひのとみ》春正月　公裁　誌《しるす》

この洪庵の柔らかな和文十二ヵ条も、元来、ヒポクラテス以来の医戒に、さらにキリスト教精神が結晶したフーフェランドの医戒思想に由来しているが、これまた洪庵が、見事に換骨奪胎したもので、まさに洪庵思想であると理解できる。

当時の儒者の大部分や漢方医には、一般に蘭学に対する偏見が強かったが、洪庵は成長期にさほど儒学の影響を受けず、もとより漢方医には無縁であったから、中天游《なかてんゆう》に師

事した動機にあるように、何ら儒教的世界観との対決や脱却なしに、西洋医学に見る自然科学的精神への志向・憧憬《しょうけい》を実現した。このフーフェランドの医戒に触れても、東洋に古くからある「医は仁術なり」、『孝経』三才章に出る「博愛」、『性霊集』四に「天に慈を仮して博愛是を務む」や、韓愈《かんゆ》（唐の詩人）の「博愛之謂仁《これをじんという》」などの思想との共感を覚えたものと思われる。

近代思想家として

このように見てくると、当時日本では、佐久間象山の東西文化を「東洋の道徳、西洋の芸術」と見る思想傾向が一般的であったなかにあって、洪庵はキリスト教的精神に根ざす医学思想をもたやすく受容できる、極めて包容力のある近代思想家であったといえるのではなかろうか。

社会的感化

洪庵より先に、適塾とも関係が深かった究理堂主の小石元瑞《こいしげんずい》（一七八四～一八四九）にも注目すべき、「医は誠実心を以って人の患苦を救候事を主と心得申すべく候」以下の「医者之心得九ヶ条」（天保四年）や、「医為仁術《いはじんじゆつたり》、務在博愛《つとめははくあいにあり》」以下の「医箴《しん》（戒）」があるのを看過すべきでない。しかし、洪庵がこの十二ヵ条を自戒としてみずから実践に努め、同時に塾生への教訓として与え、大きな社会的感化を与えたのは、日本医学史上、他にその例を見ず、世に洪庵の「扶氏医戒」として今日まで伝承されているのである。

第七　晩年の奥医師・西洋医学所頭取時代

一　母の米寿の祝いと中国・四国旅行

体調を崩す

文久元年（一八六一）末ごろ、『扶氏経験遺訓』の刊行を終えた洪庵は、長年にわたる生涯の大慶を味わっていたと思われるが、同年十二月十二日付の武谷《たけや》椋亭《りょうてい》に宛てた手紙に、次のようにしたためている。

拙生事、七月下旬より不快、レウマチ胸痛咳嗽《がいそう》相発し、いつもの持病と相心得罷《まか》り在り候内、数度再感、逐々《とうとう》差重り、案外衰弱、九月中旬には起居動作もなりがたく、全身浮腫し殆《ほとん》ど危篤の容体に相成り、一同心配いたし候程《ほど》の事にて、其節より外方に出養生《でようじょう》いたし久々家内にも居り申さず、漸《ようや》く快復、其後先月上旬より帰宅いたし候仕合《しあわせ》、執筆等も嬾《ものう》く意外の御無沙汰申し訳なき次第、御仁恕《じんじょ》下さるべく候。併《しか》し乍《なが》ら此頃は最早平日に復し候間、御懸念下され間敷《まじ》く候。（『緒方洪庵のてがみ』その四、一二三〇頁）

これは長年にわたる著作活動中に鬱積《うっせき》した過労の結果と思われるが、洪庵は七月下旬から四ヵ月あまり床につき、そのうち九月中旬から十一月上旬まで出養生に赴いていた。その出先は、適塾から近い大川沿いの、現大阪造幣局の対岸の、桜の宮であったようで、そのあたりの居間を借りて、八重が付き添っていたように推察される（八重の洪庵宛て書簡、文久二年閏八月二十五日付、『緒方洪庵のてがみ』その三、二〇二頁）。洪庵は、これよりほぼ二年後に大喀血《かっけつ》をおこして亡くなるので、このことは看過できない。

中国・四国旅行へ

その後、洪庵は快復し、文久二年（一八六二）四月から六月にかけての約五十日間、中国・四国地方へ旅行し、「壬戌《じんじゅつ》旅行日記」をのこしている。この旅行の主な目的は、洪庵の母きょうの米寿の賀宴にでることであった。

日　程

洪庵の旅行日記によれば、文久二年四月十一日暁八ツ時半（午前二時）に、門人二人と家来茂兵衛（茂平）を召し連れて、舟で大坂を出発している。尼崎を経て、神戸の楠公《なんこう》石碑や須磨寺に参詣しながら十二日に大蔵谷《おおくらだに》（明石の手前）に着いた。翌十三日夕方には、京師に立寄り参府をめざす福岡藩主の黒田斉溥《なりひろ》が、大蔵谷に着いた。このとき黒田斉溥と接話をした洪庵には、いろいろと下賜があった。洪庵は十四日、朝五ツ時（午前七時）に大蔵谷を発ち、夕方七ツ時（午後四時半）には姫路に着く。十五日朝六ツ時（午前四時半）に姫路を発つが、山田で、黒田斉溥が病気を理由に大蔵谷より引き返し、今夕姫路に泊まるという噂を聞く。洪庵は十六日に、備前沼村の津下古庵宅（門人津下成斎の実家）、十七日に、藤井の東端鐵《くろがね》村久太郎宅を宿とし、斉溥の到着を待った。斉溥は十七日暮れ前に到着し、洪庵は夜五ツ時（午後八時半）すぎより本陣に向かい診察をした。その後もてなしを受けながら会見をし、終ってから関屋舎（福岡藩奥頭取）と密談し、翌朝、藤井西のはずれに出て斉溥を見送った。

黒田斉溥との対談

先の四月十三日の黒田斉溥と洪庵との接話の内容は、斉溥に近侍していた武谷椋亭の自伝「南柯一夢」によると、「平野次郎（国臣《くにおみ》、福岡藩脱藩の尊攘派浪士）が京都から播州大蔵谷に来て、斉溥侯に「只今京都には浪士が大勢集合しており、侯が京都にお立寄りになれば、侯に種々嘆願して御東行を阻止するであろう」と申し上げ、また、洪庵は京都の浮浪仲間の動静を委《くわ》しく上申した」とある。また、十七日夕方、藤井の本陣での再会についても、椋亭は「御接話あり、なお時勢の風説異見等問《と》われたり」と記している。

藩政への助言

当時は、文久二年に入って一月には、老中安藤信正が水戸浪士らに襲われて負傷した坂下門外の変が起こり、朝幕関係では二月に和宮降下の実現をみたが、公武合体を進める島津久光が兵を率いて四月十六日に入京してくるなど、京都における尊攘派と公武合体派勢力の抗争・対立はますます激化していた。この情勢をかんがみ、福岡藩主の黒田斉溥は、洪庵に対してたんなる医師としての治療だけでなく、政治情勢などについての意見を提供するアドバイザーとしての役割を期待していたのかもしれない。おそらく福岡藩側では、洪庵の身近かにいた甥の大藤高雅《たかつね》がこのころには京坂にのぼって攘夷海防の策をたてて活動しようとしていたから、洪庵も京都を中心とする政治情勢をある程度、高雅あたりから聞いて把握していると考えていたのであろう。

足守に着く

以上のように、斉溥の藩政顧問のようなことを果たしたのち、洪庵は四月十八日昼八ツ時（午後二時）すぎに足守《あしもり》へ帰郷し、早々藩へ帰郷の届出をした。翌十九日は先祖の墓所である乗典寺へ参詣し、二十日は終日外出せず病客診察、賀宴当日の二十一日も早朝から午時（昼）まで病人を診察した。

賀宴

午後から佐伯本家に親戚が集い、母きょうの米寿の賀宴が開かれた。宴に列なった者は、兄佐伯惟正《これまさ》夫婦、宮内《みやうち》の堀家から姉キチ、その子右兵衛・大藤下総守高雅、その孫・お梅、惟正の子おいさ・お花・羊五郎、お千枝（惟正の長女）と渡辺利三郎（お千枝の長男利太郎か）、母方の親類石原官平（洪庵の母の妹の子、洪庵のいとこ）であった。その後、分家の者や門人安田謙造・津下《つげ》成斎（来吉）ら五人も加わって宴は夜半におわった（梅渓昇「緒方洪庵母米寿の賀宴をめぐって」『続 洪庵・適塾の研究』）。

当夜の様子について、お花（篠岡ハナ）の懐旧談によれば、洪庵は大坂からわざわざ注文して持参した自分の賀の歌が焼付けてある陶器の盃を、出席した者にいちいち記念と

賀盃

水穂舎

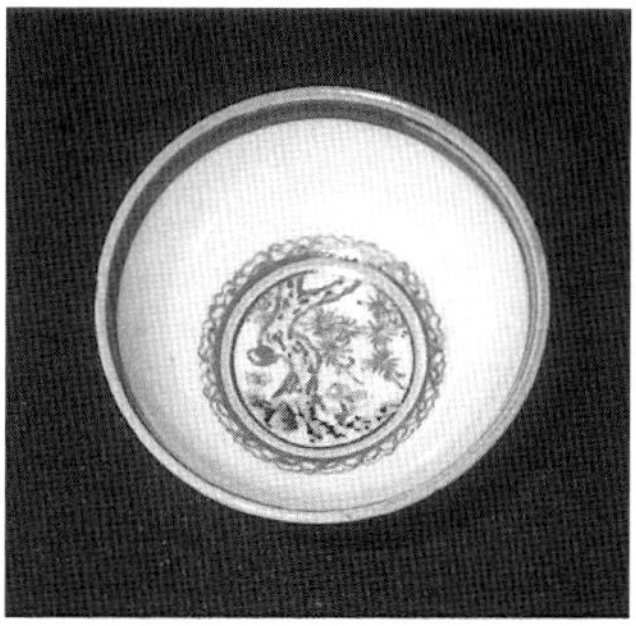

（上）洪庵母きょう自筆の書
（左）「佐伯家母八十八歳之賀盃」
高さ2.9cm／口径5.9cm／高台径2.7cm
（いずれも，川井潔氏旧蔵，梅溪昇『続　洪庵・適塾の研究』より転載）

して手渡したという（緒方銈次郎『緒方洪庵と足守』四二～四三頁）。

この賀盃は、磁器製の小型の盃で、盃の内面の底には、朱色で松と霊芝《れいし》を描き、岩が緑で彩られている。盃の外面は朱色で、最上部に「米寿」の二字を六回連ねて書き、底に近い所を廻って「佐伯家母八十八歳之賀盃」とあり、その二列の間に「あふぎつゝいや高山の山まつの千とせのかげにたつぞうれしき　章　水《み》穂《ほ》舎《しゃ》製」という洪庵自詠の和歌と製者名が焼付けられている。なお、これらの筆は洪庵のものではない。

ここに記されている製者名の

足守を立つ

「水穂舎」は、洪庵も参加している同じ歌人グループの一人で、一弦琴の宗匠としても知られる真鍋豊平《まなべとよひら》の号であり、社中の名称である。後年刊行の豊平の歌集に『水穂舎年々集　初篇』（明治十一年）があるが、その初篇には緒方八重や娘の十重、吉重、九重の歌も入っている。また、多治比《たじひ》郁夫・管《すが》宗次らによって、洪庵と親しかった同じグループの中島広足や近藤芳樹が当時「緒方章の母の八十八の賀」を詠んでいるのが紹介されている。これらをみると、当時洪庵の歌人グループの間では、きょうの米寿の賀が近くなるにつれて、あちこちの歌会でその賀歌が詠まれるようになったことがわかる。推察だが、大坂にある豊平の社中で、きょうの米寿のお祝いに賀盃を贈る話がまとまり、洪庵も昵懇の豊平からの好意ある申し出を受け入れて自詠の歌をつくり、その作成を水穂舎社中に一切を任せたのではなかろうか。豊平みずからか、あるいは、社中の誰かが知り合いの京坂の窯元へ作成を依頼したのであろう。

洪庵は、賀宴の翌日の四月二十二日、早朝から昼まで病人を診察し、宮内へ帰る姉家族らを見送り、二十三日足守を発った。その後、翌月の五月二十五日まで、宮島・岩国などの中国・四国の名所などをまわり、四国の松山城下では夜に軍談を聞きに行っているが、洪庵にとっては多くの門下生たちとの再会・懐旧談こそが最大の喜びであったであろう。

河田雄禎

そのうち特に注目されるのは、洪庵と丸亀の河田雄禎《かわだゆうてい》（一八二二〜一八八七、入門№七）との再会であった。雄禎は、天保十三年（一八四二）より三年余り適塾に学び、嘉永三年（一八五〇）に大坂除痘館種痘免許状を得て、その分苗所として丸亀除痘館を経営していた。洪庵は五月二十五日に雄禎の宅を訪れ、翌日には金比羅参詣を果たし、また雄禎の宅へかえり、門下生三田元沢の父らと夜半過ぎまで酒宴をしている。このときに洪庵は雄禎に、自分の江戸召出しの件を薄々洩らしている。洪庵はそれ以前にも、この旅行に出る二ヵ月前の文久二年（一八六二）二月二十日付で雄禎に宛て、昨年末に送った『扶氏経験遺訓附録』の礼としてもらった菓子料の礼などをしたためた手紙の追而書《おってがき》に、来たる三月中旬に老母の八十八歳の年賀に帰省するつもりで、そのさい必ずお訪ねしたく楽しみにしている、いまだ江戸招致問題の成り行きが不明である、と報じていた（『緒方洪庵のてがみ』その二、一三五頁）。

洪庵は雄禎と念願の再会を果たして、五月二十七日に丸亀を出帆、児島の沖の日比《ひび》・井島を経て、二十九日に牛窓港（瀬戸内市牛窓町）に着いた。六月一日に同港を出帆し、はじめ順風であったが、明石近くになって風波強く、やむなく手前の二見《ふたみ》港に宿泊した。二日の朝に二見を出帆し、夕暮前には大坂天保山に着き、無事帰宅した。

帰坂

帰坂後の大坂では麻疹《ましん》（はしか）が大流行で病人が多く、洪庵は即日より奔走し、寸暇もない有様のなかで、江戸より表向きの御用召の達しを受け取ったのである。

二　江戸への出仕

洪庵召換の動き

旅行に出かける以前から、洪庵を江戸に召し出そうとする動きが表面化してきた事情は、安政末年ごろからの江戸における西洋医学台頭の推移と深く関わっていた。従来、江戸の医学館は多紀氏ら漢方医が取りしきり、嘉永二年（一八四九）三月には蘭方医術禁止令を出させていたが、新たに移入された牛痘術の効能が次第に普及し、また、安政期に入り、幕府は「鎖国」政策を捨て、医学界には蘭医ポンペを長崎で迎えて蘭方医学の伝習が始まるようになった。

背景

こうした情勢を背景に、安政五年（一八五八）七月、将軍家定《いえさだ》の病が篤いとき、大老井伊《いい》直弼《なおすけ》が蘭方医伊東玄朴《げんぼく》を推薦し、戸塚静海《せいかい》とともに二人を奥医師《おくいし》に任命した。その後、竹内玄同《げんどう》・坪井信良《しんりょう》（初代坪井信道《しんどう》の義子）・林洞海《どうかい》・伊東貫斎《かんさい》らの奥医師登用も実現した。これらの蘭方医の登用は、寛政十二年（一八〇〇）生まれの最年長で「私一人老人株」と自任していた伊東玄朴（洪庵より十歳年上）の政治力によるものであった（伊東栄『伊東玄朴伝』一五三頁、玄文社、一九一六年）。

お玉ヶ池種痘所

江戸における蘭方医の勢力拠点は、お玉ヶ池の「種痘所」であった。このお玉ヶ池の「種痘所」は、安政五年（一八五八）年五月に、伊東玄朴・箕作阮甫《みつくりげんぽ》・戸塚静海・竹内玄同・林洞海・三宅艮斎《ごんさい》・大槻俊斎《おおつきしゅんさい》らの有力な蘭方医が発起人となって、江戸をはじめ関東の数十名の医家にも呼びかけて資金を醵出して、神田お玉ヶ池の元誓願寺前、川路聖《かわじとし》謨《あきら》の拝領屋敷の一部を借り受けて設立された。ところが、わずか半年ほどで焼失してしまい、銚子の豪商の浜口梧陵《はまぐちごりょう》の寄付によって、翌六年九月に伊東玄朴邸の隣接地に再建された。それが万延元年（一八六〇）十月、幕府直轄となり、文久元年（一八六一）十月に西洋医学所と改称された（のち文久三年〈一八六三〉二月に「医学所」と改称）。初代頭取には大槻俊斎が就任したが、文久二年（一八六二）四月九日に亡くなったため（五十七歳）、その後任として、玄朴は大坂の洪庵に、林洞海とともに交渉を強めるようになった。

青木周弼とのかねあい

ところで、この洪庵の江戸への召出交渉の過程では、坪井信道塾で洪庵の兄弟子だった七歳年上の、長州の青木周弼《しゅうすけ》へも、同時に交渉がなされていた（青木周弼顕彰会編『青木周弼』四六七〜四六八頁）。周弼が、老年であり、また長州藩を去りがたいという理由で辞退し、同時に洪庵が最適任者であるとして、その交渉を玄朴に勧めていた。結局、玄朴らは青木周弼の固辞を受けいれ、洪庵に台命《たいめい》の受諾を強要するにいたったのである。

心境

洪庵は、長崎留学中の次男平三（洪哉《こうさい》、のち惟準《これよし》）・三男城次郎（四郎、のち惟孝《これたか》）二子への文久二年六月十七日付の手紙に、次のように、台命受諾の決意をしたときの心境を赤裸々に披露している。

拙者事、公辺御召出《めしだし》の風評、近年専《もっぱ》らにこれ在《あ》り、且《か》つ江戸表《おもて》御役人方の内よりも推挙いたし度《たき》旨、内々先年より申し来《きた》り候えども、老後多病の身、迚而《とて》も御奉公抔《など》勤まりかね候事故《ことゆえ》、種々と相断り罷《まか》り在り候処、此頃江戸伊東長春院殿（伊東玄朴）・林洞海両名にて極内《ごく》々愈々《いよいよ》召し出さるべき旨に御評定《ひょうじょう》相決し候に付《つき》、内存聞糾《ないぞんききただ》し申すべき旨仰《おお》せ付けられ候よしの手紙来り、此節御辞退申し上げ候ては身の為め宜《よろ》しからずとの事に付、已《や》むを得ず台命《たいめい》に従い奉《たてまつ》る旨御請《おうけ》いたし申し候。実は先祖への孝と相成り、子孫の栄とも相成り、身に取ては冥加《みょうが》至極難有事《ありがたきこと》には候えども、病弱の体質、老後の勤め中々苦労の至《いたり》、殊《こと》に久々住馴《すみなれ》たる土地を放れ候事、経済に於ても甚《はなは》だ不勝手、実に世に謂ふ難有迷惑《ありがためいわく》なるものにこれ在り候。併《しか》し乍《なが》ら道の為め、子孫の為め、討死《うちじに》の覚悟に罷り在り候。（『緒方洪庵のてがみ』その三、三三二頁）

その後、洪庵は河田雄禎に宛てて、「過日拝接の節薄々御咄《はなし》申上候通り、去月（六月）廿九日表向き御用召の御達《おたつし》に相成り、早々出府いたし候様仰せ付けられ候」（文久二年七月十一日付、『緒方洪庵のてがみ』その二、一四四頁）と知らせている。

また洪庵は江戸への出立を前に、七月十六日付で宮内の姉に宛てて、細々と送別の歌や文をたびたびもらったことを礼状にしたためている。洪庵みずから永訣《えいけつ》の思いを深く込めながら、老母や姉の心中を推し量りつつ、その安泰を祈ったことがわかる（『緒方洪庵のてがみ』その三、一二四頁）。

洪庵は文久二年（一八六二）、住みなれた大坂の地を去って江戸へ赴くとき、藪長水《やぶちょうすい》の手による自分の肖像画に次の自作の和歌一首を賛し、識語を加え、尼崎の大坂除痘館に残した。

としことに《年毎》　おひ《生》そふのへ《野辺》の　こまつ《小松》原
ちよ《千代》にしけ《繁》れと　うゑもかさねん

文久壬戌《みずのえいぬ》　初秋将《まさ》に東行せんとし、小照《自分の肖像》を壁間に遺す。蓋《けだ》し我が神志を此の館に留めんと欲す也

五十三翁　緒方章　識《しる》す

洪庵が末永く種痘のために精魂を尽くそうとする心情がよく示されている。

江戸へ

いよいよ文久二年八月五日、洪庵は大坂を発って江戸に向かった。父洪庵の旅立ちを、二人の兄弟平三・四郎は、母をはじめその他の親戚や知人・門弟、従者の長太・茂兵衛らと共に伏見まで見送った。平三や八重らはそこから大坂へ立ち戻り、洪庵は四郎と従者長太・茂兵衛を連れて江戸へ下った。

文久２年（1862）９月５日付 松平豊前守信義奉書
（個人蔵，岡山県立記録資料館寄託）

なお、当時、足守藩主より幕府へ、洪庵が奥医師を拝命したことについて御礼言上《ごんじょう》の使者を出しており、老中であった丹波亀山（亀岡）藩主松平豊前守信義《のぶよし》から、足守藩主の木下備中守利恭《としやす》宛ての書状が残されている（写真参照。文久二年九月五日付、松平豊前守信義奉書）。おそらく洪庵は、奥医師受諾の主命を受け、辞退できなかったのであろうと思われる。

洪庵が大坂を離れたあとの適塾については、元治元年（一八六四）七月までの「姓名録」に二十五名の署名があることから、四女の八千代とその夫の拙斎《せつさい》が適塾に居住し、拙斎が塾生を教えていたことがわかる。

三　奥医師になる

1　初出仕

洪庵は、文久二年（一八六二）八月十九日の昼八ツ時（午後二時ごろ）、江戸の足守藩広尾屋敷に着き、出迎えた村田蔵六《ぞうろく》（良庵、大村益次郎）、坪井信友《しんゆう》（二代目坪井信道）らの親切な世話を受けた。

「勤仕向日記」

江戸入り後の洪庵については、みずから書き残した「勤仕向日記《ごんしむきにっき》」からうかがうことができる。この「勤仕向日記」の表紙には、「文久二年壬戌八月廿一日ヨリ」と書いてあるが、内容は洪庵が江戸に着いた文久二年八月十九日から始まり、亡くなる三ヵ月ほど前の同三年三月十三日に終わる。奥医師と西洋医学所頭取を兼帯していた洪庵の実態を示す、貴重な史料である。

洪庵は八月十九日、広尾屋敷に落ち着いて、その朝に届いた伊東玄朴からの伝言を受け取っている。それには、ことのほかお急ぎの様子なので、四、五日中には呼び出しがあるはずだが、自分も早く面会したく、明日二十日早朝か二十一日夕方かは在宿しているので、できれば明朝に来てほしい、とあった。洪庵は旅の疲れがひどく、明朝は断わった。洪庵が翌二十日早朝に、足守藩留守居の上村繁を通じて前日の夜に着到したことを届け出ると、さっそく同夜、「御用番御老中（山形藩主・水野忠精）」より留守居の呼出しがあり、「洪庵事、明廿一日御呼出の旨御達のよし」と申し渡された。洪庵がこのことを留守居から聞いたのは、暁八ツ半時（二十一日午前三時）であった。洪庵は「大《おおい》に相驚き、大狼狽にて俄《にわか》に月代《さかやき》身《み》拵《こしら》え」たと記す（緒方拙斎・洪哉宛て、文久二年八月二十二日付、『緒方洪庵のてがみ』その三、六五頁）。

初登城

洪庵は八月二十一日、若党・薬籠・草履取を各一人、陸尺《ろくしゃく》（かごかき）四人を供回りにして留守居が同道、明《あけ》正六ツ時（午前六時）に広尾屋敷を出て、朝五ツ時（午前八時）前に登城した。このときに召し連れた供回りは、奥医師の職分に恥ずかしくないよう、坪井信友がつけたものであった。

奥医師就任

洪庵は、江戸城本丸の「御玄関」より上がり、西洋医学所の俗事役・具島《ぐしま》嘉左衛門に迎えられ、「中奥《なかおく》」（将軍の政治・生活の場所）の伊東玄朴・竹内玄同・林洞海らと相次いで面会し、その後、「御時計之間」において老中・若年寄が列座するなか、老中水野和泉守（山形藩主水野忠精《ただきよ》）より、奥医師を仰せつけられた。その後「御時計之間」の外で待っていると、祐筆《ゆうひつ》の高木幸次郎がきて「制紙の習礼」（礼儀・作法）を教わることとなり、しばらくして「新部屋」で、老中水野忠精や若年寄の附添のもとに、「制紙血判」を済ませた。ほどなく、洪庵は「御奥」にて将軍家茂《いえもち》から御引見を賜り、その他あれこれの御礼式がすべて済んだのは、夕七ツ半時（午後五時）であった。その後、大急ぎで老中・若年寄の御用掛衆、御匙医師など二十一人に挨拶まわりをし、その途中、坪井信友宅に立ち寄り、先師の信道の霊を拝し、伊東玄朴宅へ帰ったのは夜五ツ時（午後八時）であった。

「御時計之間」で老中水野忠精より、奥医師を仰せつけられたときの文書が残されており、次のように扶持などを知ることができる。

木下備中守家来
緒方洪庵

召し出され、奥医師　仰《おお》せ付けられ、御扶持方三十人扶持下され、勤候内弐百俵の高に、御足高《おたしだか》下され、並《なみ》の通御番料弐百俵之を下さる

「制紙血判」

また、このときの「制紙血判」は残されておらず、洪庵自身もその内容について何も記していない。しかし、洪庵より二年後の元治元年（一八六四）八月十五日に、松本良順《りょうじゅん》（佐倉の藩医佐藤泰然の次男、幕府医官松本良甫《りょうほ》養子）が、奥詰医師から奥医師に就任したおりの誓約書（誓紙付）が『多聞櫓文書』（国立公文書館所蔵）に現存しており、ここから推察する

ことができる。「制紙血判」はその用紙に熊野牛王宝印《ごおうほういん》が押された護符の裏面がつかわれた起請文《きしょうもん》で、その前書に、「御為第一」とすること、奥向きで知り得たことを親兄弟をはじめとして他言しない、大奥とも関わるためであろうが、猥《みだ》りに好色してはならない、などの七条目《じょうもく》が掲げられていたと思われる。

さて翌二十二日は、これまた朝六ツ時（午前五時）に登城して「初御診」を仰せ付けられ、三日間の見習についている。休む暇もないこの状況を洪庵は、八月二十二日未の刻（午後二時ごろ）付で大坂の拙斎・洪哉宛てに、

兼《かね》ての覚悟と違い、万事早急の次第、大混雑の事のみ。一昨夜（八月二十日）已来《いらい》一睡の間もこれ無く、実に茫々然《ぼうぼうぜん》たる事にて夢の如《ごと》し（『緒方洪庵のてがみ』その三、六五頁）

と書き、特に奥医師の申渡しを受けたことに関して、洪庵は御番医と西洋医学所頭取になると思っていたら、急に奥医師にということになり意外だった、としている。

この書状は、末文に「見習の諸用多事の中、透間《すきま》を見合せ……凡《およ》そ十四、五辺の休みにて書き終り候也　八月廿二日未の刻」とあるように、洪庵が二十日から断続的に書き綴り、二十二日未の刻にやっと書き上げたもので、洪庵の暮らしが江戸に来て激変し、心身ともに大きな負担となった様子がよくうかがわれる。

2 和宮・天璋院・姫様方らの御診となる

伊東玄朴宅に移動

洪庵の「勤仕向日記」によると、洪庵は文久二年（一八六二）八月二十一日に奥医師に任命され、翌日の八月二十二日には、麻布の足守藩下屋敷からでは早朝からの将軍拝診に間に合うように登城するのが困難なので、下谷和泉橋通りの伊東玄朴宅に同居するために引き移った。そして二十二・二十三・二十四日の三日間、「正六ッ時（午前五時）登城、御定式御診（定例拝診）」と記し、将軍の診察に、最初の日は「初御診見習」、翌日・翌々日は「見習」として参加している。なお、三日目の二十四日には、多紀養春院《たきようしゅんいん》・戸塚静海・三上快庵《かいあん》・緒方洪庵（見習）・石川玄貞《げんてい》（初御診見習）・小堀祐益《こぼりゆうえき》（外科）・石坂宗哲《そうてつ》（鍼科《はりか》）・渡辺雄伯《ゆうはく》（眼科）の一同が拝診した後に、静海・快庵・洪庵の三名に再拝診を命じられ、静海より御異状ない旨を言上《ごんじょう》したところ、「御大便拝見すべし」と申しつけられ、「御広式」にて三人立合で拝見の結果、「御平便に御軟便交じりしのみ、別に仔細なし」と静海より「御膳番」へ申し上げた、とある。洪庵はこの日に続き、八月二十八日に初泊まり番を勤めている。

初当番

さらに、閏八月四日、西洋医学所頭取の兼帯を命じられ、翌五日、洪庵は初めて奥医師として「当番」を勤め、同月九・十七・二十一・二十八日が当番日であった。奥医師の「当番」は、朝登城して大奥・中奥で医務にあたり、同夜宿直する勤務である。洪庵は先月二十八日の玄朴の当番日に、「初泊まり番」を予習している。

将軍との関係

なお、洪庵が御定式に列席した閏八月十日の日記に、「拝診の節当番、御腹診仕《つかまつ》るべき事、不案内にて、一応相退き、御催促にて更に御腹診申上る。御異状無し」と赤裸々に書き残している。将軍家茂の御腹診は「当番」がすることになっていたが、洪庵は新任者で不案内なことから一応辞退したところ、将軍の催促によって洪庵が腹診を行なった。この記事は、蘭医好みの将軍家茂の洪庵への信任ぶりと洪庵の人柄を示すものであろう。

日々の動き

また、閏八月二十八日の洪庵の当番日の日記によると、洪庵は朝五ツ半時（午前九時）ごろ出宅、登城して戸塚静海と交替した。一両日将軍の「御品合」（体調不良）のため、昨夜は長春院（伊東玄朴）が臨時に替番として静海と共に宿直して看護にあたり、また、当日昼九ツ時（十二時前）ごろには、「御膳番」から、将軍の「下利丸薬」（下剤）服用のご希望が伝えられたが、そのとき玄朴が大奥へ出向いていたので、洪庵はすぐ使いを出して迎えにやり、二人で丸薬を調剤したことがわかる。御薬部屋は、中奥の中央部にあった。伊東玄朴が、今夕も登城して宿直し、将軍看護にあたっているところに、奥医師中の絶大なリーダーぶりがよく示されている。

和宮などの御診

さらに、洪庵は同年九月十二日、「御時計之間」で若年寄堀出雲守（越後椎谷《しいや》藩主堀之敏《ゆきとし》）から、御台《みだい》様（和宮《かずのみや》）、天璋院《てんしょういん》（将軍家定夫人）、姫君様方、本寿院《ほんじゅいん》（お美津の方・将軍家定生母）、そのほかの「御診」を仰せ付けられた。その後、すぐ新部屋にて老中松平豊前守（丹波亀山〈亀岡〉藩主松平信義）・若年寄田沼玄蕃頭《げんばのかみ》（遠江相良《さがら》藩主田沼意尊《おきたか》）の立ち合いで「制紙血判」を滞りなく済ませた。

この際の洪庵の「制紙血判」内容も、先の奥医師の場合と同様と思われる。こちらも洪庵のものは現存しないが、後年（元治元年〈一八六四〉八月晦日）、松本良順が和宮、天璋院、溶姫君《やすひめぎみ》他の「御伺」（担当医）に就任したときの誓約書が残っている。そこから推察すると、七ヵ条の誓約を挙げ、このうち一事でも違反すると神罰冥罰を被るといった、いわゆる起請文であったろう。

将軍家族の診療

こうして洪庵は、九月十八日に「楓之間」で天璋院の「御診」を開始し、他の奥医師と同列に加わり、将軍の家族の診療にあたるようになる。洪庵は当番の九月十三日の日記に、

> 月見御祝儀につき、夕方部屋にて芋豆頂戴し、夜に入り、御休息（の間）に於いて、御酌にて御酒頂戴仰せ付けらる。……戴残《さいざん》の御肴、御膳の儘《まま》、部屋へ持帰り……御奥泊りのもの残らず列坐。快庵（三上快庵）、洪庵、御広式泊り番、盤安（伊澤盤安）、一同に頂戴

と記している。この記事は、洪庵が将軍の手ずからの酌で酒を頂戴したことを記したものである。

四　麻疹の流行と将軍家茂の罹患

麻疹の流行

文久二年（一八六二）という年は、麻疹《ましん》が各地で流行した年で、江戸では『武江年表』にあるように、七月の半ばごろに蔓延した。江戸城大奥では、同年十月四日、「御中老《（御中臈）》」の一人が前日より発熱、洪庵が診察し、麻疹と判明した。しかし、その後二十日ほどは事なきを得た。

母への手紙

洪庵は、江戸に来てから三ヵ月後の十月二十日、足守の老母のもとへ近況を報じている。この手紙は洪庵が母へ宛てた最後のもので、しかもその現物が今日見出せないため、全文を引用しておきたい（緒方銈次郎『緒方洪庵と足守』五一二〜五一三頁）。

一筆申上まいらせ候。時分柄寒さつよく相成り候えども、まつとや御まえ様ますく〳〵御機げんよく御座遊《ござあそ》ばされ、みな様いよ〳〵御無事御揃なされ、萬々目出度《めでたく》御嬉しく存じ上げ参らせ候。将又《はたまた》先日は兄様にも長途《ちょうと》滞《とどこお》りなく、御着府《ごちゃくふ》に相成り、御無事《おんぶじ》に入らせられ候条《じょう》、御互《おたがい》にめで度《たく》存じ上げ候。次に平三並《ならびに》四郎共別条《じょう》無く、相暮し居《おり》候まゝ、憚《はばか》り乍《なが》ら御心やすく思召《おぼしめし》遣《つか》わさるべく候。誠に先日は態々《よくよく》細々との御文遣《つかわ》され難有《ありがたく》存じ上げまいらせ候。私よりこそ早々御吹聴の文も差上候筈《はず》の処、彼是《かれこれ》多用に取まぎれ、こゝろの外《ほか》の御無沙汰のみ申上、重々恐入《おそれいり》申上候。仰せ遣わされ候通り、私も存じも寄らざる結構に召出され、朝暮　公方様の御脈を診《うかが》ひ、御直《おんじか》に彼是と御懇命を請け、已《すで》に九月十三日夜、御月見抔《など》には御手づからの御酌にて御酒頂戴抔《など》も仕《つかまつ》り、世間へ出てはいずこにても目下よりは、殿様といわれ、御前《ごぜん》ととなえられ候事、実に身にあまりたる冥加《みょうが》の至り難有仕合《ありがたきしあわせ》に御座候。併《しか》しながら大坂に居たようの楽なる事は之《これ》無く、扨《さ》て窮屈にて色々と心配のつとめ多く、是にはこまり入《いり》申候。其上《そのうえ》物入りは多くとりものはすくなく不自由の事のみ、御察し遣《つかわ》さるべく候。其替り今までと違い、からだは大《おお》いに丈夫に相成り、当処に参りてより今日まで風もひき申さず、一日も不快と申す事之《これ》無く、全く今まではあまり楽すぎてよく之《これ》有り候事と存じ申され候。此段は憚《はばか》り乍《なが》らは御安心遣さるべく候。右馬之介（兄の長男）事、先の頃は大病に之《これ》有り候よし、嘸々《さぞさぞ》御心配遊《あそば》され候事と御察し申上候。しかし是も追々宜《よろし》く全快に相成《あいなり》候よし、御同喜《ごどうき》申し上げ、尚申上《もうしあげ》度事《たきこと》は山々御座候え共、差《さし》いそぎ又のせつとあら〳〵申上残候。目出度かしく

十月廿日　　　洪庵

御母上様

参る人々まで

大坂での生活とうってかわって、江戸幕府内の窮屈でいろいろ心配の多い勤めに困り、物入り多く身入り少ない不自由さをうちあけられるのは身内だけである、と母にもらした心情は察するに余りある。洪庵の母への慕情がうかがえる。

家茂・和宮の麻疹

この手紙を記した四日後の同月二十四日は、洪庵の当番日であった。当日、朝四ツ時（午前十時）ごろ出営した。このころより将軍は「御不例」により竹内玄同が詰切であったが、不快の長春院（伊東玄朴）も出営し、いよいよ麻疹の様子となったため、洪庵もその日から詰切となった。また、和宮もこのころ麻疹の様子であったため、夕方には頭取依田駿河守より「明日六ツ時（午前六時）惣御診」との達しがあった。日没後、洪庵は御用部屋より呼ばれて、老中たちから将軍や和宮の容態を尋ねられ、委細報告した。さらに、暮六ツ半（午後六時過ぎ）ごろ、「御次」（将軍部屋の次間に居る奥女中）よりの申し来たりによって、伊東玄朴・竹内玄同らが一同拝診したところ、「最早御麻疹十分に見点」し、「（上様には）今日御衂血（鼻血）両度のよし、御不食、咳嗽《せき》強く」という症状であったため、薬を立会で調合し、玄朴と玄同の両人が御伽《おとぎ》した。

診療体制の確定

翌二十五日朝の御定式後より、漢科・蘭科惣御診の上、麻疹と確定し、漢蘭両科の奥医師の総力をあげての診療体制が決められた。「詰切」は多紀安琢《あんたく》（養春院）・伊東玄朴・竹内玄同、「毎日膝代り」は漢科・蘭科とも二人ずつ泊り、「日々御診」は多紀安常、雑科そのほかは「日々御機嫌伺」と決まった。このため蘭科奥医師の方の当番として、「詰切」は玄朴と玄同、「日々御診」は戸塚静海、「隔日膝代り泊り」は伊東貫斎と石川玄貞、林洞海と緒方洪庵の二組が一日交代で宿直することに決まった。

洪庵は林洞海とともに、十月二十六日・二十八日、十一月三日・七日と、当番を勤めている。洪庵は十月二十六・二十八日ともに、上意により「昼夜御介抱」、暁方まで勤め、また十一月三日には、「夜中代ル々々御伽申上、能ク御快寝」と記していて、極度に心身を労する勤務が続いたことがわかる。

家茂ら快癒

やっと同月七日に将軍家茂の快癒の御酒湯《ささゆ》（笹湯）御祝儀が行なわれ、御用掛・御側衆が去ったあと、奥医師全員が将軍の前に出て快癒を喜んだ。九日には和宮も快癒し、将軍と和宮それぞれから恩賞が下された。

天璋院の麻疹

将軍と和宮が回復し、十二日より奥医師の勤務も軽くなったが、今度は天璋院が麻疹になり、翌十三日の惣御診には、蘭科の伊東玄朴・戸塚静海・林洞海・洪庵、漢科の津《つ》軽《がる》玄意《げんい》・大膳亮章庵《だいぜんのすけしょうあん》（弘玄院《こうげんいん》）、眼科の土生玄昌《はぶげんしょう》らが御内診にあたった。

その結果、将軍と和宮の場合と同様に、十五日より応急態勢がとられ、詰切は大膳亮章庵（漢科）と静海（蘭科）、他に吉田秀貞（御針医）、「両人泊り居代り」は、蘭科・漢科一名ずつ。「日々御診」は漢科の多紀安琢・多紀安常、蘭科の伊東玄朴などと決まった。

天璋院の快癒

これによって二十六日までの番割ができ、洪庵も同月十七日・十九日・二十一日・二十三日・二十四日と、御広式当番と御表当番と交互に勤め、その間、定例の将軍御診のほかに、特に天璋院の麻疹の御診に同僚とともにあたるという多忙の毎日であった。天璋院の麻疹は、十七日夕方には顔の赤い発疹は消え、指先だけに残るのみで、夜四ツ時（午後九時半）過ぎの御診では気分も回復した。将軍にも別段のことがなくなったとみえ、二十一日には「今夕より夜中之御診御免ニ相成」ったと記しているから、洪庵らの心身の疲労は幾分《いくぶん》か軽減したのであろう。やがて、二十七日朝四ツ時（午前十時前）より御時計之間において「天璋院様御麻疹御酒湯御祝儀」として奥医師一同には拝領物が下された。

法眼就任

十二月に入って年内最後の当番日二十四日まで、六、七日の間隔で数回勤めているが、寒さ厳しい時期で体にはこたえたであろう。その間、十二月十六日には、洪庵は奥医師最高位の法印《ほういん》に次ぐ法眼《ほうげん》に叙せられ、また十八日には天璋院と和宮より年暮御祝儀銀二枚ずつ、十九・二十一日には二人の誕生日祝の御餅を下され、二十四日暮後には、御前で十六日に法印になった大膳亮弘玄院・半井卜仙《なからいぼくせん》らとともに「御膳御蕎麦御料理」を下された。

五　西洋医学所頭取の兼帯

洪庵は文久二年（一八六二）八月二十一日に奥医師を拝命し、少しおくれて翌月の閏八月四日に西洋医学所頭取兼帯を命じられた。

西洋医学所

西洋医学所は、先にも少し触れたように、伊東玄朴の主唱で江戸の蘭方医らが、漢科の多紀氏らの医学館に対する西洋医学振興の拠点として、安政五年（一八五八）五月に設立したお玉ヶ池種痘所がそのはじまりである。幕府の財政的援助をえて万延元年（一八六〇）官立の種痘所となり、翌文久元年（一八六一）三月に、幕府は教授職と俗事取扱出役《しゅつ（で）やく》を任命した。

実態

種痘所の教授職は大槻俊斎（頭取）や伊東玄朴・戸塚静海・伊東貫斎・竹内玄同・林洞海らであった。当時、同種痘所は「種痘諭文《うえぼうそうさとしぶみ》」と題したチラシを配って、広く人びとに種痘を受けるよう呼びかけたが、これは洪庵らの大坂除痘館のビラに遅れること実に十二年であった。

文久元年十月、幕府はこの種痘所を西洋医学所と改称し、はじめて稽古人を入れて、蘭方医の養成に着手したとされている。しかし、教授職がほとんど奥医師であったため繁忙であり、講義が行なわれた形跡はみられない。また、西洋医学所が優等生十三人に褒美として官板書籍を与えた史料があがっているが、これが医学教育とは受けとれない。西洋医学所専任の教授職は、阿波藩医員の島村鼎甫《しまむらていほ》（貞蔵、嘉永五年〈一八五二〉適塾入門、入門No.二四六、のち伊東玄朴に師事）ただ一人だったが、陪臣であるため、藩用のときは西洋医学所への出勤を免じられていた（倉沢剛『幕末教育史の研究』一）。したがって、医学教育機関の実質はなかったのである。

山口勘兵衛との面会

洪庵は、西洋医学所頭取兼帯を命じられた閏八月四日当夜に、さっそく御目付の山口勘兵衛（直毅）から面会を求められ、「旧来の医学館は俗事の弊害ばかり多く、学問研究のためになっておらず、今度の西洋医学所も同様のものになっては折角設立した甲斐がないので、かような俗弊に陥らぬように尽力されたく、その辺の考えがあれば、早々に申し出て欲しい」と頼まれている。これに対して洪庵は、「私は今日頭取を仰せ付けられただけで、西洋医学所の風儀も何もわからないので、なんとも申上げられないが、何分有難い御趣意ゆえ、伊東玄朴・林洞海様とも篤《とく》と打合わせ、その風儀などをよく見聞した上、何かお頼み申上げることがあれば御願いしたい」と返答している（「勤仕向日記」文久二年閏八月四日条）。その後、洪庵と御目付の山口勘兵衛との間にどんな交渉があった

松本良順

かわからないが、この直後の閏八月八日、松本良順が奥詰医師に召出され、西洋医学所頭取助《とうどりのすけ》（次官）に挙用されている。洪庵の推挙によるのは明らかで、西洋医学所の前途を見据えて抜擢した見識ある人事である。

松本良順との関係

松本良順は、安政四年（一八五七）に第二次オランダ海軍伝習派遣隊の一員として来日した海軍軍医ポンペに師事し、はじめて西洋医学を体系的・組織的に修得した優秀な医学者であった。洪庵は九月三十日、長崎にいる子息洪哉（惟準）に宛てた手紙の中で、

良順老も……医学所《（西洋医学所）》頭取助に仰せ付けられ、此節二、七、五、十、出勤にて、朋百《ポンペ》氏のレスブック（Lesboek 教科書）講釈致し居られ、ゲネース（Genees 治療）も大に相行われ、門人も相応に之《これ》在り、大に勢いを得られ申候。先《まず》は歓ぶべき次第。併《しか》し乍《なが》ら拙生の次席に立たれ候事、如何にも気のどく千万の至《いたり》也（『緒方洪庵のてがみ』その三、三九頁）

と、良順が二、七、五、十のつく日に出勤し、ポンペの講義を行なうなど、就任直後から西洋医学所で活動している様子を記している。みずからは奥医師に多忙で、さしたる講釈輪講もできないのに頭取でいることを気にしている様子がうかがわれる。

ところで、松本良順は西洋医学所を監督・指導するにあたり、旧来の蘭学塾における学習法を打破し、新しい学習法を断固として採用したと自伝に記している。大要は、

旧来の坪井信道塾や緒方洪庵塾では、医師でなく諸藩の武士で兵書を読む者が多く、徒《いたずら》に文法書を会読し、序文凡例の明文を講究するのが務めであり、学者であるとしてきた。予が監督する医学所もまた、文法を学び、難文を理解するのが緊急要事とされている。従って予は教頭として、兵学家の行為を止め、文法書の購読を禁止した。そして、専ら究理、舎密、薬剤、解剖、生理、病理、療養、内外科、各分課を定めて、午前一回、午後二回、順次その講義をなし、厳に他の書を読むことを禁じた。そのため、元適塾生で洪庵の江戸行に伴い入所した生徒足立寛（藤三郎、入門No.六〇七）・田代基徳（一徳、入門No.五七九）等は、塾中を牛耳っていて、朝夕やって来て文句を言う。（「蘭疇自伝」、小川鼎三・酒井シヅ校注『松本順自伝・長与専斎自伝』）

西洋医学教育法

洪庵は、このような西洋医学所の内情を耳にしていたであろうが、こうしたことにこだわらず、むしろポンペ直伝の新進医学者である松本良順の将来に期待していた。当時、長崎にいたポンペは、基礎医学と臨床医学の課程を分けて、学科すべてに順を追って系統的に教える西洋医学教育法をとっており、鋭敏な時代感覚をもっていた洪庵は、この意義を認め、子息の洪哉を安政六年（一八五九）秋、長崎の医学伝習所へ入れ、ポンペに学ばせていた。文久元年（一八六一）八月に落成した日本最初の西洋式近代病院である長崎養生所と併設の医学所についても、洪庵はその先進的意義を十分にみとめていた。

長崎伝習生

「勤仕向日記」によると、文久二年十二月十一日、洪庵・玄同・良順らは江戸城で長崎伝習の件を合議し、翌日、眼科質問のために松本良順、医学伝習として奥詰御医師川島宗瑞《そうずい》、竹内玄庵（奥医師玄同倅）・緒方洪哉（奥医師洪庵倅）の四名に長崎伝習が命じられた。良順・宗瑞へは口達で「御暇金四十両づゝ下付」され、玄庵・洪哉（惟準）へは「人足二人・馬二疋の御朱印下され、暇金四十両・御合力米百五十俵四ツ物成日割を以て下され候事」の書付が下された。すでに洪哉は長崎に私費留学していたので、官費留学生の身分替えになったわけである。

伝習生への期待

翌文久三年正月七日、お玉ヶ池の「種痘所」の設立に関与した添田玄春も御用召となり、長崎伝習の列に加えられ、伝習人は五人となった。良順はさておき、これら四人はいずれも江戸の西洋医学所の将来をになう人材養成を期待しての人事であった。そして二月二十五日には、西洋医学所の名称を医学所と改めた。江戸の医学所頭取助の松本良順が、同年三月四日上洛の将軍家茂に供奉《ぐぶ》中、長崎に行った真の目的は、良順みずからが記しているように、長崎奉行の大久保豊後守忠恕《ただひろ》よりの要請で、当時の長崎医学校（戸塚文海校長）の衰退傾向を是正・改革することにあり、その目的を達して六月に帰府している（小川鼎三・酒井シヅ校注『松本順自伝・長与専斎自伝』）。文久二年九月、長崎養生所（のち精得館）の教官として来日したボードインが、ポンペ帰国（文久二年九月十日）のあとを受けて新しい医学と基礎科学を教え、また眼科学に精通していることが周知であったため、これらを見聞するため、表向き眼科質問の願いで良順は出かけたのであろう。

洪庵の「勤仕向日記」文久三年正月十七日条には、「昨十六日、竹内下野守《（遣欧使節正使・竹内保徳）》・松平石見守《（副使・松平康直）》・京極能登守《（目付・京極高朗）》三人より、左之書附添へ、医学所《（西洋医学所）》へキュンストレイキ《（人体解剖模型）》一箱差越すよし」という記述があり、その次に左のような添付の目録書の内容が転記されている。

キュンスト
レイキ

西洋医学所
　頭取衆　　竹内下野守
　　　　　　松平石見守
　　　　　　京極能登守

一紙製人体
一男陰部　一式
一女陰部　一式
一胎児之形　五通
一眼之形
一女子陰部之属具　一
右は其侭《そのまま》役所に引き渡し組立方の儀、支配反訳《（翻訳）》方箕作秋坪《みつくりしゅうへい》へ御引合《おひきあい》候上、其段早々御申上、之《これ》有るべく候旨、周防守《（板倉勝静）》殿・丹波守《（平岡道弘）》殿御下知に付、右及御達《おたっしにおよび》候

　亥《い》正月

これについては「右取引、箕作秋坪立合。医学所《（西洋医学所）》にて一覧す」とも記している。この洪庵の記事に関連して、侍医戸塚静海が文久三年正月十五日条の日記に、

> 六時《（午前五時半）》過御定式拝診、四時《（午前十時）》前表外国奉行部屋へ罷越《まかりこし》、今度欧羅巴《ヨーロッパ》行使節持越の人作人身器一覧、奥へ戻り頭取《とうどり》長門守《（大久保教義）》へ右品御上覧の節、蘭科当番の者拝見、幷《ならび》に追て医学所《（西洋医学所）》へ御預り願度旨《ねがいたきむね》申談、四半時《（午前十一時）》退出（「幕府侍医戸塚静春院法印静海日記抄」、江戸旧事采訪会編・大久保利謙編輯『江戸』第六巻）

と書きのこしている。これらによると、正月十五日には城中外国奉行部屋に「人作人身器」（キュンストレイキ）が到来しており、戸塚静海が一見し、頭取の大久保長門守教義《のりよし》に右の「人作人身器」を将軍が御上覧の節、蘭科当番の者が拝見し、その後、西洋医学所へお預かり願いたいと申しておいた、とある。

翌十六日は洪庵の当番日であったから、この日に行なわれた将軍御上覧の際に、洪庵も同時に見たと思われるが、この日の日記に洪庵は記していない。

ともかく、西洋医学所へ到来したキュンストレイキ（人体解剖模型）は、文久二年の正使竹内下野守ら遣欧使節団が欧行先で購入して持ち帰った外国土産であり、将軍の上覧に供したのちに納めたものであることが明瞭である。

購入経緯

遺欧使節団員らの西欧体験を取り上げた芳賀徹は、パリ滞在中の使節団員の医師らが、陸軍病院や大学医学部内のオルフィラ記念陳列室やデュピュイラン記念陳列室に並べられた解剖標本や精巧な病症模型をつうじて先進西洋医学の実態を知り、強い刺激を受け、医師たちが連名で「紙製人体、代価凡そ二千五百フランク」の購入を竹内主席に願い出たのであろうと記している（芳賀徹『大君の使節—幕末日本人の西欧体験—』中公新書、中央公論社、一九六八年）。

遣欧使節の目的

なお、これらに関する遺欧使節の公式史料として、「紙製之人体并療治之書籍御買上仕候義申上候書付」という文書がある（東京大学史料編纂所所蔵、竹内下野守等欧行中諸書付、外務省引継書類之内五。倉沢剛『幕末教育史の研究』一、三六二～三六三頁）。そこには、購入の経緯や人体各部の模造とその洋銀高、ならびに内科・解剖の英書名・代価と治療・医薬の蘭書名・代価が書かれている。遺欧使節の最大任務は、ヨーロッパ締盟国への開市開港延期談判にあったが、一方で、幕府は「西洋探索」として西欧先進諸国の諸制度・文物の調査研究の任務を下級随員に命じており、明治維新直後の岩倉遣外使節団の先駆であった。後年、松木弘安《こうあん》（寺島宗則《むねのり》）も「予と箕作秋坪とは病院学校等に治療教育及び組織の方法を探索せり」と語っている。

秋坪の協力

西洋医学所へのキュンストレイキ到来やその前後の事情から推察すると、箕作秋坪がその主役で、恩師洪庵主宰の医学所を幕府直轄の最新の西洋医学研究所とするため、有意義な西欧土産として医薬関係の洋書などと一緒に購入を図ったものと思われる。

洪庵は、西洋医学所にキュンストレイキが到来してから十日後の正月二十六日付で、秋坪に手紙をだして、「大兄《（箕作秋坪）》の周旋により小石川の御薬園で伊藤圭介に出会い、同人《（伊藤圭介）》より大兄の御手元に返却した薬草の種子を残らず頂きたいのでこの使者に付与されたい」と頼み、秋坪からもらった薬草種をさっそく圭介に頼んで御薬園に蒔きつけてもらっている（『緒方洪庵のてがみ』その一、二四七・二四九頁）。おそらく洪庵は西洋医学所の充実のために、こうした西洋における医学教育の器具の使用法や、西洋より持ち帰ったと思われる薬草種物の栽培などに関して、秋坪の助言を期待していたのであろう。秋坪は、長年にわたって洪庵の『扶氏経験遺訓』の刊行に協力していたが、引き続き、医師兼外国奉行支配翻訳御用という幕府新知識人の一人として、洪庵の活躍に協力しようとしていたことがうかがえる。

六　晩年の江戸暮らし

私生活の苦労

さて、江戸での洪庵の公的な生活面ばかりを見てきたが、晩年になってから江戸と大坂と離れ離れになった洪庵の私生活は痛々しいものがあった。洪庵が江戸から大坂の八重に宛てた手紙は、文久二年（一八六二）の八月二十日および同年十二月十六日、翌三年一月八日および一月二十三日付の四通、大坂の八重から江戸の洪庵に宛てた手紙は文久二年閏八月二十五日付の一通しか残っていない。晩年になって、やむなく江戸に召出された洪庵と、すでに成人した洪哉（次男）・四郎（三男）のほかに、三女七重、四女八千代、五女九重、五男十郎、六女十重、六男収二郎、七男重三郎の七人の子供を抱えて大坂に残された八重との間にとりかわされたこれらの手紙の文面には、夫婦互いの気遣いや苦悩がうかがえる。

　洪庵が最初に出したのは、大坂を発って十二日間の旅を一同無難に終え、江戸に着いたので安心してほしい、と江戸着の翌日八月二十日付でしたためたもので「毎日曇り勝ちで夕立小雨の降らぬ日は少なく、案外凌ぎよく、大井川の川止めも三日ですみ、都合よく江戸に着けて幸せでした」などと、東海道中の様子などを細かく報せている。洪庵が近々御召出しを控えて、何かと用意をせねばならず、心に焦りがありながら、こうした旅情の一端を書き送っているのも、八重の心配をやわらげようという心遣いとも言える。

八重からの気づかい

　その後、大坂の八重は、翌月の閏八月二十五日付で江戸の洪庵に宛てた唯一残る手紙

（『緒方洪庵のてがみ』その三、二〇一～二〇二頁）を出している。この手紙は、洪庵の供をして江戸へ行った茂兵衛が、閏八月二十三日に帰坂し、茂兵衛から洪庵の様子を聞いて、急ぎしたためたもので、その文意は以下のようであった。

あなた様が時候の御障《さわ》りなく御元気なのは何よりで嬉しく、足守の御母上様も御健在であり、また気にかけていた洪哉（平三）もほどなく長崎へ着くころだろう……（洪庵が）居候《いそうろう》している伊東家への進物の心配や肩身の狭い居候の暮しから、一日も早く御住居をお持ちになるように

と願っている。そして末文に、八重は、

やがて自分が江戸行きともなれば、子供はみなこの地（大坂）においておきたいと思っています。火事などの事を申し聞かせて、おどかしていますが、なにぶん両親はもう江戸へゆけば帰ってこないことを、子供心に良く存じていますので、おとなしく承知しています。七重などは、夜分などは悲しい顔つきで涙ぐむのが、可愛想に思われ、今のところ、どうしても決心するのがこわくて何も申していません。このように心配中ですが、近いうちに私の決心を申し上げます

と苦衷を訴えている。この件については、洪庵も心をいためて、先の八重宛ての手紙にも、名塩の父に相談するように頼んでいる。七重は当時十四歳、そのころ大槻俊斎の子玄俊

との婚約の話が伊東玄朴がらみで始まり、進んでいただけに、母との別れに一層胸が一杯になったのであろう。後述するように、八重は名塩の父に相談して、やがて七重を大坂に残して江戸に向かうのである。なお、七重はのちに、父洪庵没後の文久三年十月二十日、十五歳で玄俊（二十三歳）と結婚することになる（玄俊履歴では、七重は喜代となっている）。

さらに、この文久二年閏八月二十五日付の八重から洪庵へ宛てた手紙の追而書《おってがき》には

尚々時こうがら（時候がら）随分〳〵御身御大切に願上まいらせ候。昨年（文久元年）今頃には御不快中桜の宮に参り居申候事など思い出し、案じ上《あげ》まいらせ候。どうぞ〳〵御用心願上まいらせ候。一年の事にて大いにちがい、東都の御住居、ま事に世の中の事はゆめに御座候

と記されている（『緒方洪庵のてがみ』その三、二〇二頁）。

さて、手紙で八重が気にかけていたように、洪庵はこのとき伊東玄朴宅での居候暮らしであった。それが文久二年閏八月十六日に、やっと下谷和泉橋通の鳥居織部・同所正木助次郎屋敷を西洋医学所の囲込みとし、その地所内で頭取勤務中拝借地として、家《や》作《づくり》は自分持ちで建てることにし、家が完成するまでは、西洋医学所内に仮住まいすることにして、九月十九日に移った。その後、洪庵の家作計画に多少変更があり、同年十二月七日に、先日拝借地になった西洋医学所囲込地にある鳥居織部の家作を召し上げ、

それを修繕して頭取の役宅にすることになった。洪庵はこのことを同年十二月十六日付の手紙で、来年早春より着工し、二月末でないと完成せず、まず三月初めごろ引越しの積りで用意してほしいと八重に報せている。

江戸到来を望む

しかし工事は進まず、文久三年正月二十三日付の手紙には、来月中には役宅が完成すると思うが、万一完成してなくても、今回長崎へ下った添田玄春の住宅が近所で広いので、場合により借用の約束をしておいたので心配には及ばず、用意さえできたら、早々出立してほしい、そなたが来てくれなくては、家事の無益の失費が多く困っている、と、大坂の八重の江戸到来を強く望んでいた（『緒方洪庵のてがみ』その三、一一八～一一九頁）。

引越しの見合わせ

その後、洪庵は、生麦事件の報復で英艦が大坂湾にも来航しそうな形勢や、京都での尊攘運動の激化によって、家族の身に危険が迫ることを案じ始めた。そして、藩侯夫人のお供をして江戸から足守へ帰る兄に宛てて、同年三月十二日付で、もし大坂に立寄る機会があれば、八重に当分一同の江戸への引越しをやめ、時節を見合わせ、情況次第では名塩へ引籠るように伝えてほしいと、書いたほどであった（『緒方洪庵のてがみ』その三、一四二～一四三頁）。

家族の再会

だが、すでに八重は、この日より三日前、すなわち文久三年三月九日に、子供六人（ただし八千代は大坂に残る）を連れて大坂を出立していた。東海道中無事に三月二十四日朝、

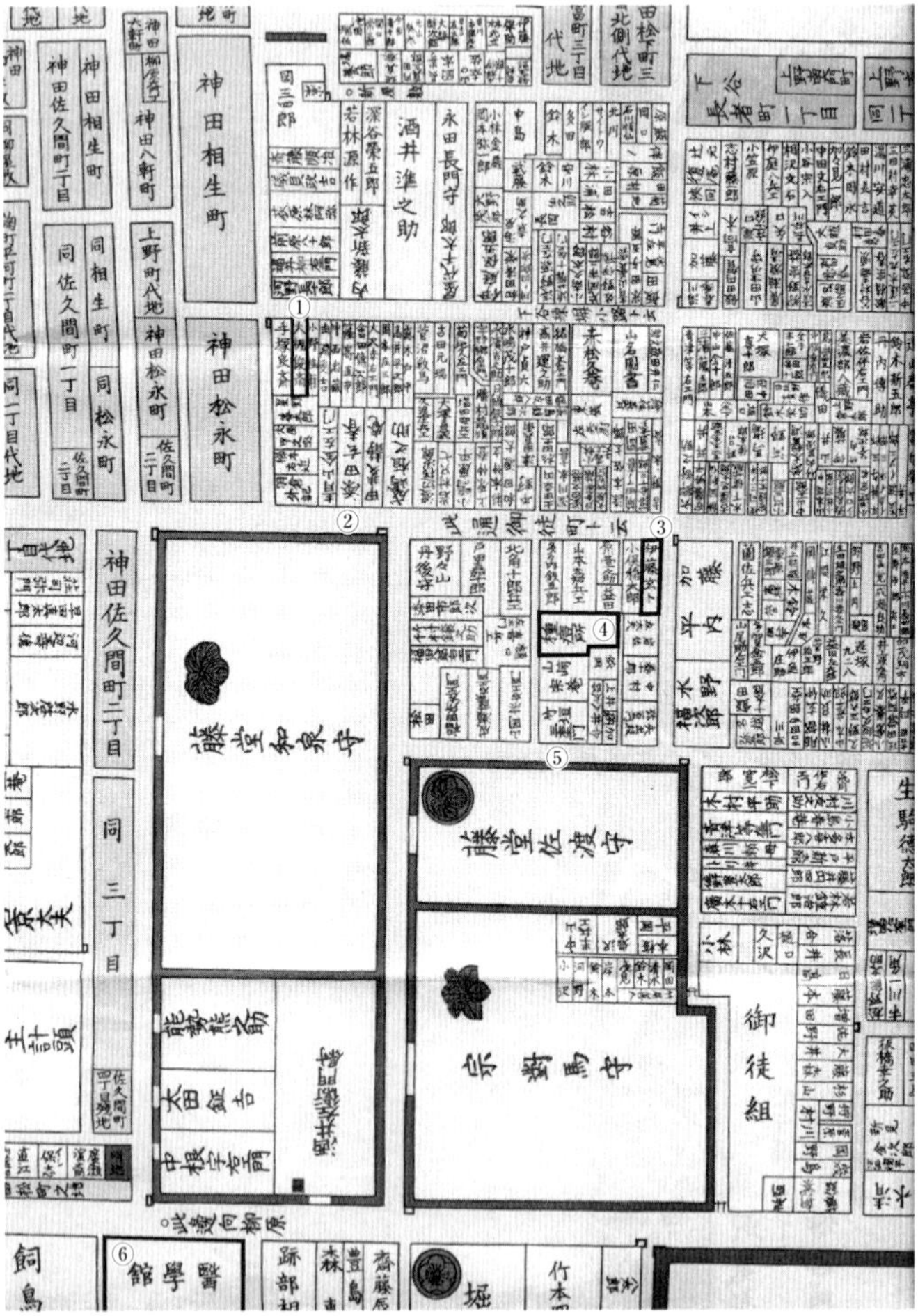

下谷御徒士町医学所附近の下谷絵図

①大槻俊斎拝領屋敷　②添田玄春拝領屋敷　③伊藤（伊東）玄朴拝領屋敷

④種痘所　⑤竹垣三右衛門拝領屋敷　⑥医学館

江戸に到着し、久し振りで家族一同悦ばしく対面した（洪庵の洪哉宛て同年三月三十日付書簡、『緒方洪庵のてがみ』その三、五四頁）。このとき役宅はまだ完成していなかった。洪庵の役宅は、東は代官竹垣三右衛門と賄方河島重五郎の地所と道路に、西は普請方同心吉野信之助と医学所に隣接していたとされている（西岡まさ子『緒方洪庵の妻』三〇六頁）。

不安定な世情

八重らが江戸に着いた前後の江戸は、将軍は上洛中で（二月十三日発駕、三月四日上洛）、同年二月に多数の英艦が横浜に入港し、前年の生麦事件の謝罪と賠償金を要求して幕府を威圧した。幕府は、対英交渉の断絶を憂い、戦争になりそうな形勢のため、三月四日には、令を関八州の諸侯に下して、臨機応変の覚悟を命じ、同十三日には、将軍直属の士に令してその家族を封邑に帰住させるのを許すといった騒々しい世の中であった。

そのため洪庵も、三月二十八日には、「武州府中駅六所明神禰宜《ねぎ》・織田兵部方へ私家族共、時宜に寄、当分の内差遣置申度《さしつかわしおきもうしたく》、此段奉願《ねがいたてまつり》候」と、頭取越中守（近江水口《みなくち》藩主加藤明軌《かとうあきのり》）に英船渡来による家族の立退き願書を提出し、許されている（「勤仕向日記」末尾）。しかし、やがて幕府が生麦事件の賠償金等を英国に支払い、また、英仏両国も攘夷派大名の優勢によって将来された対外関係の危機（鎖港の談判）に対抗して幕府援助の意向を提案したことから、戦争に及ぶことなく済んだので、八重らの疎開は実際には行なわれなかった。

洪庵は、同年四月二十六日付で長崎にいる次男の洪哉に宛てて書簡を送っている（『緒方洪庵のてがみ』その三、五七頁）。そのなかで洪庵は、当時の攘夷派勢力とその影響下の朝廷側の動きによって養生所や医学所が受ける影響を懸念しつつ、洪哉には他事に関係なく医学の研究に専心せよと諭している。そこからは、日本における学問・文化の西洋流の展開への必然性を確信していたことを思わしめるものがある。しかし、欧米文明の移入による維新変革の歴史の流れに、洪庵が十分に身をおくことなく、この後わずか二ヵ月もせずに急死するのである。

第八　洪庵の最期

一　江戸城西丸炎上と急死

洪庵の急死前後の事情は、文久三年（一八六三）三月十三日の記事でおわる洪庵の「勤仕《ごんし》向《むき》日記」と、「幕府侍医戸塚静春院法印静海日記抄」（江戸旧事采訪会編・大久保利謙編輯『江戸』第六巻）で若干補うことができ、また、八重や坪井信良《しんりょう》らが洪庵の死後にのこした手紙で詳しく知ることができる。

将軍上洛問題

さて、文久二年後半から翌三年春にかけて、生麦《なまむぎ》事件に関する対英紛議に重なって、幕府を悩ませていたのは、勅旨《ちょくし》遵奉《じゅんぽう》のための将軍上洛問題であった。種々の紛議の末、文久二年九月七日には、将軍家茂《いえもち》が明年二月に入朝すると定まり、将軍上洛の準備が開始された。十月二日、将軍に御供する奥医師に、多紀養春院（安琢《あんたく》）・伊東長春院（玄朴《げんぼく》）ら九人と、他に奥詰医師松本良甫《りょうほ》が任命され、洪庵と静海とは除外されて江戸に居残りとなった。やがて翌三年二月十五日と決まった将軍江戸城発駕《はつが》を前に、洪庵も種々の準備に忙殺されている。

江戸城発駕

洪庵は文久三年二月三日の当番日の日記に、「御道中御用意薬、御先きに回り候分、御調合。三郎兵衛（門）、洪庵、立合。丸散花（化）剤（丸薬・粉薬）数十種調合」と記している。これは、前月二十九日に将軍家茂が上野に御成りの予定であったが、「御不例」によって中止となり、それ以来、今日にいたるまでいまだ御床にあり、今朝は体調が思わしくなかったため、京都上洛に際しての道中薬とは別に、洪庵と御膳番野田三郎兵衛門とが立合いで、丸散化剤《がんさんかざい》数十種を調合したということであった。翌四日も洪庵は、将軍の容体は昨日同様で、脈が早く、くしゃみが多いと記している。将軍の容体がこのような中で、二月九日には、来る二月十三日の将軍江戸城発駕令が出された。

思わしくない体調

洪庵は、この前後から体調不良により引きこもっていた。二月十一日条には「洪庵いまだ不快なれども、御発駕近日に相成《あいなり》、同僚《どうりよう》手支《てづかえ》のよし申来《もうしきた》り、已《やむ》を得ず押て出勤。当番相勤む」と記し、翌十二日条に、自身の体調が悪寒《おかん》はなはだしく平臥《へいが》するに至った旨を静海に手紙で知らせたこと、また、出仕の御断りを届け出たことを記し、さらにその翌十三日条には、洪庵は登城しなかったが、将軍の江戸城発駕が無事に行なわれたこと、さらには「御医師部屋〆《しめ》切《き》りと相成る」と記している。この二月十三日をもって、洪庵の「勤仕向日記」の連日の記載は終わり、以後は記載日が飛び飛びに、かつ間遠になる。

二月十三日以降は、同月十七日条に医学所における種痘諸役の任命書の交付の記事があり、また二月二十三日条・二十八日条、三月三日・八日・十三日条に、洪庵が登城して天璋院《てんしょういん》を診察したことが記されている。なお、「勤仕向日記」の最後の記載は、三月十三日条「天璋院御診日に付、出営」で終わっている。

洪庵の「勤仕向日記」の記載から、洪庵が文久三年二月中旬の十日あまり、風邪で引きこもり登城できず、その後も体調が快復していなかったと考えられる。洪庵の日記記事を欠く文久三年二月二十六日について、「幕府侍医戸塚静春院法印静海日記抄」には、洪庵が当日病気で往診できず、麻布善福寺に寄宿するアメリカ人の通弁官ホルトメンの診察を、静海に依頼していたことが記されている。

最晩年の動静

その後の四月から六月初旬に至る最晩年の洪庵の動静は、この静海の日記の記事と、そのころ洪庵が江戸より出した五通の手紙（『緒方洪庵のてがみ』その三）などから、うかがうことができる。

まず、三月十八日には、静海・弘玄院（大膳亮章庵《だいぜんのすけしょうあん》）とともに、洪庵は天璋院を診察している。同月三十日には、洪庵は長崎の洪哉《こうさい》に宛てて、大坂より八重ら家族が江戸に着いたことなどを知らせている。また、四月十八日には静海・永春院（多紀安常）とともに、五月八日には静海とともに、洪庵は和宮《かずのみや》を拝診している。

駒込の寺参り

五月十日の夜に洪庵は、箕作《みつくり》秋坪《しゅうへい》に宛てて、昨夜わざわざ来訪してもらった礼と、明日早朝の駒込の寺参りについて、地名・地主・地守《ちもり》などを調べて、その訪ね方をこの手紙の使者にご教示下さい、と書き送っている。この手紙では、駒込の寺の名はわからないが、のちに洪庵の墓所となる高林寺《こうりんじ》に関係すると思われる（後述）。

また六月七日には洪庵は、大坂の緒方拙斎《せっさい》に宛てて、六月三日の暁に、赤羽《あかばね》からの出火が烈風により、西久保あたりや虎之門外まで焼失、西丸へ飛火し御殿が炎上、本丸へも飛火し、御座の間も少しくすぶったが、幸いに消防したことを伝えている。

この火災により、和宮と天璋院は吹上に立ち退いた。静海は自身の日記にこの経緯を詳しく記しているが、洪庵については何も触れていない。しかし、将軍上洛中は静海・洪庵両人が蘭科奥医師として天璋院の御診などをする定めであったから、洪庵も天璋院の吹上への避難やその後の拝診には静海に同道・同席していたと思われる。

洪庵死す

さて、洪庵はこの火災より七日後、大坂の緒方拙斎に手紙を送ってからは三日後の、文久三年六月十日、下谷御徒士町《おかちまち》の医学所の仮住まいしていた長屋で突然この世を去った。江戸に着いてからわずかに十ヵ月、享年五十四であった。

急逝の様子

そのときの様子は、夫の臨終まで手を尽くした八重が、深い悲しみに心乱しながら書きとめた「大坂出立着府後日記覚書」からわかる（誤字・脱字・当て字がある）。

亥　晴天　　六月十日

一殿様早朝よりは《（歯）》のいたミ《（痛み）》有り。病用いる後出勤の心え《（心得）》にて、飯もつねの通りにて、少々ひるね《（昼寝）》遊ばされ、(昼)九つ半時《（午後一時）》御目さめ《（御目覚め）》。坪井《（坪井信友）》よりの書状御覧の処、俄《にわか》にせき《（咳）》続出。それより口中へもほ《（誤字）》(は)な《（鼻）》へも血沢山出。早刻御薬も用取候も、御養生(不)相叶《あいかなわず》、早々死遊《しにあそば》され、残念筆紙に尽さず。早々池田《（伊東の誤り）》長春院様《（伊東玄朴）》御出に相成《あいなる》。利両《りふたつ》の処は戸塚去院様《（戸塚静春院法印静海）》預《あずかり》に付《つき》、上向取斗《とりはかり》御同人様に萬事相願《あいねがい》、医学所の処はしらべやく《（調役）》大久保《（大久保一翁）》・池田《（池田多仲）》御両人に宜敷頼《よろしくたのみ》、先《まずは》当時病中心也《びょうちゅうのこころなり》

つまり六月十日に、洪庵は昼食後の昼寝から目覚めると、書見中に急に咳込み、口と鼻からかなり出血し、居合わせた八重らの薬などの手当ての甲斐もなく、わずかな間に身罷《みまか》った様子がうかがわれる。また、奥医師の伊東玄朴がやってきて、洪庵の死去を伏せて、病中の扱いにすることを八重に告げたことがわかる。

伊東玄朴の処置

この処置については玄朴自身が、洪庵が死去した翌日の六月十一日付で大坂の緒方拙斎に宛てた手紙に「洪庵様こと昨十日午後、にわかに大喀血《だいかっけつ》で死去されました。奥様はじめ四郎様も実に当惑、ごもっとものことです。御跡式《あとしき》のことは拙者がおりますから、少しも御心配になることはありません。やはり奥医師の御名目ですから、三百日は御病

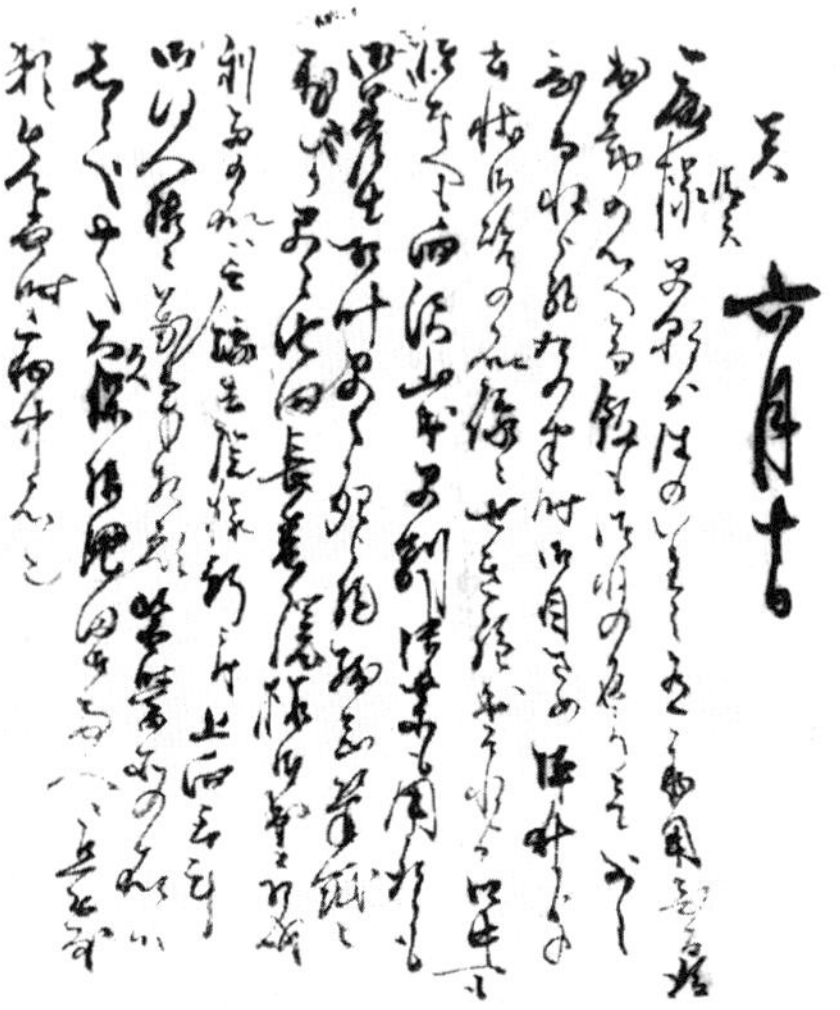

洪庵の死の様子を記した八重の日記
（「大坂出立着府後日記覚書」，大阪大学適塾記念センター所蔵）

中であるという取り扱いで、そのおつもりで御大病と申し触れおき、御内々に御不快ということにして、御長髪のままで、御忌中のおつもりになってください」（『緒方洪庵のてがみ』その三、二二三頁）と説明している。なお、八重は、この覚書の後半で「利両の処」、すなわち「都合のよいことが二つあって、上役への応対については万事戸塚法印様にお願いすることになり、医学所のことについては調べ役の大久保（一翁《いちおう》）・池田（多仲《たちゅう》）の二人によろしく頼むことになった」と、書きとめている。

死因

洪庵の死因はいったい何であろうか。ここには、先の八重の覚書以外に二、三の文献・意見を提示するにとどめおく。広瀬旭荘《きょくそう》が同年七月二十六日付で日田にいる親族に送った手紙（南陔《なんがい》・雨窓《うそう》・青村《せいそん》・林外《りんがい》宛て）には、昨日緒方門人（高瀬西海）来り。洪庵も遂に六月十日死去候由、好人に候処、召出され候後は心配強く、殊《こと》に六月二日西丸炎上の時、和宮様御立退の御供申付られ、坊主頭を日々照らされ、夫《それ》より吐血の由、決して天誅家《てんちゅうか》に殺され候にては之《これ》無き段申述候《もうしのべそうろう》。

とある（『広瀬淡窓・旭荘書翰集』弘文堂書房、一九四三年）。つまり六月二日に起こった西丸炎上の際、坊主頭で駆け回っていたために吐血した、という門下生の話を書き送っている。洪庵は、奥医師に登用されたときか、法眼に昇格したときに剃髪したので、当時は坊主頭だったのである。また、ここには、洪庵が「天誅」にあったわけではない、と書かれている。尊攘運動が盛んな当時、著名な蘭医、とくに奥医師であった洪庵の急死に対して、暗殺の噂が流れたことがわかる。そして、一般世人がこれをたやすく受け入れるような世相なのであった。これは、洪庵と昵懇《じっこん》であった旭荘が、その病死を悼み、天誅説が流布しないように、大坂より日田の一族へ促したとも考えられる。

坪井信良の見解

当時、医学所勤務の坪井信良が、最晩年の洪庵の病状を明かし、死因について次のような手紙を残しているのを引用しておこう。

当月十日、卒然大喀血《だいかっけつ》、起《たた》ず、惜しむべし。元来、病弱の体質、年来、大坂にては気楽随意に仕候者《つかまつりそうろうもの》、五拾余才に至り始《はじめ》て官途に就き、精神を労すること多々、近年の世上景況の為に空《むなし》く配慮すること少なからず。加之《しかのみならず》、肺素病《はいにもとよりやまい》有り。呼吸逼迫《ひっぱく》、咳嗽嘶嘖《がいそうせいさく》、寒熱伴来《かんねつともにきたる》等にて、毎月過半はぶらぶら仕居候《つかまつりおりそうろう》内、当年非常の暑気にて、忽然《こつぜん》として気管大脈管破裂する者にや、急速の事にて何等《なんら》の手当致《いたす》べく間之無《これな》く、一同騒ぎ申候内絶脈。誠以《まことにもって》残念至極に御坐候（文久三年六月十九日付佐渡養順宛て、宮地正人編『幕末維新風雲通信』一八一〜一八二頁、東京大学出版会、一九七八年）

「咳嗽嘶嘖」とあるので、咳ばらいや、声がかれてむせることもあったらしい。坪井信良は、洪庵の死因を「気管大脈管破裂」と見ている。

現代医師の処見

従来から、洪庵の曾孫である緒方富雄の「肺結核による吐血」説に対しては、藤野恒三郎の、子供たちも大勢だが結核の者なし、との反対説がある。

最近筆者が昵懇にしている外科および呼吸器の専門医との意見交換の結果によれば、洪庵の臨終の状況からは、持病の胸痛は結びつかず、出血の状況からは、食道静脈瘤破裂による吐血死の可能性が大きい。大量の出血が突然出現し、血液を誤嚥《ごえん》、つまり気管に吸い込んでしまい、さらに咳き込んで大量の吐血をしたと思われる、とのことである。食道静脈瘤の原因は門脈圧亢進症《もんみゃくあつこうしんしょう》で、何らかの肝臓疾患があったかもしれないという見方である。

葬儀

さて、八重の覚書からは、五〇名を超える江戸在住の適塾門下生たちが、洪庵の急を聞いて下谷の住居に多数馳せ参じた様子がわかる（「大坂出立着府後日記覚書」）。しかし、役宅はまだ普請中で完成しておらず、『福翁自伝』にいう狭い家で大勢座るところもない医学所内の長屋で通夜をし、洪庵が所持した薬籠などの始末や、葬儀の準備にあたった。

死去の翌日の六月十一日には、寺やその他の都合や野辺送りの相談がまとまり、十二日に、早朝から遺体を甕に納め、夕方に高林寺に葬送が行なわれた。戒名は「華陰院殿前法眼公裁文粛居士」である。

なお、八重は十二日に備中足守《あしもり》へ洪庵死去の急報を出したが、なぜか、その到着は二十日を過ぎた後であった。佐伯家（洪庵の兄の佐伯惟正《これまさ》）では、洪庵の老母きょうには、その衝撃を憂いて洪庵の訃を秘した（緒方銈次郎『緒方洪庵と足守』）。老母は、その翌年、元治元年（一八六四）正月二十八日に老衰にて九十歳で亡くなった（『緒方系譜考』）。

死の公表の遅れ

洪庵の同僚であった戸塚静海の日記によると、六月十三日に、

> （朝）五半時（午前九時）出営、御表《おんおもて》頭取部屋へ出て書役《かきやく》に談じ、洪庵寒熱頭痛痰咳にて引込届書並《ならび》に小札五枚認《したた》めさせ、御広敷へ廻り……午後帰路尚又《なおまた》御表へ廻り泊方御側御部屋へ出で、洪庵引入書付差出し小札添え、外に頭取へ一枚、御膳番へ一枚差出退出（「幕府侍医戸塚静春院法印静海日記抄」江戸旧事采訪会編・大久保利謙編輯『江戸』第六巻）

とあり、戸塚静海の手続きによって公式には欠席届が出されていた。また、二十三日条でも洪庵が大病中の取り扱いになっていたことが記されている。奥医師の伊東玄朴が先

墓碑建立

洪庵の墓（東京・高林寺）

左が八重の分骨された墓（明治21年11月建立），それよりやや大きい隣が洪庵の墓で，死から４年後の慶応３年３月建立．斜めうしろの碑は明治42年６月に洪庵へ従四位贈位がなされた際に建てられた．

の六月十一日付の手紙で「三百日は御大病と触れおくよう」と伝えたとおりに進められていたことがわかる。

さて、高林寺に洪庵墓碑「侍医兼督学法眼緒方洪庵之墓」が建立されたのは、洪庵の死から四年後の慶応三年（一八六七）三月のことであった。この墓碑文を書いたのは古賀謹一郎《きんいちろう》（茶渓《さけい》、一八一六〜一八八四）で、次のように刻まれている（原漢文）。

侍医兼督学法眼緒方
洪庵之墓

緒方君洪庵の門徒の盛んなること一時敵なし。後生の業《ぎょう》、稍《やや》秀《ひいで》たる者に遇《あ》いて之を問えば、君《きみ》の門に出《い》でざるは無く、その薫陶する所、殆《ほと》んど天下に遍《あまね》し。誠に世に大功有りと謂う可き也《なり》。予、嚮《さき》に洋学校を董《ただす》の時、其《その》名を聞き心に之《これ》を嘉《よみ》し、而《しか》も敢《あえ》て薦めず。意《こころ》に言《おもえら》く、君をして浪花《なにわ》（大坂）に居らしめば其教うる所反《かえ》って広しと。将《まさ》に懐徳《かいとく》書院に倣《なら》いて西学《せいがく》（洋学）郷校を本地に起こし、君を任じて之を主《つかさど》らしめんことを上言せんとす。幾《いく》ばくも無くして、予、職を去り、其事止む。尋《つぎ》て君、東（江戸）に召されて旋《かえ》って亡《な》し。予終《つい》に君と面せざる也。頃《このごろ》は嗣子洪哉、人を介して状を投じて銘を索《もと》む。嗚乎《ああ》、予、君と面せずと雖《いえど》も、君を知らざる者に非《あら》ざる也。敢て銘を辞せん耶《や》。……

慶応三年丁卯春三月

茶渓古賀増撰　三澤精確　書

墓碑の撰文

通常、墓碑文の撰文にあたる者は生前の故人と親密な関係者か、縁者であるが、洪庵と謹一郎との関係は少し異なっていた。そのため謹一郎もその碑文中に、自分は一度も洪庵に会ったことがなかったが、洪庵を知らないわけではないので、あえて撰文を引き受けたと、簡潔に表現している。その冒頭部分「予嚮《さき》に洋学校を董《ただ》すの時」以下を説明しておく。

洪庵と古賀謹一郎

謹一郎は、幕府の儒官古賀侗庵《とうあん》の長子で、開明的な老中阿部正弘からの信任や応接掛としての実績により、安政二年（一八五五）から洋学所（のち蕃書調所《ばんしょしらべしょ》）の頭取となり、その管理運営を主宰していた。なお、正弘は洋学所の設立準備には、小田又蔵と勝麟太郎《かつりんたろう》に蘭書翻訳御用を命じ、あたらせていた。二人は、当時の学力抜群の洋学者を同所に採用するため、候補の洋学者名一覧表をそれぞれ作成した（倉沢剛『幕末教育史の研究』一、一四〇〜一四二頁）。両者の案には共通する者もいるが、約三〇名があがっている。小田案には、「木下藩、大坂住、備中人　緒方洪庵、弟緒方郁蔵《いくぞう》」と記されており、ほかに箕作秋坪、黒田行次郎の名があがっている。勝案には坪井信良（佐渡良益）、東条英庵《えいあん》、武田斐三郎《あやさぶろう》、杉純道（亨二《こうじ》）、大島惣左衛門（高任《たかとう》）、坪井信友《しんゆう》、布野雲平《ふのうんぺい》、大鳥圭介らがあがっている。いずれもみな適塾の出身者であった。洪庵、郁蔵の名を記した小田又蔵は、その表を作成するにあたって古賀謹一郎・箕作阮甫《みつくりげんぽ》の意見を聞いたとされているから（倉沢剛『幕末教育史の研究』一）、これら三者の間で、洪庵・郁蔵の件が十分に評議されたと考えてよい。謹一郎は、撰文を受諾したときには、こうした過ぎし日を思いおこし、懐旧の念にかられたのであろう。

しかし謹一郎が「予嚮きに洋学校を董すの時、其名《（緒方洪庵）》を聞き心に之を嘉（す）」と記しながら、あえて洪庵を推薦しなかった意中を述べているのが注目される。謹一郎は、力量、識見のある洪庵を幕命によって江戸へ召致するよりも、大坂にいた方が洋学教育の広がりを一層期待できると考え、かつ享保十一年（一七二六）に幕府が公許した大坂町人の学問所・懐徳堂《かいとくどう》が一時江戸幕府の昌平黌《しょうへいこう》を凌いだ歴史を想起し、この懐徳堂にならい、大坂に幕府が「西学郷校」、すなわち洋学校を開設して、洪庵に同校を主宰させたいと幕閣に建言しようと考えていたことを明らかにしている。

謹一郎は「郷校」と称しているから、官立でなく、懐徳堂と同様に半官半民で、洪庵の適塾を幕府が公許してこれに経済的支援を与え、一般庶民にまで洋学を広めようと考えていたと思われる。この建言は、結局行なわれずに終わったが、すでに幕府中心主義を超越していた謹一郎の先見性からすれば、当然の構想であった。

謹一郎が安政二年の洋学所設立にあたり、このような考えに基づき、幕命によって洪庵を大坂より召致することをせず、大坂での洪庵の活躍に期待していたことは、大坂を生涯の地としていた洪庵にとって幸せであり、安政期以降三〇〇余名の入門者があった適塾の歴史を生む上での秘められた一機縁ともいえよう。

二　妻八重の後半生

結婚後の洪庵の生涯は、陰に陽に妻八重の内助の功が多大であり、八重なしに語れない。夫を失った八重が、緒方家のために懸命に生きたその後半生に触れておく。

億川百記の励し

八重は洪庵急逝の報を、大坂にいる父の億川百記《おくがわひゃくき》（七十六歳）に知らせるため、洪庵の臨終に立会った医学所教授職の石井謙道《けんどう》（久吉）に頼んで、懇切な手紙をしたためてもらい、死の翌々日の文久三年（一八六三）六月十二日に出してもらった。その手紙のなかで八重は、この報を知った百記が事後の成り行きを案じて、この炎天の時節に江戸にやってくることを心配し、「内々のことは門人も多く微力を尽くしますので、御安心いただき、呉々も御出府は思い止まってほしい」と記してもらった（『緒方洪庵のてがみ』その三、二一七〜二一九頁）。謙道からの報せを受けとった百記は、折り返し六月二十一日付の手紙で、八重に洪庵の妻としての道を尽くせと強く諭し、また、この八重宛ての手紙に同封した洪哉・四郎宛ての手紙でも、父洪庵の名を汚さぬよう大いに勉学することを促し、教訓している。

百記の逝去

やがて秋になり、洪庵の死去後のことを気にかけていた百記は、実は以前から胃癌に罹《かか》っていたが、それを押して嫡子の信哉《しんさい》（八重の弟）と、同郷の知友覚前《かくぜん》次郎左衛門とを連れて江戸へ出てきた。九月十九日は洪庵の百ヵ日で、高林寺の洪庵の墳《つか》へ詣り、百記は次の二首の歌を詠んでいる。

ながらへて我が無後《なきあと》もとへがしと
　頼みし人も此《この》苔の下

思ひきや武蔵野の此苔の下に又《また》
埋もれぬるを尋ねこんとは

（『緒方洪庵のてがみ』その三、一三九頁）

娘のために特に見込んだ、頼もしい婿に先立たれた深い悲しみがよく表れている。百記は翌元治元年（一八六四）八月三十日、七十七歳で没した。こうしてわずかの間に、八重は夫と父を相次いで失うという悲運に見舞われた。しかし、八重はこの悲運にもめげず、父百記の遺訓を守り、亡き夫洪庵の名を汚さぬよう、子息らを良く訓導して立派に成人させることに専念した。

洪　哉

洪庵の跡継ぎの洪哉《こうさい》（のち惟準《これよし》）は、長崎の医学伝習所でポンペに学び（私費留学中に官費留学生となる）、父洪庵の死により江戸に戻り、医学所の教授に任じられた。慶応三年（一八六七）の七月には二十五歳でオランダに留学し、明治維新後に帰国すると、拙斎とともに大坂で適塾生を教えた。明治二年（一八六九）に大阪府が大福寺に仮病院および医学校を設立すると（のち大阪帝国大学医学部・同附属病院）、これに洪哉・郁蔵・拙斎らが参加することになり、適塾は発展的に解消した。明治四年（一八七一）に陸軍軍医寮に勤務するようになり、翌五年に、勤務のかたわら医学教育を行なう「適々斎塾」を東京神田駿河台南甲賀町に開塾した（緒方銈次郎「東京に在りし適々斎塾」『医譚』第一七号）。明治二十年に陸軍を辞して大阪に帰り、弟の惟孝《これたか》・拙斎らとともに緒方病院を開設してみずから院長となった。

四郎

弟の四郎（城次郎、のち惟孝）も長崎の医学伝習所（私費留学生）で学んだ後、兄弟のなかで一番早く海外へ出た。慶応元年（一八六五）四月、二十二歳で開成所在学中、幕府ロシア留学生六人の人選に合格し、同年七月、ロシア軍艦で箱館を出港した。四郎は明治初年、函館学校露学教師として活躍し、著書に著名な『魯語箋』（明治六年、開拓使刊）がある。

十郎

十郎（五男、惟直《これなお》）は、慶応元年三月から横浜にできた幕府の仏国語学伝習所（仏学所）に伝習生として通い、慶応三年六月にはフランス留学生に選出され、八月に江戸を出立し、十月にパリへ着いている（倉沢剛『幕末教育史の研究』二、六一三・六二三頁）。幕府の崩壊によって、海外にいた洪哉・四郎・十郎の三人はみな帰国したが、十郎だけは明治初年にウィーン万国博事務官として再度渡欧する。十郎は、その後も一度帰国してからイタリアへ渡り、ヴェネツィア高等商業学校で学ぶと同時に日本語を教えていた。そして現地の女性マリア・ロゼチと結婚した。

収二郎

収二郎（六男）は、明治十五年（一八八二）に東京医科大学医学部を卒業し、外科および眼科教室に勤務していたが、明治二十年に兄たちとともに、大阪に緒方病院を開設すると、その副院長となった。明治二十八年に、兄惟準より譲られて院長となり、大正十四年四月に甥銈次郎に代わるまで、その職にあった。その後は院主となり、自適の日々を送った。

重三郎

重三郎（七男）は、内務省に奉職したが、明治十九年三月に、二十九歳で病に没した。

八重の先見

当時、外国留学が始まっていたとはいえ、まだ海外への渡航や留学を逡巡する空気が強かったなか、八重は総領はじめ三人の子息を一家で幕府留学生に応募させて、海外に留学させた。八重の時勢に対する先見の明ともいえよう。また八重は、甥の億川一郎（弟信哉の子。のち岸本一郎）を江戸によんで開成所に入れ、幕府のイギリス留学生として、慶応二年十二月、ロンドン大学へ留学させている。八重が慶応三年十一月二十三日付で、名塩の弟夫婦（信哉・美津）に送った手紙には、「いくら田舎医者でもこれから学問がなくては人と話もできず、各国の学問も絶えず発達するので、一日も油断できません。できるかぎり、教え込みなさい。教えないのは親の落ち度」と諭している。このことにも八重の教育に対する姿勢をうかがうことができる（『緒方洪庵のてがみ』その五、二三六〜二三七頁）。

八重、大坂へ帰る

先の緒方の三兄弟と甥一人の帰国は、すでに八重が江戸を離れ、大阪へ帰ってからのことであった。八重は明治二年八月二十九日付で、わが子洪哉（惟準）・四郎の少年期に教育にあたってもらった大聖寺《だいしょうじ》の「渡なべ御老母様・卯三郎様」宛てに、長文の手紙を出し、洪哉をはじめ三人の暮しむきを知らせ、この年六月の洪庵七回忌当日に渡辺卯三郎が参詣したことを喜び、末文近くに「実に兄弟の子供はしあわせ者で、どこの国へ行っても先代のご門人様が多くおいでになり、万事につけてお心添え下さいます。昨日は肥後の奥山（静寂）様、長州の村田（良庵、大村益次郎）様らが立ち寄り下さって、久しぶりで色々と承りました。その他諸国のご門人より相かわらず尋ねて頂き、非常に嬉しく、何事も先代のお陰と朝晩喜んでおります」と記している（『緒方洪庵のてがみ』その五、二七三～二七七頁）。このように、八重は我が子たちがそれぞれ学問の道に精進しているのに安堵しつつ、その成長の跡を振り返り、これまでに家族が世話になったかつての適塾門下生たちへの深い謝恩の念を持ち続けた。また、多くの門人たちが諸国から八重を慕って便りをよせ、あるいは、大坂へ来れば立ち寄ってご機嫌を伺った様子がうかがえる。

　明治九年六月十日、洪庵十四回忌を期して東京在住の旧塾生が、当時滞京していた八重を中心に、駿河台南甲賀町の当時陸軍一等軍医正だった惟準《これよし》（明治五年ごろより改名）の邸宅に集まり、第二回の懐旧会（第一回は明治八年六月十日洪庵十三回忌）を開き、恩師の法事に兼ねて懇談親睦を重ねた。このときの写真には、八重は、武谷《たけや》祐之《すけゆき》・佐野常民《つねたみ》・伊藤慎蔵・大鳥圭介・伊藤貫斎・箕作秋坪・坪井信良・長与《ながよ》専斎《せんさい》・高松凌雲《りょううん》ら二十数名に囲まれ、中央に垂らした洪庵の肖像画の前に座っている（緒方銈次郎「東京に在りし適々斎塾」）。八重が大坂のみならず、こうして東京における旧適塾生の懐旧会にも出て、同窓の交誼・団結の精神的核心としてあり続けた意義は大きい。

八重の死

第２回懐旧会の集合写真（雑誌『医譚』17号より転載）
明治９年６月10日の洪庵第十四回忌に，東京在住の適塾出身者が集まり，撮影された．

八重は、明治十六年の秋から体調が優れず、惟準は賜暇《しか》をもらい、帰省して看護にあたった。惟準はその後、明治十八年三月に近衛軍医長兼東京陸軍病院長になったが、次第に八重の容態は悪化し、老衰も加わって重態に陥った。この報に惟準は急ぎ帰阪し、看護につとめたが、八重は明治十九年二月七日、一族に見護られつつ、今橋の隠宅で安らかに逝去した。享年六十五。戒名は「華香院殿光風温恵大姉」である。

葬儀の式は空前の盛儀で、親戚・知人や適塾門下生多数の参列を受けて、阿倍野斎場に向かった。

洪庵・八重の墓（大阪・龍海寺）

葬列の先頭が日本橋あたりに差しかかったとき、棺はまだ北浜の拙斎宅を出ていなかったという（緒方銈次郎『七十年の生涯を顧みて』）。

八重の墓は大阪天満の龍海寺にあり、洪庵の遺髪を埋めた洪庵の墓（慶応三年秋建立）と隣り合わせにある。また、東京駒込高林寺にも八重の遺志で分骨を収め、その洪庵の墓域に、明治二十年十一月建立の「洪庵先生夫人億川氏之墓」（佐野常民撰文）がある。福澤諭吉は、母のように思っていた八重の逝去を聞き、翌月に大阪入りしたが、その新墓を拝し、旧師の墓を拝むとき、みずから袖と裾をくくり、縄をたわしにして墓石を綺麗に洗いあげたという話が残っている。

このように、八重が洪庵存命中のみならず、没後二十三年にわたる後半生を、全国に活躍する多くの旧門下生より親愛されるかたわら、子息たちの大成に勉励したことによって、蘭学の最後の立役者、来るべき近代日本の学問の前途を十分に示唆した夫洪庵の余芳《よほう》をさらに馥郁《ふくいく》たらしめたといえよう。

おわりに

——緒方洪庵の人間像——

洪庵没後から二十三年を経た明治十九年（一八八六）に、大阪の医者松尾耕三は、その著『近世名医伝』のなかで、洪庵とその師たちについて、

蘭学は、江戸時代元文五年（一七四〇）将軍吉宗にオランダ語の学習を命じられた青木昆陽《こんよう》にはじまる。宇田川玄真《げんしん》（榛斎《しんさい》）は、稲村三伯《さんぱく》の蘭日辞書『ハルマ和解《わげ》』の編集に協力、蘭書の翻訳発達に貢献するとともに、みずから諸種の西洋解剖学書を翻訳集成した『遠西医範』（三十巻）を簡略にし、『和蘭内景医範提綱』三巻を、文化二年（一八〇五）に出版した。この付図として出版した『内象銅版図』一冊は、蘭方医学生の入学第一の読本となった。文化十二年（一八一五）、坪井信道《しんどう》は中津藩辛島成庵《からしませいあん》宅で、宇田川玄真の『医範提綱』を見て蘭学修業の志を固め、文政三年（一八二〇）江戸に出て、榛斎塾に入門、研鑽につとめた。緒方洪庵は、この坪井信道によって陶冶《とうや》され、信道の配慮で宇田川玄真の学風の感化を受けた。適塾の等級別進級法の教授法は、洪庵が始めたもので、したがって洪庵をこれまでの蘭学の集大成者というべ

きであろう

という趣旨で紹介している。これは、江戸時代の蘭学という、西洋文化受容史上における適塾の主宰者としての洪庵の業績を重視したものとして、正当な位置づけといえよう。

これに対して、大阪大学の適塾記念会で洪庵の顕彰につとめた藤直幹は、

適塾において多数の人材が輩出し、学問の水準を高めた意義はあるとしても、重要なのは洪庵が塾生の指導において示した学説で、学者としての地位はこれによって論ぜられるべきである

とした。つまり、洪庵が『病学通論』『扶氏経験遺訓』の両書を出版したことによって、病理と治療の両部門が完成され、医家の準則となったことが重要であるというのである。『病学通論』は主として西洋医学者の説を編纂したものだが、たんなる理論の紹介ではない。随所にみずからの実験をもって裏づけており、理論は実験の裏づけによって展開し、療法は病理の知識に導かれて進歩する。フーフェランドの説が、ことごとく病床の実験より出たものであることに感動して、洪庵は『扶氏経験遺訓』の翻訳に取り組んだ。この観点から、洪庵はフーフェランドに親炙《しんしゃ》した、抜群の西洋医学者であったと称することができるだろう。また、藤直幹は、洪庵はすでに生命と疾病《しっぺい》の秘密を探ろうする科学的精神をもっていたと指摘している（藤直幹「緒方洪庵―その個性と時代―」『大阪大学文学部創

立十周年記念論叢』一九五九年）。

洪庵の生涯を振り返ってみると、孝心深かった洪庵が文政八年（一八二五）、十六歳で元服し、翌九年には「出郷の書」を書いたことを思うと、若々しい初志貫徹の心に燃えている姿がみえる。元服を間近にして、洪庵も思い悩んだであろうが、弟思いの兄の馬之助が武術にもすぐれ、立派な後継者であったため、身分制社会の拘束から比較的逃れやすく、将来、医学の道に進むことを考えることができたのであろう。

同年七月から中天游《なかてんゆう》塾へ入門、医学勉学の道が開かれた。医学を志した洪庵が、中天游を最初の師と選んだのは、身体の構造、疾病の性質についての西洋医学の高度な知識への賛嘆からで、四年間、訳書によって西洋医学を勉強した。

そのとき、天游と斎藤方策との共訳『把爾翕湮《パルヘイン》解剖図譜』の下編の附言に、天游が、「西洋の建学の精神は、必ず色々の実徴を取り、少しも憶測を入れないことで、特に医事においては重大である。西洋の医制は最も厳しく、考拠が明白で試験が確実でなければ、人に施すことができない。病は生機の変化で、変化を知るには常態を知らねばならず、常態を知るには内景を明らかにしなければならない。故に解剖は医の先務である」と記していることに、洪庵が強い衝撃をうけ、終始一貫これを拳々服膺《けんけんふくよう》したことは確実である。ここに後年の洪庵の西洋医学者としての大成の出発点があった。

さらに、中天游が医学よりも理学に傾いていたことも、洪庵の学問研究に若年から深く影響を与えた。洪庵が、江戸入りの前に木更津で「暦象新書」を講じたこと、またイスホルジングの「医学入門物理約説」の翻訳もあり、恩師の宇田川玄真より「汝は数学に長じているから諸書を参考して新旧の度量を算定してほしい」と委託されているのを想起すると（『遠西医方名物考補遺』巻一参照）、彼は数理的な天分の持ち主であり、自然科学者として大事な素質と豊かな関心とを常に抱いていたことと思われる。そして、物理学や光学など自然科学の広い教養を授けられたことで、洪庵は西洋の自然科学の発展に驚き、たんに医学のみならず、広く科学全体を西洋レベルに近づけようと志向する、当時比類ない視野の広い医学者・教育者に成長した。

洪庵のこのような精神は、長崎から入ってくる欧米諸国の学術文化の熱心な情報収集となっていった。各地の友人・知人からも寄せられたと思われるが、特に洪庵が、安政期に筑前福岡藩主黒田斉溥《なりひろ》から拝領した電気法によるメッキの種痘針をはじめ、こうした外国の外科道具などが黒田藩の精錬所でつくられたことを知り、電気法による新法に大きな関心を示したことに注目したい（洪庵の武谷椋亭《たけやりょうてい》宛て書簡、『緒方洪庵のてがみ』その四、一四五～一四六頁）。

洪庵は、西洋の医学、関連する諸科学の発展のみならず、欧米諸国の東方進出による隣国中国の衰退、それに伴う日本への影響を深刻に受け止めていた。それだけでなく、西欧諸国中におけるオランダの衰退傾向や、みずからが修めてきた蘭学の限界を知り、広く英学、その他の広範囲の西洋学者を、「国のため」に急速に育成しなければという決意も持っていた、先駆者というべき人物であった。洪庵は「国のため、道のため」ということをよく口にしたが、文久・元治・慶応と幕末の政治的混乱期をへて、洪庵没後五年にして明治維新を迎えると、幕末から徐々に胎動していた日本の近代化（欧米化）が本格化し、こうした思想を持った洪庵の下で育った多数の適塾出身者が、多方面で活躍していった。

洪庵は最晩年、大坂を離れるのを不本意としながらも、ついには当時として医師の最高位である奥医師、医学者の最高位たる西洋医学所（のち医学所）頭取にまで出世した。備中の小藩足守《あしもり》藩で、身分も高くない武士の家の末子に生まれながら、いくら身分制社会が崩壊しつつあったとはいえ、このような出世を遂げたことは異例であろう。

のちに、江戸行きを決めたときの洪庵の様子を、洪庵の四女の夫で養子の緒方拙斎《せっさい》が、新聞紙上の談話で次のように語っている。明治四十二年（一九〇九）六月九日、洪庵へ従四位贈位がなされたときの談話には、当時、拙斎が懇意にしていた山田源兵衛が大坂の蔵屋敷にいて、「山田曰く、幕府の瓦解目前に在り、洪庵の江戸行き無用足《た》るべしと勧告した。そこで拙者は此の意を洪庵先生に告げると、余も斯《か》く思ふ、しかし主命（足守藩主木下備中守）なれば致し方なしと強いて江戸へ赴かれた」と語っている（『大阪朝日新聞』同日付第二面）。洪庵が、足守藩主より奥医師受諾の主命を受け、おそらく辞退できなかったであろうことは先に触れたとおりである。武家社会における洪庵の苦衷《くちゅう》を察するべきであろう。

奥医師問題をのぞけば、大坂時代の医師としての洪庵は、時々病弱に悩みながらも、溌剌《はつらつ》として医学の研究と同時に臨床医療に精励《せいれい》していたといえよう。洪庵が尽力した除痘事業は、彼の死後もその期待通りに進展した。大坂除痘館（大坂種痘館に名称変更）は、慶応三年（一八六七）四月には幕府の「公館」（公設）となり、大坂・摂津・河内・和泉・播磨におよぶ種痘事業を統括する機関となっていく（浅井允晶「大坂種痘館公館化とその意味」）。明治五年（一八七二）、学制公布により義務教育がはじまったが、国民はすべて小学校入学前に種痘医より種痘を受け、「左三顆、右四顆《つぶ》」などと記入の「種痘接種済証」を交付された。大正生まれ（一九二一年）の筆者自身もその一員で、先人たちの努力に感謝しなければならない。

一九八〇年、世界保健機関（WHO）は世界より天然痘を根絶させたと宣言したが、人類史の将来は予測できず、天然痘ウイルスは生物兵器にもなるといわれ、接種されていない人はいうまでもなく、接種された人も三〇年以上たてば、感染防御力は低下するといわれている。したがって、将来、天然痘の根絶が揺らぐことは絶対にあってはならず、全世界でその予防に万全を期す体制が確立されなければならない。

本書を書くにあたり、私は、洪庵が日本史上、激動の一大転換期に身をおきながら、その時代を生き抜くために、その時々にどのような決断をしたであろうかと考えながら、その足跡をあとづけ、その生き方を、混迷の現代に生きる我々の生き方の指針として受け継ぎ、現実を強く生き抜く力を享受できる機縁としたいと志した。しかし、力たらず十分にその目標を果たすに至らなかった。読者の寛恕を請う次第である。

緒方氏系図

（緒方富雄『緒方系譜考』をもとに作成）＊括弧内の人物は存否不明

大神惟基 ― 惟盛 ― 惟衡 ― 惟用

（大神惟基）弘仁二年（八一一）豊後国佐伯に生まる

惟栄 ― （惟久） ― （惟隆）

（惟栄）惟用の三男、豊後国緒方庄に住み緒方氏を名のる

戸次氏 惟家

（惟継） ― 惟康

（惟康）またの名惟庸、一説惟家の子
豊後の領主大友氏泰に仕え佐伯庄に住む。佐伯氏の祖

佐伯氏二代 惟朝 ― 三代 惟忠 ― 四代 惟久 ― 五代 惟直 ― 六代 惟宗

七代 惟仲 ― 八代 惟秀 ― 九代 惟世 ┬ 十代 惟信 ― 十一代 惟常
　　　　　　　　　　　　　　　　　└ 惟治

十二代 惟教
十三代 惟真
十四代 惟定
主君大友義統朝鮮の役に出征中小西行長の讒により豊臣秀吉の忌諱に触れ封を没収される。推定大友氏とともに滅ぶ、即ち豊後佐伯氏最後の人
惟寛
大友氏没落のころ幼弱、のち備中国宮地山のふもと芦森川の近くに移住、農を業とす、足守における佐伯氏の祖

二代 弘直
田上を姓とす
三代 惟隆
再び佐伯氏を名乗る。足守侯三世木下利当に仕え士分に復する
慶安四年八月没

四代 惟房
実は惟隆の弟吉房の子
寛文十年没
五代 （昌継）
正徳五年八月没

六代 惟継
宝永七年没
七代 義継
宝暦六年没
八代 義勝
天明七年八月没

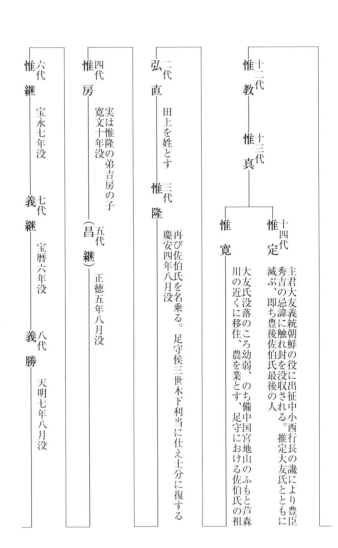

- 九代 惟因 ＝ きょう
  - もと野上瀬左ヱ門
  - 一三歳にて佐伯氏の養子となる
  - 弘化四年九月没　八一歳

- キチ　堀家氏に嫁す
- 慶三亟　早世
- 十代 惟正　幼名佐伯熊之助・馬之助　明治二四年一月没
- 章　幼名田上騂之助のち緒方洪庵　文久三年六月没　五四歳 ＝ 八重

億川百記 ＝ 志宇

- 八重
- 大輔
- 蔵富
- 信哉

章 ＝ 八重

- 長女 多賀　幼没
- 長男 整之輔　幼没
- 二男 惟準　幼名平三
- 三男 惟孝　幼名四郎・城次郎
- 四男 某　幼没
- 二女 小睦　幼没
- 三女 七重　大槻玄俊の妻
- 四女 八千代　緒方拙斎（もと吉雄氏）の妻
- 五女 九重　堀内利国の妻
- 五男 惟直　幼名十郎
- 六女 十重　深瀬仲麿の妻
- 六男 収二郎
- 七男 重三郎

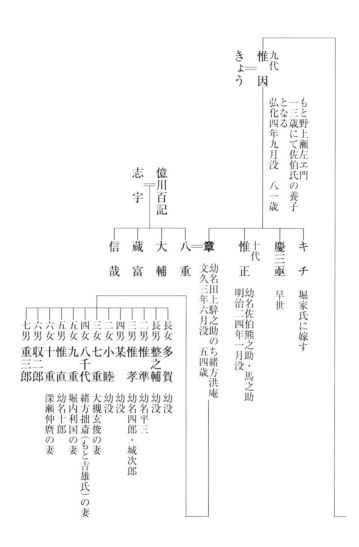

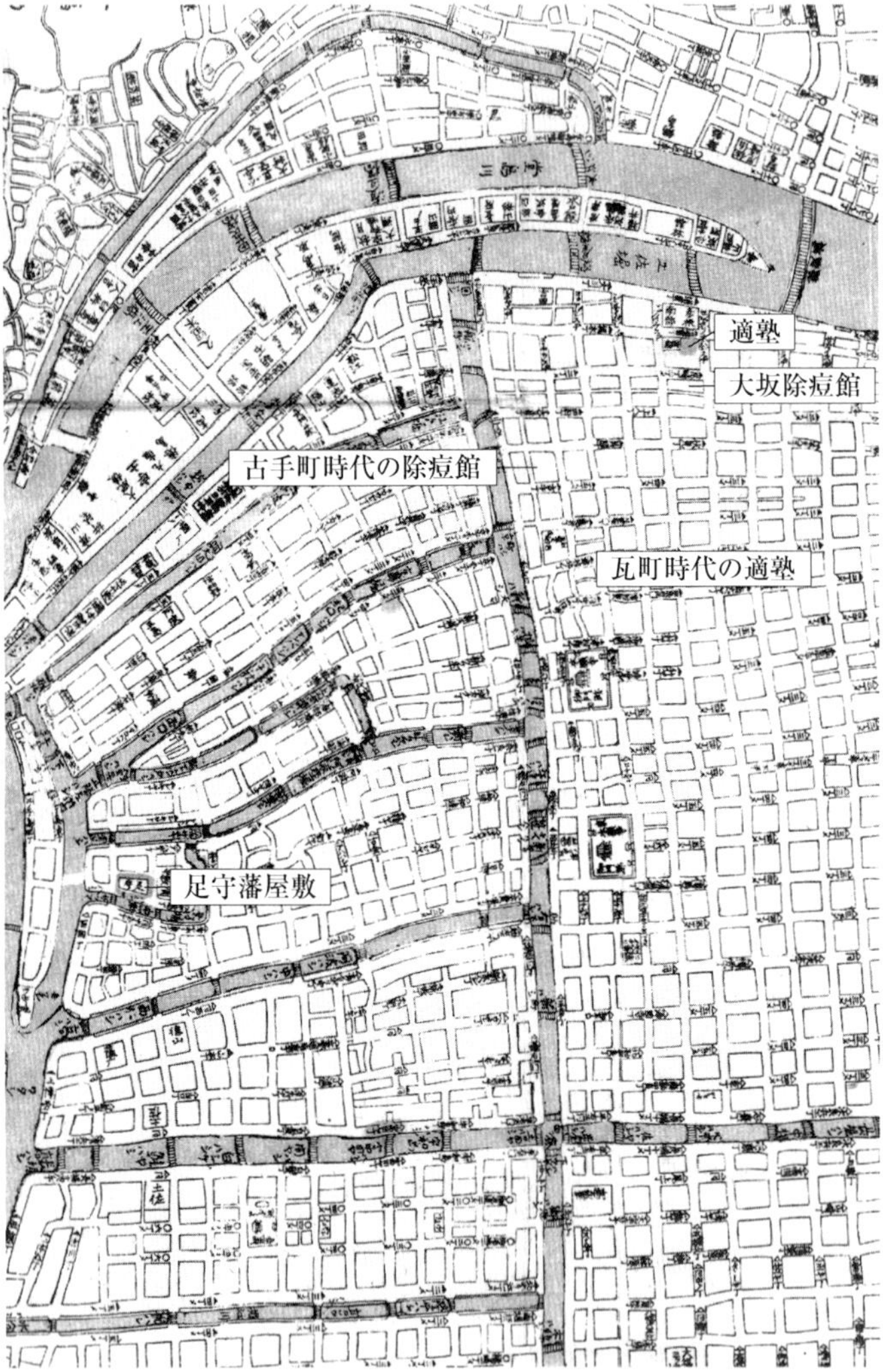

緒方洪庵関係地図（大坂）

略年譜

年次	西暦	年齢	事蹟	参考事項
文化七	一八一〇	一	七月一四日、洪庵が父・備中足守藩士佐伯瀬左衛門惟因（四四歳）、母・きょう（三六歳）の三男に生まれ、田上騂之助と命名	
八	一八一一	二		天文方に蕃書和解御用掛ができ、『厚生新編』の翻訳編集開始
一一	一八一四	五	一月一二日、姉キチ（二〇歳）が宮内村の堀家式部徳政（二九歳）と結婚	
一二	一八一五	六		四月、杉田玄白の『蘭学事始』成る
一四	一八一七	八	三月、騂之助が兄馬之助とともに疱瘡を済ませた	九月二十七日、英国船、浦賀に来航
文政元	一八一八	九	十二月一日、兄馬之助元服	
二	一八一九	一〇	三月一九日、姉キチに堀家光治郎（のちの大藤〈藤井〉高雅）が誕生	
五	一八二二	一三	一月、億川八重（洪庵妻）、名塩に誕生	八月、西日本を中心にコレラ流行
六	一八二三	一四	八月九日、姉キチの夫、堀家式部徳政（三八歳）没	七月六日、シーボルト、長崎来航
八	一八二五	一六	二月五日、騂之助元服、田上騂之助惟彰とする○	

文政 九	一八二六	一七	五月一八日、父惟因の足守藩蔵屋敷買入れに同道し大坂へ○八月九日、足守へ帰着○九月二日、惟因が足守藩大坂蔵屋敷留守居役となる○一〇月五日、惟因と足守を発ち大坂へ○冬、藤井高尚が堀家光治郎（七歳、のちの高雅）を養孫にする 七月、大坂で中環（天游、四四歳）の塾に入門、このときから緒方三平と名乗る	一月九日、シーボルトが参府のため長崎を発つ
一一	一八二八	一九	二月二五日、家中の諸士騒動のため父惟因と大坂より足守へ（同月二九日帰着）○三月五日、藩より惟因、謹慎を命じられる○六月三〇日、惟因、謹慎が解け、大坂留守居役・御蔵奉行兼帯に再任○七月二二日、三平の中天游入門を惟因が出願、許される○七月二八日、三平、修業のため足守を出立、大坂へ○一〇月、父惟因が隠居謹慎○一二月一九日、兄馬之助が御徒士に召し出され、惟因の謹慎も解ける	一〇月一〇日、幕府、シーボルトに制禁の日本地図を渡した書物奉行高橋景保を捕縛○一二月、シーボルトが幕府より出島に拘禁
一二	一八二九	二〇	一二月二六日、父惟因が再勤	この年、坪井信道が江戸で蘭学塾を開く○一二月、シーボルト国外追放
天保 元	一八三〇	二一	四月、三平が蘭学修業のため大坂を出立、江戸へ。上総国木更津に一年近く逗留	七月二日、京都大地震
二	一八三一	二二	二月、江戸表へ出て、坪井信道塾に入る	

三	一八三二	二三	二月、父惟因が江戸留守居詰になる○七月二四日、藩主に男子三之丞誕生、三平、三の字をはばかり刪平と改め、のち判平となる○一二月、判平がローゼの『人身窮理学小解』を訳了	一〇月、幕府天保二朱金を鋳造
四	一八三三	二四	この年、判平、宇田川榛斎に入門	この年より、天保の大飢饉
五	一八三四	二五	一二月四日、宇田川榛斎（六六歳）没○この年、判平、『医薬品術語集』を増補	六月、新蘭館長ニーマン、長崎に赴任
六	一八三五	二六	一月、判平の度量衡の算定が榛斎の『遠西医方名物考補遺』に掲載、『涅垤爾独乙亜波底幾薬剤羅甸名』を作成○二月二〇日、判平、父惟因と友人二人と帰郷のため江戸出立（三月一二日、足守帰着）○三月二四日、中天游（五三歳）没○三月二七日、判平、中天游塾での蘭学教授のため修業願を出し、四月二日許され、同日足守を発ち大坂へ○一二月三〇日、判平、大坂から足守へ帰郷	四月、万寿騒動○一二月、仙石騒動
七	一八三六	二七	一月五日、判平、足守を発ち大坂へ○二月一〇日、判平が中耕介（天游の子）を伴い、長崎修業のため大坂出立、この時に緒方洪庵と改める○一〇月、洪庵の「治㆓義膜喉焮衝㆒新法略説纂要」が、箕作阮甫編輯『泰西名医彙講』第一輯巻之三に掲載	八月二五日、ドイツの医学者フーフェランド（七四歳）没
八	一八三七	二八	一〇月、洪庵の「卵巣水腫紀事」を巻之四に収め	二月、大坂に大塩平八郎の乱が起こ

			た『泰西名医彙講』第二輯が刊行○この年、洪庵が長崎で青木周弼・伊東南洋（岡海蔵）と共に『袖珍内外方叢』を訳出	る○この年、宇田川榕庵『舎密開宗』できる
天保九	一八三八	二九	一月八日、洪庵、長崎修業を終え出立、足守へ（同月二一日帰着）○三月二三日、洪庵、足守を発ち、四月初旬、大坂瓦町に医業とあわせて蘭学塾（適塾）を開く○七月二五日、洪庵が摂津名塩の医師、億川百記の娘八重（一七歳）と結婚	三月、江戸城西丸炎上○一〇月、高野長英の『夢物語』できる
一〇	一八三九	三〇	二月三日、洪庵夫妻、初めて足守で佐伯父母らに対面（同月六日足守発、帰坂）○七月六日、洪庵が足守藩主から三人扶持をうける	一二月幕府が高野長英を終身禁獄、渡辺崋山を蟄居とした（蛮社の獄）
一一	一八四〇	三一	一月一五日、長女（第一子）多賀が名塩で誕生	幕府、蘭書翻訳書の取り締まり開始○アヘン戦争勃発
一二	一八四一	三二	一月一七日、坪井信道が来坂し、洪庵に面会（閏正月二三日、江戸帰着）○一一月八日、長男（第二子）整之輔が誕生	五月、幕府天保の改革に着手○一〇月一一日、渡辺崋山が自殺（四九歳）
一三	一八四二	三三	五月、洪庵、『扶氏経験遺訓』凡例執筆○六月一〇日、長男整之輔（二歳）没○八月中旬、洪庵は父惟因の重病見舞に足守へ（同月二九日、大坂帰着）○一一月二七日、惟因の隠居が許され、兄馬之助が家督を継ぐ、馬之助、瀬左衛門惟正と改名、	七月、医学館による蘭書翻訳の医書の検閲がはじまる○七月、薪水給与令発布○幕府、下田・羽田奉行を設置

一四	一八四三	三四	惟因、快翁と称す 一月、洪庵が『西洋新旧度量比較表』を作成○六月初旬、父母と姉が来坂○六月五日、京都見物（同月一一日ごろ帰坂）○八月一日、次男（第三子）平三（洪哉、のち惟準）が誕生○九月初旬、洪庵、両親・姉と名塩へ、有馬温泉に滞在、九日帰郷	七月、幕府、大坂町人に御用金を命じる○閏九月、水野忠邦罷免
弘化元	一八四四	三五	六月三〇日、高野長英脱獄のため、大坂奉行所、洪庵召喚○七月二三日、三男（第四子）四郎（城次郎、のち惟孝）が誕生○このころ、『病学通論』がまとまる	七月、オランダ国王の日本の開国を勧告する書翰が届く
二	一八四五	三六	洪庵、五月二二日付で坪井信道より『病学通論』の上木延期を勧められる○一二月一五日、洪庵、適塾を瓦町から過書町へ移転	七月、幕府が翻訳書の出版を天文方の許可制にした○晩秋、堀内素堂の『幼幼精義』第一輯刊行
三	一八四六	三七	一月、洪庵、父快翁の八〇歳の祝いのため足守へ（二月八日大坂帰着）○三月、適塾の塾生・武谷椋亭が『接痘瑣言』を訳述○弘化二～三年の間、洪庵四男幼没	四月より八月にかけて英・米・仏の艦船、琉球・長崎等へ来航
四	一八四七	三八	正月、洪庵が『病学通論』の自序を執筆○九月二七日、父快翁（八一歳）没○一二月、洪庵が藤林普山著『西医今日方』序を執筆	八月、佐賀藩主鍋島直正、楢林宗建に、商館長レフィソーンに牛痘苗をオランダに求めるよう依頼

嘉永元	一八四八	三九	二月、坪井信道が洪庵の『病学通論』に序を執筆○九月二八日、洪庵が足守藩主侍医になる○一一月八日、坪井信道（五四歳）没○嘉永元年までに次女小睦が誕生	七月、長崎オランダ商館付医師モーニケが痘漿を持参するも発痘力を失っており失敗○この年、堀内素堂の『幼幼精義』第二輯痘瘡篇刊行
二	一八四九	四〇	一月五日、三女（第七子）七重が誕生○二月、長女多賀（一〇歳）没○四月、洪庵が『病学通論』を刊行○八月、次女小睦が幼没○一〇月三〇日、洪庵らが一児を連れて京都へ行き、日野鼎哉・笠原良策に分苗を依頼○一一月七日、鼎哉・良策が京都から大坂古手町に来て正式に分苗が行われ、これにより大坂除痘館活動開始	三月一五日、幕府医師の蘭方医学を禁止、訳書はすべて医学館の許可制へ○六月二三日、牛痘苗（乾痂）がモーニケにより長崎到着○九月一九日、長崎から乾痂が京都の日野鼎哉のもとに着く○一〇月中旬、鼎哉、京都にて除痘館活動開始○杉田成卿、『済生三方医戒附刻』を公刊
三	一八五〇	四一	一月、洪庵、種痘のため足守除痘館へ行き、間歇熱を罹病○三月二四日、一命をとりとめ帰坂○五月一九日、長崎より柴田方庵が来坂したびたび洪庵を訪問（六月五日、離坂）	一〇月三〇日、高野長英（四七歳）自殺○この年、カピタンの江戸参府、以後廃止
四	一八五一	四二	三月一七〜二二日、洪庵、伏見・嵐山見物（二〇日、広瀬旭荘来訪）○三月二二日、四女（第八子）八千代が誕生	
五	一八五二	四三	この年、五女（第九子）九重が誕生	一一月、大坂大火
六	一八五三	四四	一月元日より日記『癸丑年中日次之記』を執筆	六月、アメリカ使節ペリー、浦賀来

			(九月一七日まで)○一月五日、洪庵宅で年始の初歌会○二月一三日、洪庵、吉雄玄素の弟琢蔵を胸部流注症と診断○二月二九日、母・姉・億川百記・八重、桃見へ○三月六日、洪庵、母・姉、子供らとともに桜宮に花見○三月一四日、洪庵が堺の吉雄琢蔵の流注症を手術○洪庵、母らの帰郷に同行し、五月一日より七日まで足守に滞在(五月一二日、大坂帰着)○六月一日、長崎帰りの楢林栄建・三宅艮斎らが洪庵を訪問○六月一二日、洪庵回勤中、北新地裏丁東で輿夫と角力取と喧嘩○九月一二日、五男(第一〇子)十郎(のち惟直)が誕生	航○六月、将軍家慶(六一歳)没○七月、ロシア使節プチャーチン長崎来航○九月、幕府、大船建造を解禁○一〇月、徳川家祥(家定)に将軍宣下○一一月、幕府、彦根藩以下九藩に関東沿岸・台場警備を命じる○クリミア戦争勃発
安政元	一八五四	四五	この年、洪庵が平三(一二歳)・四郎(一一歳)の二人を大聖寺渡辺卯三郎(洪庵の門人)の塾に預ける○閏七月一四日、洪庵、萩原広道ら十数人と天保山沖から船で、明石舞子浜の月見(一六日に帰る)	三月、日米和親条約成る○九月一八日、ロシア軍艦ディアナ号、大坂天保山沖に来泊、大坂町奉行所の命により、適塾が露艦との通訳・交渉に当たる(同号、一一月四日津波で破損、戸田へ回航中沈没)○一二月、日露和親条約成る
二	一八五五	四六	この年、六女(第一一子)十重誕生○福澤諭吉、適塾入門○坪井信道兄浄界(露庵)没	八月、洋学所開設○一〇月、安政の大地震○幕府、長崎海軍伝習所を開

				設
安政 三	一八五六	四七	六月三〇日、平三（一四歳）と四郎（一三歳）、大聖寺の渡辺卯三郎塾から、大野洋学館に入り、伊藤慎蔵（洪庵の門人）につく	二月一一日、洋学所を蕃書調所と改称
四	一八五七	四八	一月、洪庵が『扶氏医戒之略』を執筆○二月一五日、六男（第一二子）収二郎が誕生○年末、『扶氏経験遺訓』最初の三巻と薬方編二巻が完成（出版の日付は同年七月）	ポンペ、長崎で医学教育を開始
五	一八五八	四九	一月、『扶氏経験遺訓』発売開始○四月二四日、大坂古手町の除痘館事業が日本最初の官許を得る○六月一日、七男（第一三子、末子）重三郎が誕生○九月六日、洪庵が『虎狼痢治準』を出版し、塾用に『家塾虎狼痢治則』をまとめる○秋ごろ、平三・四郎が洪庵に勘当を許されて帰坂	五月七日、江戸お玉ヶ池種痘所が開設○六月一九日、日米通商条約調印○七月三日、幕府、奥医師も蘭医学を兼ねてよいとする○七・八月、大坂にコレラ大流行○九月、安政の大獄○一〇月末、福沢諭吉が鉄炮洲に蘭学塾を開く○一一月、お玉ヶ池の「種痘所」が焼失
六	一八五九	五〇	九月四日、洪庵、父惟因の十三回忌墓参り（九月二〇日）のため足守着（一〇月七日ごろ帰坂）○秋、平三が長崎医学伝習所に入り、ポンペにつく	二月一九日、杉田成卿（四三歳）没○七月六日、シーボルト、再び長崎来航○九月、「種痘所」再建
万延 元	一八六〇	五一	閏三月二一日、洪庵、岡山藩主病気診療のため大坂出立○四月初旬、足守に母きょうを見舞い、八	一月、遣米使節派遣○三月、桜田門外の変○一〇月、大坂除痘館が古手

			日岡山出立、帰坂	町から尼崎町に移転○一〇月一四日、「種痘所」が幕府直轄となる
文久元	一八六一	五二	七月下旬より、洪庵、胸痛咳嗽、衰弱○九月中旬より、全身浮腫、危篤○一一月上旬、回復し帰宅○一一月、『扶氏経験遺訓』出版完了○四郎、長崎留学	一〇月、和宮下向○一〇月、「種痘所」が西洋医学所と改称○一二月、遣欧使節出発（福沢諭吉・箕作秋坪ら随行）
二	一八六二	五三	四月一一日、洪庵大坂を出帆、中国・四国旅行に出る（六月二日、大坂帰着）○六月二九日、洪庵、幕府による奥医師就任の命を受諾○八月五日、洪庵、大坂を出立、江戸へ（平三・四郎が帰坂、平三は洪庵を見送り長崎に帰る、四郎は洪庵について江戸へ）○八月一九日、洪庵、江戸着（麻布南部坂足守藩屋敷内に滞在）、この日から『勤仕向日記』を執筆（翌年三月一三日まで）○八月二一日、奥医師に任命○八月二二日、洪庵が下谷和泉橋通の伊東玄朴宅に移居○閏八月四日、洪庵が西洋医学所頭取兼帯になる○九月一九日、洪庵が下谷和泉橋通の西洋医学所内に移居○一二月一二日、平三、幕府から長崎で医学伝習を命じられる○一二月一六日、洪庵が法眼に叙せられる	一月、西洋医学所頭取大槻俊斎が病気になる○二月一一日、和宮（一七歳）が将軍家茂に降嫁○四月九日、大槻俊斎（五九歳）没○六月一五日、箕作秋坪、オランダのライデン大学に洪庵の『扶氏経験遺訓』贈呈○七月、江戸で麻疹流行○八月二一日、生麦事件○九月一〇日、ポンペが帰国○一二月一〇日、遣欧使節の随員の箕作秋坪・福沢諭吉らが品川に帰着、一一日上陸○一二月二五日、ボードイン来日
三	一八六三	五四	三月、洪庵が家族を大坂から呼びよせる（三月九	二月二五日、西洋医学所を「医学

		日、八重と子供ら大坂発、同月二十四日、江戸着、医学所の拝借地に入る）○六月一〇日、九ツ半（午後一時）ごろ洪庵が下谷御徒町の医学所長屋で急死○六月一二日、遺体を駒込高林寺に埋葬○七月二五日、藤井高雅、京都で暗殺（四五歳）○一〇月二〇日、七重（喜代）、大槻俊斎の子、玄俊と結婚	所」と改称○五月、長州藩、下関で米仏蘭の艦船を砲撃○六月三日、江戸の大火、江戸城西丸に類焼○六月一～五日、米仏軍艦、長州藩砲台を報復攻撃○六月一七日、箕作阮甫（六五歳）没○七月二日、薩英戦争
元治 元	一八六四	一月二八日、母きょう（九〇歳）没	
慶応 元	一八六五	三月、五男十郎（のち惟直）、幕府の仏国語学伝習所（仏学所）に通う○四月、三男城次郎（のち惟孝）、開成所のロシア留学生に合格（七月、ロシア軍艦で箱館を出港）	幕府、パリ万国博覧会への参加を決定
三	一八六七	六月、惟直、フランス留学生に選出○七月、洪哉（のち惟準）、オランダに留学○八月、十郎、江戸を出立（一〇月、パリ着）○（月不明）幕府崩壊により洪哉・四郎・十郎、帰国	四月、大坂除痘館（大坂種痘館に名称変更）、幕府の公設となり、大坂・摂津・河内・和泉・播磨の種痘事業の統括機関となる○一〇月、大政奉還
明治 二	一八六九	六月、洪庵七回忌、渡辺卯三郎などが参詣○（月不明）大阪府、大福寺に仮病院および医学校を設立、洪哉・郁蔵・拙斎らが参加	六月、版籍奉還
五	一八七二	洪哉、「適々斎塾」を東京神田駿河台南甲賀町に	八月、学制公布により義務教育開始

八	一八七五	開塾、この年に惟準に改名	九月、江華島事件
九	一八七六	六月一〇日、洪庵十三回忌第一回懐旧会開催	二月、日朝修好条規締結
一八	一八八五	六月一〇日、洪庵十四回忌第二回懐旧会開催	一二月、内閣制度創設
一九	一八八六	三月、惟準、近衛軍医長兼東京陸軍病院長就任	一〇月、ノルマントン号事件
二〇	一八八七	二月七日、八重（六五歳）没○（月不明）大阪の医者松尾耕三、『近世名医伝』内で、洪庵を評す（月不明）惟準、初代陸軍軍医監を辞任、帰阪○（月不明）拙斎、北浜の家（適塾）を惟準に提供、拙斎は今橋に移る○四月、東区今橋四丁目に緒方病院を設立（院主は拙斎、院長は惟準）○一一月、東京駒込高林寺に「洪庵先生夫人億川氏之墓」（佐野常民撰文）建立	一月、徳富蘇峰、民友社結成○五月、私設鉄道条例公布
二六	一八九三	九月、西区立売堀に緒方病院分院を設置（立地した町名ではなく「新町」分院とも言われた。明治三〇年に統合、西区新町に総合病院を建設）	
三五	一九〇二	七月一七日、緒方正清（拙斎養子）が新町の緒方病院を辞し、除痘館跡（今橋三丁目）に緒方婦人科病院を創設	一月、日英同盟調印
昭和四	一九二九	五月、新町の緒方病院、解散	一〇月、ウォール街大暴落
一五	一九四〇	七月二九日、適塾、大阪府から史跡指定	九月、日独伊三国軍事同盟締結
一六	一九四一	一二月一三日、適塾、文部省告示第八六〇号をも	一二月、太平洋戦争

			って「史蹟緒方洪庵旧宅及び塾」として指定	
昭和一七	一九四二		適塾、大阪帝国大学に寄付されることに決まる	
二七	一九五二		適塾記念会が設立される	四月、日華平和条約調印
二九	一九五四		五月六日、緒方婦人科病院が財団法人洪庵記念会産科婦人科緒方病院に改組	六月、警察法・防衛庁設置法・自衛隊法成立
平成　四	一九九二		一〇月三一日、財団法人洪庵記念会産科婦人科緒方病院閉鎖、一一月一日、財団法人洪庵記念会くりにっくおがた（産婦人科）開設（現在に至る）	八月、中国、韓国と国交樹立
一九	二〇〇七		三月二九日、財団法人洪庵記念会除痘館記念資料室が開館	
二三	二〇一一		四月一日、大阪大学適塾記念センター設立（適塾記念会を組織内に置く）	三月一一日、東日本大震災、福島第一原発水素爆発
二五	二〇一三		四月一日、財団法人洪庵記念会が一般財団法人緒方洪庵記念財団に改組	一二月、特定秘密保護法案可決

参考文献

一　洪庵の著作

【大阪大学適塾記念センター所蔵】
「人身窮理学小解」ローゼ原著の蘭訳の邦訳、天保三年　写本
「医薬品術語集」増補、天保五年　写本
「西洋新旧度量比較表」（宇田川榛斎著『遠西医方名物考補遺』の凡例として掲載）天保六年一月（大阪大学適塾記念センターに所蔵されているのは天保十四年孟春写）
「治義膜喉焮衝新法略説纂要」訳（箕作阮甫編輯『泰西名医彙講』初輯巻之三に掲載）天保七年刊
「卵巣水腫紀事」訳（同前『泰西名医彙講』第二輯巻之四に掲載）天保八年刊
『袖珍内外方叢』訳（三巻）青木周弼・伊東南洋（岡海蔵）と共訳、天保十五年（改訂版）写本（大阪大学適塾記念センターに所蔵されているのは嘉永三年秋写、一冊）
『病学通論』（三巻）嘉永二年刊　一冊
『扶氏経験遺訓』訳（二十五巻、薬方編二巻、附録三巻）安政四年〜文久元年刊
『虎狼痢治準』（一巻）安政五年刊

「和蘭詞解略説」（年代不明、江戸修業時代か）写本（大阪大学適塾記念センター所蔵のものは万延元年写）

【大阪大学附属図書館・東北大学図書館所蔵】

「医学入門物理約説」（年代不明、江戸修業時代か）写本（東北大学のものは、狩野文庫本〈乾・坤二冊〉）

【京都大学附属図書館富士川文庫所蔵】

「視力乏弱病論」（年代不明、江戸修業時代か）写本

「視学升堂」（中環著『視学一歩』に合綴、年代不明、江戸修業時代か）

二　洪庵の筆録

「扶氏医戒之略」安政四年（個人蔵。一九六三年三月、大阪大学内適塾記念会が洪庵没後百年記念に複製、原本の大きさは、天地二七・五㎝・左右一二四㎝。複製を大阪大学適塾記念センターで所蔵）

「家塾虎狼痢治則」安政五年　写本（中津市歴史民俗資料館分館所蔵）

「除痘館記録」万延元年（個人蔵。緒方洪庵記念財団除痘館記念資料室編『緒方洪庵の「除痘館記録」を読み解く』〈二〇一五年、思文閣出版発行〉に記録の影印〈原本図版〉・翻刻・現代語訳などを収める。また、桐箱上書「除痘館記録壱巻」を大阪大学適塾記念センターで所蔵）

三　洪庵・八重の日記・和歌・歌文・手紙・覚書

緒方富雄『緒方洪庵伝』第二版増補版　岩波書店　一九七七年（初版、一九四二年）
〈第一～六章洪庵伝記、ほかに、緒方洪庵年譜、緒方洪庵著作、墓碑銘と追賁碑《ついひ》、附録〈「適々斎塾姓名録」、「癸丑年中日次之記」嘉永六年、「壬戌旅行日記」文久二年、「勤仕向日記」文久二年＊末尾に御常用御薬方・御薬部屋心得方他を付記、「緒方洪庵歌集」〈「春の巻」「夏の巻」「恋の巻」「詠草」「歌文」〉〉収録、原史料は大阪大学適塾記念センター所蔵〈緒方富雄氏旧蔵資料〉〉

緒方富雄・適塾記念会編『緒方洪庵のてがみ』その一　菜根出版　一九八〇年
緒方富雄・適塾記念会編『緒方洪庵のてがみ』その二　菜根出版　一九八〇年
緒方富雄・梅溪昇・適塾記念会編『緒方洪庵のてがみ』その三　菜根出版　一九九四年
緒方富雄・梅溪昇・適塾記念会編『緒方洪庵のてがみ』その四　菜根出版　一九九六年
緒方富雄・梅溪昇・適塾記念会編『緒方洪庵のてがみ』その五　菜根出版　一九九六年
〈『その一』は『扶氏経験遺訓』の刊行に尽力した箕作秋坪宛ての洪庵のてがみ七一通、その他をおさめる。『その二』は戸塚静海・小石元瑞らの先学、子息が世話になった大野藩家老内山氏を含み、門下生宛て。『その三』は、身内へのてがみ、身内より洪庵宛て、洪庵の死とその後のてがみ。『その四』はほとんどすべて門弟二十人余宛て、

『その五』は、門弟十三人余宛て、及び八重のてがみ十八通、全五巻に掲載されているてがみの年代順一覧を収める）

『続　洪庵・適塾の研究』　　思文閣出版　二〇〇八年

梅　溪　昇

（「文久二年戊八月　緒方様諸入用遣払帳」〈至文久三年四月、洪庵分〉／「文久三年癸亥三月九日　大坂出立着府後日記覚書・覚状着ひかへ」〈八重分〉収録、原史料は大阪大学適塾記念センター所蔵〈緒方富雄氏旧蔵資料〉）

四　洪庵の父・佐伯瀬左衛門惟因および兄・佐伯馬之助の日記・記録類

『緒方洪庵傳史料』第一輯　　国立国会図書館所蔵

梅溪昇影印解説

（「書記」〈安永八年二月二十三日～天保十三年六月十日、佐伯源兵衛義實〉／「書記」〈文化元年八月八日～天保七年正月四日、佐伯馬之助惟正〉を収録、原史料は緒方富雄氏旧蔵）

『緒方洪庵傳史料』第二輯　　国立国会図書館所蔵

梅溪昇影印解説

（惟因「文化九申年八月十六日出立浪華に登る記」／佐伯瀬左衛門「文政八乙酉十月ヨリ大坂御留守居役　手帳」を収録、原史料は緒方富雄氏旧蔵）

『緒方洪庵傳史料』第三輯　　国立国会図書館所蔵

梅溪昇影印解説

（佐伯瀬左衛門惟因「勤向覚書」〈文化十癸酉年正月〉を収録、原史料は大阪大学適塾

記念センター所蔵〈緒方富雄氏旧蔵資料〉）

五　その他史料

青木一郎編『坪井信道詩文及書翰集』　岐阜県医師会　一九七五年
青木周弼先生顕彰会編『青木周弼』　青木周弼先生顕彰会　一九四一年
小川鼎三・酒井シヅ校注『松本順自伝・長与専斎自伝』東洋文庫三八六　平凡社　一九八〇年
河合利安編『杉亨二自叙伝』　日本統計協会　二〇〇五年（初版は私家版、一九一八年）
吉備津神社編『藤井高雅　附歌集』　吉備津神社　一九四四年
宗田一「虎狼痢治準」（日蘭学会編『洋学史事典』）　雄松堂出版　一九八四年
武谷祐之著・井上忠校訂『南柯一夢』（『九州大学文化史研究所紀要』第一〇・一一・一四号）　九州大学九州文化史研究所　一九六三・六六・六九年
松田清「坪井家旧蔵洋学資料」（『洋学の書誌的研究』）　臨川書店　一九九八年

六　洪庵・八重の伝記文献

浅井允晶「大坂種痘館公館化とその意味」（有坂隆道編『日本洋学史の研究』九）　創元社　一九八九年
上田穣「緒方洪庵をめぐる社交的側面」（有坂隆道編『日本洋学史の研究』二）

梅溪　昇『緒方洪庵と適塾生―「日間瑣事備忘」にみえる―』　思文閣出版　一九八四年
梅溪　昇『洪庵・適塾の研究』　思文閣出版　一九九三年
浦上五六『適塾の人々』　新日本図書　一九四四年
大阪大学適塾記念センター・適塾記念会編『大阪大学創立八〇周年にあたって　継承する適塾の精神』　大阪大学適塾記念センター・適塾記念会　二〇一一年
緒方銈次郎『緒方洪庵と足守』　私家版　一九二七年
緒方銈次郎『七十年の生涯を顧みて』（第二刷）　私家版　一九四八年（第一刷は一九四一年）
緒方富雄『緒方系譜考』　私家版　一九二六年
緒方富雄『蘭学のころ』　弘文社　一九五〇年
（「緒方洪庵『扶氏医戒之略』考―蘭学者の語学力について―」「緒方洪庵訳『人身窮理学小解』小考」「緒方洪庵『扶氏経験遺訓』の出版―その成立と経過―」「緒方洪庵『適々斎塾』のこと」「緒方洪庵の和歌」「時鳥を聴く緒方洪庵」「緒方洪庵の死」「緒方洪庵墓の移転」「洪庵の師中環先生のこと」「洪庵の恩師中天游先生（緒方銈次郎）」「祖母上のお話」ほか収録）
芝　哲夫『適塾の謎』　大阪大学出版会　二〇〇五年
適塾記念会・緒方洪庵全集編集委員会編『扶氏経験遺訓』上・下（緒方洪庵全集一・二）

中田雅博『緒方洪庵―幕末の医と教え―』　大阪大学出版会　二〇一〇年
長濃丈夫『緒方洪庵・福沢諭吉と名塩の地―緒方八重夫人を通じて―』　思文閣出版　二〇〇九年
西岡まさ子『緒方洪庵の妻』　西宮市名塩自治会　一九六一年
西岡まさ子『緒方洪庵の息子たち』　河出書房新社　一九八八年
藤野恒三郎・梅溪昇編『適塾門下生調査資料』第一集　河出書房新社　一九九二年
藤野恒三郎・梅溪昇編『適塾門下生調査資料』第二集　大阪大学適塾記念会　一九六八年
米田該典『洪庵のくすり箱』　大阪大学適塾記念会　一九七三年
　　　　　　　　　　　　　　大阪大学出版会　二〇〇一年

七　関連著書・論文

青木一郎『年譜で見る坪井信道の生涯―付美濃蘭学者の動静―』　杏林温故会　一九七一年
江戸旧事采訪会編・大久保利謙編輯『江戸』第六巻　教文社出版・立体社発売　一九八一年
緒方洪庵記念財団除痘館記念資料室編『緒方洪庵の「除痘館記録」を読み解く』　思文閣出版　二〇一五年
緒方富雄「蘭学者の生活素描―緒方洪庵伝補遺―」四（『科学思潮』第二巻四号）　一九四三年
緒方富雄「蘭学者の生活素描―緒方洪庵伝補遺―」七（『科学思潮』第二巻七号）　一九四三年

倉沢剛『幕末教育史の研究』一・二　吉川弘文館　一九八三・八四年
中野操編『医家名鑑　解説編』　前田書店　一九七〇年
中野操『大坂蘭学史話』　思文閣出版　一九七九年
中野操「大阪の蘭学」（毎日放送編『大阪の学問と教育』毎日放送文化双書九）　毎日放送　一九七三年
伴忠康『適塾をめぐる人々―蘭学の流れ―』　創元社　一九七八年
藤野恒三郎「緒方洪庵と適塾」（『日本近代医学の歩み』）　講談社　一九七四年
雑誌『医譚』（日本医史学会関西支部〈杏林温故会〉編『医譚』上巻　思文閣出版　二〇〇八年に再録）
億川摂三「緒方洪庵門下の三蔵に就いて」第二号　一九三八年
緒方銈次郎「洪庵の書簡二、三に就て」第二号　一九三八年
緒方銈次郎「ヅーフ部屋の話」第七号　一九四〇年
雑誌『医譚』（日本医史学会関西支部〈杏林温故会〉編『医譚』下巻　思文閣出版　二〇〇八年に再録）
緒方銈次郎「東京に在りし適々斎塾」第一七号　一九四四年
岩治勇一「洪庵二子と大野藩」（『医譚』復刊二七号）　一九六三年
竹内真一「京都牛痘伝苗の日時及び同痘苗の由来について―笠原文書を中心にして―」（『医譚』復刊第四七号）　一九七五年

雑誌『適塾』適塾記念会

梅溪　昇「史料紹介「緒方洪庵の『家塾虎狼痢治則』について」」第四一号　二〇〇八年

加藤四郎「緒方洪庵と種痘─関連する話題について─」第三九号　二〇〇六年

久保武雄「除痘館と大和屋喜兵衛」第三三号　二〇〇〇年

菅　宗次「緒方洪庵と和歌をめぐって─緒方家の人々と和歌─」第三三号　二〇〇〇年

杉立義一「新史料より見たる適塾の過書町への移転及びその名義の移動について」第一九号　一九八六年

中山　沃「足守と名塩における緒方洪庵」第一四号　一九八二年

藤野　明「未完の訳稿『舎密全書』」第一八号　一九八五年

藤野　明「洪庵訳述「和蘭詞解略説」の緒方家本」第三三号　二〇〇〇年

藤野恒三郎「緒方洪庵訳・白内翳《はくないえい》（障）手術書の紹介」第一六号　一九八三年

吉田　忠「中天游の『暦象新書』研究」第三七号　二〇〇四年

脇田　修「洪庵先生の適塾購入」第二四号　一九九一年

都道府県別　適塾門下生氏名

・『緒方洪庵　適々斎塾姓名録』（緒方富雄編著、一九六七年）による。
・（　）内の数字は「姓名録」に出てくる順番。
・◎印は塾頭。
・県内は五十音順に配列。
・姓名のよみ方は、不明のものもある。

北海道　2人
酒井　篤礼（559）
田沢　成一郎（496）

岩手県　4人
大島　周禎（166）
坂井　隆徳（589）
佐々木　恕伯（241）
松岡　寿仙（491）

宮城県　4人
尾崎　道倫（624）
坂本　道逸（622）
原　玄了（481）
横山　浅謙（625）

秋田県　1人
岩谷　省達（77）

山形県　13人
吾妻　千齢（142）
内村　良庵（149）
進藤　整斎（617）
鈴木　得応（616）
武田　良祐（623）
花沢　玄庵（123）
古山　立斎（467）
細谷　米山（493）
松岡　理水（563）
三潴　白圭（171）
宮崎　忠格（476）
弭間　正白（615）
藁科　松伯（477）

福島県　6人
大貫　礼蔵（343）
近藤　玄龍（40）
佐藤　周庵（194）
古川　春龍（446）
三浦　退之助（630）
南　三隆（632）

茨城県　6人
飯田　良節（115）
岡部　同直（362）
金子　寿活（114）
田上　周道（144）
手塚　良庵（359）
松本　隆介（199）

栃木県　1人
竹内　静安（168）

群馬県　2人
群馬　良三（604）
震動雷　天僕（505）

埼玉県 1人

我野 春造 (322)

千葉県 7人

大野 貞斎 (637)
鏑木 立本 (317)
柴野 厚庵 (374)
神保 朔茂 (49)
竹内 東白 (89)
野中 玄英 (101)
布留川恵吉郎 (311)

東京都 18人

赤井 三郎 (340)
赤城 良閑 (18)
岩名 有文 (574)
織田 貫斎 (235)
佐藤 玄海 (626)
沢田 修民 (30)
杉山 泰輔 (526)
鈴木 玄節 (198)
高松 洞綝 (595)
坪井 信友 (239)
永井 昌伯 (50)
永田 見臓 (244)
中山 八郎 (355)
西川 元正 (186)
古川 文行 (167)
牧山 熹朔 (212)
村田 春斎 (511)
湯浅 方斎 (295)

神奈川県 3人

富田 晩斎 (620)
水留 昇仙 (187)
毛利 耕蔵 (234)

山梨県 3人

中込 言貞 (225)
広瀬 周平 (373)
郁松 岳佑 (224)

長野県 2人

後藤 元哲 (35)
沼田 芸平 (393)

新潟県 11人

垣沼 関斎 (537)
葛西 仲惇 (288)
小林 準碩 (237)
小林 誠卿 (270)
小山 良長 (226)
鈴木 玄斎 (188)
鈴木 光之助 (352)
梛野 鎌秀 (629)
八田 道碩 (449)
北条 謙輔 (618)
吉見 雲台 (487)

富山県 3人

赤 昌斎 (410)
片山 文哲 (86)
佐渡 賢隆 (303)

石川県 33人

明石 元随 (411)
池田 一学 (189)
池田 三亥 (561)
生駒 駿造 (80)
今村 新斎 (562)
大隈 春吉 (541)
大田 良策 (176)
岡沢 終吉 (36)
岡部 亮平 (329)
奥野 勇助 (506)
加藤 量平 (542)
萱津 行蔵 (435)
岸 直輔 (255)
伍堂 春閣 (627)
小林 文叔 (228)

小柳 元学（153）
近藤 岩次郎（635）
坂 乙格（146）
鹿田 謹斎（44）
鈴木 儀六（342）
関沢 安太郎（634）
園田 文渓（384）
田中 発太郎（371）
津田 淳三（175）
津田 徳本（33）
原 省蔵（79）
藤井 宗朔（173）
藤井 大元（391）
馬島 健吉（592）
水越 元正（42）
森 健吉（287）
山本 清仲（154）
◎渡辺 卯三郎（131）

福井県 25人

石田 快介（552）
笠原 健蔵（207）
京藤 良斎（401）
栗山 海造（385）
斎藤 策順（382）
滝波 元章（404）
田中 禎輔（155）
田村 乙四郎（591）
土田 玄意（65）
内藤 隆伯（265）
中村 正玄（258）
西川 貫蔵（346）
橋本 左内（183）
橋本 秀益（13）
秦 寛太郎（500）
林 雲渓（64）
藤野 升八郎（84）

蒔田 良哉（126）
松本 源造（156）
松本 五郎（480）
三竹 侗介（450）
宮永 勤斎（206）
宮永良山として再掲（236）
宮永 実吉（497）
宮永 典常（551）
山崎 譲（345）

岐阜県 14人

青木 玄英（566）
秋月 東庫（164）
飯沼 五作（547）
飯村 周沢（614）
池上 謙策（408）
伊藤 貞斎（165）
江馬 春琢（425）

奥村 健二（488）
北島 宗二（305）
桑原 林庵（41）
坪井 信立（200）
所 郁太郎（550）
丸川 襄吉（160）
吉川 圭周（405）

静岡県 15人

秋元 明司（608）
足立 藤三郎（607）
跡見 玄山（394）
伊吹 静馬（464）
岡村 健三（631）
神谷 健輔（459）
篠田 秀道（152）
戸塚 柳渓（93）
野村 震平（119）
肥田 貢（103）

深沢　文卿（498）
深沢　雄甫（68）
本間　恒哉（190）
宮崎　尚温（583）
柳下　立達（69）

愛知県　8人
稲田　宣四郎（87）
加藤　宗龍（612）
北田　元碩（518）
桑田　道存（533）
中根　玄山（530）
奈倉　道庵（277）
蜂須賀　修蔵（163）
山中　頤庵（91）

三重県　9人
井上　主水（27）
大国　明二郎（613）
小沢　敬斎（621）
川北　元立（437）
河島　宜哉（238）
菅野　秀二（296）
福島　立庵（463）
古田　杏輔（399）
宮田　昇庵（256）

滋賀県　3人
河合　辰之丞（83）
黒田　行次郎（28）
望月　行蔵（201）

京都府　26人
浅田　徳太良（337）
今井　良介（222）
岡　順造（292）
岡　直蔵（125）
荻野　広斎（219）
奥村　裕斎（462）
木戸　朴斎（418）
木村　宋俊（319）
◎栗原　唯一（179）
小林　牧太（568）
嵯峨根　良起（293）
新宮　凉庵（412）
高橋　純平（309）
多田　周哲（527）
辻　学而（213）
土山　将曹（196）
戸田　謙次郎（275）
豊岡　正蔵（5）
中村　清太郎（331）
船曳　卓介（124）
古田　松貞（130）
真島　多一良（548）
村田　貞造（510）
森　漸庵（45）
安田　謙曾（336）
渡　新吉（398）

奈良県　6人
岸　正爾（423）
木部　文蔵（429）
久保　良造（22）
谷　鵬庵（520）
前田　順蔵（573）
三好　東益（431）

和歌山県　11人
宇佐川　有道（409）
大石　才蔵（402）
小川　裕蔵（564）
小川　龍斎（315）
織戸　譲輔（116）
崖　嘉一郎（558）
小渓　幸二（316）
佐田　尚平（112）
沢井　俊造（191）

須川　謙蔵（492）
若林　元俊（320）

大阪府　19人

芦田　愛次良（263）
井岡　謙二（407）
池田　良輔（55）
今西　純二（192）
大田　要（299）
小野　治八郎（267）
新川　去病（606）
高瀬　西海（361）
高安　丹山（363）
滝川　章造（307）
壺井　俊三（271）
手塚　種三（269）
林　泰造（104）
日野　秀太郎（240）
平田　杏純（291）

三谷　正二郎（109）
◎山口　良哉（364）
吉井　儀蔵（325）
吉雄　卓爾（406）

兵庫県　33人

梅谷　慊堂（232）
大田　俊庵（294）
大鳥　圭介（221）
大西　秀松（29）
岡田　哲蔵（587）
岡村　龍哉（565）
岡本　文吾（596）
荻　大亮（576）
河島　柳亭（633）
川本　文二（111）
神沢　坦斎（403）
高瀬　栄蔵（260）
高松　春民（351）

田中　鼎斎（575）
豊富　一郎（600）
中川　哲次（534）
西脇　文節（81）
橋本　艮斎（121）
馬場　尚徳（468）
原　豊吉（204）
疋田　盛平（392）
広岡　敬輔（619）
堀　鯉助（416）
本庄　俊斎（321）
本荘　豊太郎（141）
前田　隆斎（570）
松井　元純（272）
松浦　元琱（96）
松本　速水（110）
三木　惟善（330）
村上　代三郎（4）

村上　東蔵（245）
森鼻　純三郎（10）

岡山県　47人

青江　昌平（451）
赤石　退蔵（475）
赤沢　斧吉（636）
有吉　宗斎（531）
石井　元太郎（420）
石井　為之介（538）
石井　久吉（440）
石坂　一操（555）
石原　朴平（120）
岩井　尚賢（553）
潮田　遠平（185）
大谷　三畏（344）
岡崎　文節（158）
岡野　敬吉（504）
金光　廉平（584）

菊池　秋坪（157）
喜多　玄麟（242）
国府　彰哉（209）
小寺　陶平（2）
笹川　自謙（436）
佐藤　静安（57）
柴岡　宗伯（509）
嶋村　貞蔵（246）
妹尾　遊玄（197）
高原　次郎作（528）
田上　立志郎（298）
龍田　玄的（312）
田中　亮亭（508）
谷江　謙造（193）
津下　来吉（452）
中桐　洪吉（283）
長瀬　元蔵（136）
中村　謙輔（507）
難波　文林（585）
花房　虎太郎（557）
原田　磊蔵（370）
久岡　東作（369）
福田　久寿治（215）
藤井　省三（61）
藤田　文弥（422）
別府　琴松（216）
俣野　整記（70）
三鞁　龍斎（60）
三好　春岱（243）
宮川　春台（310）
山田　貞順（184）
横山　謙斎（47）

広島県　31人

石井　厚顕（276）
石井　三慶（214）
今井　雄策（512）
今田　隆軒（519）
岡本　周吉（387）
奥本　雄一郎（413）
小田　松眠（395）
金子　元達（252）
神植　格之助（145）
神植　元鳳（37）
小島　大庵（95）
後藤　文徳（251）
佐沢　元太郎（581）
沢田　泰順（247）
下間　為善（177）
代山　岱（495）
高橋　寛斎（32）
高橋　文郁（17）
竹田　俊弼（567）
津川　春二（261）
津水　益之介（556）
寺地　謙佐（23）
西　敬次（21）
藤野　卓爾（479）
穂波　捜古（503）
三刀　元寛（347）
向井　又玄（434）
郁田　文機（354）
山口　倉二（20）
吉村　文益（469）
渡辺　礼三（599）

鳥取県　9人

足羽　深蔵（218）
浅田　貞次郎（324）
太田　静馬（323）
黒川　静雲（367）
土佐　柳庵（180）
内藤　信郷（71）
林　貞造（333）

松波　小太郎（605）
山内　一斎（383）

島根県　15人

秋山　栗庵（485）
阿部　養庵（365）
安藤　欽哉（368）
方寄　文沢（482）
北尾　見輪（593）
小西　天臣（353）
進藤　良策（223）
長田　雷助（147）
福間　三良（447）
藤井　秀達（513）
布野　雲平（217）
室　良悦（378）
横山　見純（516）
吉浦　春洞（338）
渡辺　春昌（118）

山口県　56人

青木　省吾（139）
秋本　玄芝（38）
浅田　文厚（105）
◎飯田　三江（11）
＊翻刻では三郎だが影印では三江
飯田　秀輔（182）
石和　弦介（274）
石井　行蔵（602）
石井　元良（250）
石原　淳道（54）
◎伊藤　精一（138）
上田　春学（484）
牛尾　圭斎（280）
内山　寛斎（51）
大田　玄譲（281）
岡　宅次（140）

岡　良弼（230）
岡本　昌甫（419）
小川　新平（211）
桂　鼎介（8）
上司　譲四郎（380）
神原　真斎（543）
黒瀬　素民（529）
桑原　英甫（439）
桑原　玄阜（268）
桑原　西蔵（257）
坂井　脩造（424）
坂田　宗甫（94）
白石　安熊（448）
鈴木　春斎（457）
砂田　文哉（248）
関　玉造（454）
大地　要人（151）
高井　泰造（273）

高郁　閑斎（148）
田中　堯民（350）
土屋　元鵬（460）
東条　永庵（9）
徳島　泰慎（313）
中司　俊平（169）
中司　俊哉（444）
南部　恭平（523）
仁専　良伯（483）
仁保　寿安（202）
萩山　灞門（106）
長谷川　黙蔵（577）
藤郁　玄伯（39）
松浦　道伯（102）
松岡　勇記（366）
三木　芳策（254）
水野　良哉（253）
三輪　謙治（46）

村田　文蔵（535）
◎村田　良庵（52）
森王　得一（82）
山県　玄淑（53）
山県　周平（208）
徳島県　9人
猪子　鼎（282）
斎藤　光治郎（414）
柴　六郎（339）
菅　雄斎（522）
多賀　荘碩（521）
高畠　耕益（397）
秦　四郎（220）
松岡　悦之助（358）
湯浅　才介（515）
香川県　14人
有馬　摂蔵（1）
上枝　辰助（586）

岡田　如屏（162）
岡部　正伯（266）
◎柏原　学介（306）
柏原　謙益（308）
河田　雄禎（7）
川西　顕良（525）
来島　玄亮（43）
中郁　恭安（231）
古沢　琢磨（539）
三田　元沢（598）
三好　晋造（610）
山田　純安（590）
愛媛県　22人
浅田　勉哉（357）
今泉　彦六（455）
今岡　良伯（88）
岩田　三達（203）
楳木　俊蔵（549）

大内　貞介（72）
大野　春寿（536）
岡部　玄章（113）
木郁　淳碩（108）
倉橋　考序（3）
河野　梁蔵（430）
近藤　守全（501）
菅　謙造（78）
須藤　為次郎（517）
武田　斐三郎（117）
富沢　松庵（377）
富永　習益（356）
二宮　逸二（304）
林　玄仲（137）
山田　直記（445）
山本　良迪（75）
渡辺　立誠（262）
高知県　14人

伊吹　敬良（499）
岩村　亀治（560）
栗尾　助太（588）
小谷　純静（143）
立田　春江（540）
田中　多助（98）
徳弘　数之助（458）
萩原　慮庵（471）
弘田　玄又（181）
細川　春斎（597）
横矢　卓道（465）
横矢　平格（466）
和田　敬吉（582）
和田　養源（97）
福岡県　33人
青木　道琢（389）
有吉　文郁（390）
稲葉　秋芳（348）

今村　純庵（99）
牛島　養朴（73）
宇治田　隼太（14）
木崎　俊英（349）
北村　政記（56）
工藤　寛哉（381）
久門　元珉（341）
古賀　万三（601）
後藤　徳太郎（421）
篠田　正貞（388）
高松　凌雲（580）
武谷　祐之（16）
塚本　道甫（427）
鶴田　仙庵（278）
富永　堅蔵（67）
中島　泰民（74）
中島　連（554）
原　一学（578）

原田　水山（428）
平野　璉蔵（59）
深江　咸一郎（249）
藤野　良泰（426）
松下　済民（611）
◎松下　元芳（289）
三坂　無逸（415）
安元　繁（48）
山脇　琢磨（62）
吉雄　養正（161）
吉田　梅仙（150）
吉永　永叔（524）

佐賀県　35人

朝日　宗郁（174）
伊東　玄敬（85）
井上　静軒（172）
岩谷　玄良（259）
大須賀　道貞（544）

大中　玄哲（159）
尾形　良益（170）
河原　謙吾（461）
蒲原　豊安（379）
小出　文堂（490）
古賀　元才（545）
後藤　祐益（572）
斎藤　春庵（473）
坂本　徳之助（129）
相良　寛斎（433）
佐野　栄寿（132）
沢野　健斎（178）
志田　春庵（128）
渋谷　良耳（127）
角　春静（474）
滝野　文道（372）
武富　文益（297）
永尾　卯吉郎（326）

中西　仲英（227）
中野　雲圭（514）
中村　俊策（205）
西　春濤（478）
西岡　周碩（472）
花房　元淑（571）
福地　文安（546）
馬渡　礼介（456）
宮田　魯斎（133）
迎　文益（31）
本野　周造（417）
吉田　泰春（264）

大分県　21人

綾部　勤（100）
安東　駿蔵（15）
小川　文之助（25）
神尾　格（441）
河野　東庵（92）

小幡　弥　(628)
高橋　玄策　(327)
田代　一徳　(579)
田永　常造　(26)
楢林　源太　(76)
◎福沢　諭吉　(328)
藤野　貞司　(442)
藤本　元岱　(334)
前野　良伯　(453)
征矢野　元雄　(603)
町田　有多郎　(314)
松口　錠七郎　(569)
右田　俊三　(609)
脇谷　完吾　(24)
和田　克太郎　(594)
渡辺　謙節　(6)

宮崎県　7人

岩切　久吉　(19)

木脇　文節　(233)
木脇　道隆　(502)
黒江　綱介　(195)
杉尾　尚褧　(279)
竹村　恒夫　(12)
橋口　魚蔵　(386)

長崎県　19人

安藤　研斎　(376)
伊東　英哉　(332)
大浦　彦章　(58)
尾道　量平　(396)
草野　元養　(400)
郡　元之進　(360)
古賀　央介　(135)
杉　収蔵　(134)
須田　長安　(532)
高橋　秀吉　(432)
田川　元叔　(335)

竹内　良庵　(438)
長与　誠一　(90)
◎長与　専斎　(301)
西川　桃芸　(300)
古川　春斎　(210)
松添　球策　(122)
邨瀬　杏庵　(63)
森　良斎　(107)

熊本県　9人

池田　桃園　(318)
池田　富喜　(443)
岡田　摂蔵　(470)
◎奥山　静叔　(34)
清水　泰淵　(486)
平山　秀民　(489)
広岡　新斎　(494)
松永　貫堂　(66)
山田　謙輔　(375)

鹿児島県　6人

有馬　洞運　(284)
岩崎　俊斎　(285)
大田　恕斎　(302)
小倉　玄昌　(286)
松崎　鼎甫　(290)
八木　元悦　(229)

大坂除痘館分苗所一覧

・松本端編纂「大阪市種痘歴史　下」（有坂隆道・古西義麿・浅井允晶『日本の洋学　Ⅱ』清文堂出版、一九九四年所収）による。
・（　）内の数字は月（・日）

嘉永二年（一八四九）		
(11)	泉州堺	小林　尚謙
(11)	〃	吉雄　元素
(11)	〃	町田　元耕
(12)	摂州名塩村	億川　翁介
(12)	和州笠形村	村井　宗健
(12)	〃	増田　周伯
(12)	〃	朝倉　心斎
(12)	摂州高槻	宮本　晋斎
(12)	阿波	田村　共平
(12)	河内平野	織田　貫斎
(12)	〃	浜野　廉蔵
(12)	摂州今宮	宇田川清輔
(12)	摂州住吉	津田　玄吾
(12)	〃	堀　修吉
(12)	摂州兵庫	伊藤　立節
嘉永三年（一八五〇）		
(1)	摂州米谷	山崎　偲司
(1)	丹波氷上郡	松本　節斎
(1)	〃	足立　敬里
(1)	丹後宮津	岡　董順
(1)	〃	小林　冲庵
(1)	〃	沢辺　玄辰
(1)	〃	鈴木　意得
(1)	摂州寺島村	福光　柳斎
(1)	伊勢	村井　俊蔵
(1)	播磨姫路	橘　三折
(1)	摂州桜井谷	津田　玄吾
(1)	美濃笠松	中川　立節
(1)	〃	三谷　昌博
(1)	摂州深江	深山　玄石
(1)	摂州難波村	中　環
(1)	〃	林　元恭
(1)	摂州池田	高橋　由珊
(1)	〃	高橋　由吉
(1)	摂州三田	川本　文二
(1)	〃	中村　良有
(1)	淡路小豆島	中桐　文炳
(1)	豊後日出	田永　東周
(1)	大和郡山	森田　宏平
(2)	越前大野	林　雲渓

（2）摂州藍本庄　森鼻　宗周
（2）播州網干　八木主一郎
（2）播州北条　今村　鬆斎
（2）摂州　西山　静斎
（2）〃　森鼻　環
（2）播州高砂　三浦義一郎
（2）〃　美濃部秀軒
（2）備後福山　寺地　強平
（2）伯耆　山田　金江
（2）播州三木　岡村高四郎
（2）出雲三石字郡　渡辺　春昌
（2）讃州丸亀　河田　雄禎
（2）播州北条　村田　良作
（2）播州北条　今村　鬆斎
（原注「重出ナルモ村田ト結社シタルカ」）
（2）播州鶴居村　後藤　左仲
（3）播州龍野　塩津　表斎

（3）備前伊部　頓宮　篤弼
（3）武蔵江戸　大村　茂斎
（3）播州神東郡川辺村
中川　脩斎
（3）河内茨田郡　西島　天寿
（3）播州加古郡　藤田　得二
（6）讃州高松　三好　玄仲
（6）〃　山本　謙蔵
（6）隠岐　堀部　仙国
（6）〃　長田　節斎
（6）伯州河村　大谷　春泰
嘉永四年（一八五一）
（2・13）丹波笹山（ママ）　西川　三折
嘉永五年（一八五二）
（1）摂州昆陽村　小松　来青

嘉永六年（一八五三）
（1）摂州西成郡野田
河合　友仙
（3）遠州浜松　賀古　公斎
（8）摂州島下郡島村
九河　順道
（10）紀州熊野尾鷲浦
河島　聞達
嘉永七年（一八五四）
（5）摂州御影　森鼻　掃部
（5）摂州御影　俣野　丹瑞
（5）摂州須磨田村　大沢　周節
安政二年（一八五五）
（2）讃州直島　三宅幡一郎
安政三年（一八五六）

（2）摂州住吉　堀河右衛門
（2）〃　小倉　主殿
（2）〃　井上　良介
安政五年（一八五八）
（1）和州宇陀郡　久保　良平
（1）〃　湯本　正安
（1）〃　寺島　牧立
（1）〃　井上　聞道
（6）河州讃良郡　友田　泰造
（8）摂州味舌村　岸　萍鹿
安政六年（一八五九）
（11）芸州広島　三宅　春杏
（11・29）豊前中津　藤野　啓山
安政七年（一八六〇）
（1・17）淡州志筑浦

吉田　春耕
（2）作州津山　野上　玄博
（2）備前岡山　久山　敬道
文久元年（一八六〇）
（10）土州高知　町田　権造
文久三年（一八六三）
（1・14）豊後杵築　藤波　善達
（2・12）大和式下郡
新屋敷村　村山　左仲
（5・15）伯州日野郡
無阪村　吾郷　揚顕
元治元年（一八六四）
（3・27）対馬厳原　三山　敬庵
（3・30）伊勢山田　古田　杏介
（9・20）対馬厳原　平山　立益

（9・20）摂州薬師堂村
足立　縫殿
（9・26）摂州大石　土水　節道
（10・20）近江大津　中村　雄哉
（12・9）摂州高槻　杉本　退蔵
（12・9）紀州田辺　目良　三柳
慶応二年（一八六六）
（1・28）丹波福住　進藤　春済
（1・28）摂州小浜　山中　良和
（2・10）南紀　安積
（2・10）但馬養父郡
伊佐村　桜井　廸哉
（2・16）備中三田　守屋　立民
（2・16）備中江原新町
水川　佳門
（2・16）大和宇多　久保　良平
（2・16）大和高取　藤井　十平

（3・17）大和郡山　谷　見龍
（3・23）丹波篠山　曽我部桂二

慶応三年（一八六七）

（1・15）摂州茨木　潮田　耕平
（1・21）河内交野郡
加（茄）作村　小山　玄司
（2・4）河内茨田郡
浜村　佐々木圭造
（2・4）河内茨田郡
三島村　中村　周斎
（2・6）大和吉野郡
小森村十津川郷
中沢伝之丞
（4・7）備後三上郡
庄原町　渡辺　玄丹
（5・29）摂州茨木　松村　昌菴
（5・29）摂州高槻　尾崎　貞三
（5・29）摂州東五百住村
田宮　徳郎
（5・29）摂州尼ケ崎
田中　周祐
（5・29）摂州名塩村
億川　信哉
（5・29）摂州久々知村
小笠原求馬
（5・29）摂州茨木村
平井　見三
（5・30）河内若江郡
中小坂村　芦田　長門
（5・30）河内若江郡
中小坂村　田中　譲節
（5・30）河内茨田郡
三ツ島村　中村　周斎
（6・24）摂州吹田村
小泉　元春
（7・1）播州揖東郡
下伊勢村　橘　円隆
（7・1）播州揖西郡
下野田村　俣野　三郎
（7・1）播州揖西郡
山崎村　福原　昇平
（7・1）河内志紀郡
船橋村　松永　左内
（7・13）泉州日根郡
新家谷　津志　元貞
（7・13）泉州日根郡
男里村　竹中　貞二
（7・13）河内茨田郡
横堤村　田中　右京
（8・26）泉州日根郡
湊浦　平松　惟冲
（8・26）泉州日根郡
佐野　武井　松庵

（8・26）河内古市村
　　松永　建逸
（8・26）河内丹比郡
　川辺村　竹島　文平
（8・26）河内石川郡
　山田村　北小路秀徳
（8・26）摂州住吉郡
　住吉　小倉　伊織
（9・8）播州美嚢郡
　三木下町　神沢　坦斎
（9・8）播州和泉郡
　垂水村　宮脇　周次
（9・8）河内渋川郡
　衣摺村　中村　文民
（9・8）河内志紀郡
　道明寺村　上田　元厚
（9・8）河内志紀郡
　太田村　桑野　喜安

（9・8）河内石川郡
　山中田村　吉村　市正
（9・26）播州美嚢郡
　三木下町　神沢　民部
（9・26）泉州岸和田
　　小門　保秋
（10・3）摂州西宮　吉田　良作
（10・3）摂州武庫郡
　高木村　竹村　元誠
（10・3）摂州神戸
　二ツ茶屋村
　　丹波　元礼
（10・3）摂州菟原郡
　熊内村　山口次郎平
（10・3）摂州小浜　山中　真良
（10・3）摂州薬師堂村
　　安達　左近
（10・3）摂州飾磨　橋本　玄通

（10・3）摂州神東郡
　太尾村　藤田　恕助
（10・21）河内讃良郡
　堀溝村　倉　貞造
（11）播州多可郡西脇村
　　徳岡　三鼎
（11）播州加西郡
　北条市場村　徳岡　啓哉
（11）摂州兵庫礒之町
　　神沢　貞吉
（12）摂州東成郡貝脇村
　　寺西　良斎
慶応四・明治元年（一八六八）
（2・22）　羽山　大学
（2・28）備後庄村　渡辺　新助
（4・23）河内交野郡
　津田村　三宅　周庵

（閏4・5）河内牧（ママ）方

寺内　良介

（5）河内牧方　蔭山　良伯

明治二年（一八六九）

（2）摂州上中島

三宝寺村　田宮　愿俊

著者略歴

一九二一年生まれ
一九四三年京都帝国大学文学部史学科卒業
大阪大学教授、佛教大学教授を経て
現在　大阪大学名誉教授

主要著書
『明治前期政治史の研究』（未来社、一九六三年、増補版一九七八年）
『洪庵・適塾の研究』『続洪庵・適塾の研究』（思文閣出版、一九九三年・二〇〇八年）
『高杉晋作（人物叢書）』（吉川弘文館、二〇〇二年）

人物叢書　新装版

緒方洪庵

二〇一六年（平成二十八）二月二十日　第一版第一刷発行

著　者　梅《うめ》　溪《たに》　昇《のぼる》
編集者　日本歴史学会
　　　　代表者　笹山晴生
発行者　吉　川　道　郎

発行所　株式会社　吉川弘文館
東京都文京区本郷七丁目二番八号
郵便番号一一三―〇〇三三
電話〇三―三八一三―九一五一〈代表〉
振替口座〇〇一〇〇―五―二四四
http://www.yoshikawa-k.co.jp/
印刷＝株式会社 平文社
製本＝ナショナル製本協同組合

『人物叢書』（新装版）刊行のことば

人物叢書は、個人が埋没された歴史書が盛行した時代に、「歴史を動かすものは人間である。個人の伝記が明らかにされないで、歴史の叙述は完全であり得ない」という信念のもとに、専門学者に執筆を依頼し、日本歴史学会が編集し、吉川弘文館が刊行した一大伝記集である。

幸いに読書界の支持を得て、百冊刊行の折には菊池寛賞を授けられる栄誉に浴した。

しかし発行以来すでに四半世紀を経過し、長期品切れ本が増加し、読書界の要望にそい得ない状態にもなったので、この際既刊本の体裁を一新して再編成し、定期的に配本できるような方策をとることにした。既刊本は一八四冊であるが、まだ未刊である重要人物の伝記についても鋭意刊行を進める方針であり、その体裁も新形式をとることとした。

こうして刊行当初の精神に思いを致し、人物叢書を蘇らせようとするのが、今回の企図である。大方のご支援を得ることができれば幸せである。

昭和六十年五月

日本歴史学会

代表者 坂本太郎

〈オンデマンド版〉
緒方洪庵

人物叢書　新装版

2024年（令和6）10月1日　発行

著　者　梅《うめ》 溪《たに》　昇《のぼる》

編集者　日本歴史学会
代表者　藤田　覚

発行者　吉川道郎

発行所　株式会社　吉川弘文館
〒113-0033　東京都文京区本郷7丁目2番8号
TEL　03-3813-9151〈代表〉
URL　https://www.yoshikawa-k.co.jp/

印刷・製本　大日本印刷株式会社

梅溪　昇（1921～2016）

ISBN978-4-642-75277-0